江苏省“十三五”高等学校在线开放课程配套教材

大学生小微企业创成实务

编著 李 觐 王国军
主审 于正权

中国矿业大学出版社
China University of Mining and Technology Press

图书在版编目(CIP)数据

大学生小微企业创成实务 / 李觐，王国军编著. —徐州：中国矿业大学出版社，2018.5(2020.8 重印)

ISBN 978-7-5646-3762-0

Ⅰ. ①大… Ⅱ. ①李… ②王… Ⅲ. ①大学生—创业—研究 Ⅳ. ①G647.38

中国版本图书馆 CIP 数据核字(2017)第 270961 号

书　　名 大学生小微企业创成实务

编　　著 李　觐　王国军

责任编辑 褚建萍

出版发行 中国矿业大学出版社有限责任公司

(江苏省徐州市解放南路　邮编 221008)

营销热线 (0516)83884103　83885105

出版服务 (0516)83995789　83884920

网　　址 http://www.cumtp.com　**E-mail**:cumtpvip@cumtp.com

印　　刷 江苏淮阴新华印务有限公司

开　　本 787 mm×960 mm　1/16　**印张** 16.5　**字数** 320 千字

版次印次 2018 年 5 月第 1 版　2020 年 8 月第 2 次印刷

定　　价 37.50 元

序 言

“大众创业、万众创新”已经成为新时代推动我国经济高质量发展的重要引擎之一。习近平总书记多次强调，要把创新摆在国家发展全局的核心位置，让创新贯穿党和国家一切工作，让创新在全社会蔚然成风。

国务院也专门发文指出，我国创新创业教育改革要全面贯彻落实党的教育方针，落实立德树人的根本任务，坚持创新引领创业、创业带动就业，主动适应经济发展新常态，以推进素质教育为主题，以提高人才培养质量为核心，以创新人才培养机制为重点，促进高等教育与科技经济社会紧密结合，加快培养规模宏大、富有创新精神、勇于投身实践的创新创业人才队伍。

当前，进一步深化高职院校创新创业教育改革，不仅是国家实施创新驱动发展战略、促进经济提质增效的迫切需要，也是推进高职教育综合改革、促进毕业生更高质量创业就业的重要举措。近年来，淮安信息职业技术学院高度重视学生创新精神、创业意识和双创能力的培育，深入探索大学生创新创业教育的有效模式、运行机制和具体实践，取得了可喜的成绩，也积累了宝贵的经验。

我们深知，大学生创新创业教育理念要转化为教育实践，需要依托有效的课程载体，也是健全创新创业教育课程体系的客观需要。从 2007 年起，我校有针对性地面向全校学生开设“大学生创业与中小企业主培养”“中小企业主必备能力的训练和培养”“大学生小微企业创成实务”等选修课程，并且建成课程学习网站、编写教学讲义用于教学，深受学生欢迎。在此基础上，我校李觐教授牵头编著《大学生小微企业创成实务》，作为江苏省“十三五”高等学校在线开放课程“大学生小微企业创成实务”的配套教材，填补了高校创新创业实务教育的空白。全书贯彻“注重创新创业意识培养，强化创业实务能力训练”的理念，形式新颖，语言简练，结构合理，既满足了高职教育教学需要，也符合高职学生接受习惯，对大学生在校成长和离校实践均具有现实的指导意义。更为重要的是，在互联网创新创业时代，我认为这本书不仅是一本教材，更是一种存在的可能。通过它，你可以触碰到成长的无限可能，也可以创造属于你自己的出彩人生！

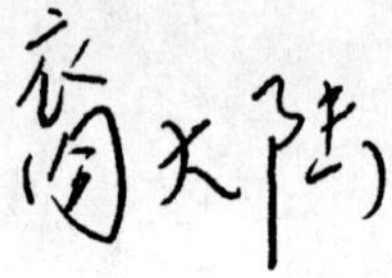

2018年2月

前　言

20 世纪 70 年代联合国教科文组织发表的《学会生存:教育世界的今天和明天》的报告中提出创业素质应成为公民的基本素质之一。柯林·博尔在 20 世纪 80 年代末向经济合作与发展组织的教育研究和革新中心提交的一份报告中提出,未来的人都应掌握三本“教育护照”:一本是学术性的,一本是职业性的,一本是证明一个人的事业心和开拓技能的。1991 年,东京创业创新教育国际会议从广义上把“创业创新教育”界定为:培养最具有开创性个性的人,包括首创精神、冒险精神、创业能力、独立工作能力以及技术、社交和管理技能的培养。

创新是一个民族进步的灵魂,也是一个国家兴旺发达的不竭动力。21 世纪的竞争是经济和综合国力的竞争,实际是科技和教育的竞争,归根结底是高素质人才的竞争。创新创业教育作为一种全新的教育理念,在新形势下,结合大学生就业加强大学生创新精神和创业能力的培养是高校人才培养的战略性问题,关系到经济发展、社会进步、民族振兴,因此已经成为我国高等教育改革发展的重要任务。

李克强总理指出:大学生是实施创新驱动发展战略和推动大众创业、万众创新的生力军。教育部在《关于大力推进高等学校创新创业教育和大学生自主创业工作的意见》中指出:“在高等学校开展创新创业教育,积极鼓励高校学生自主创业,是教育系统深入学习实践科学发展观,服务于创新型国家建设的重大战略举措;是深化高等教育教学改革,培养学生创新精神和实践能力的重要途径;是落实以创业带动就业,促进高校毕业生充分就业的重要措施。”

本书作为江苏省“十三五”高等学校在线开放课程配套教材,旨在培养大学生创新意识，激发大学生的创新精神，使大学生对创业有好奇心；对有创新创业意愿和潜质的学生，提高其小微企业创成的基本知识、技巧和技能；对创业和即将创业的大学生有针对性地加强创业过程的实务指导，从而提高大学生的创业成功率。

全书贯彻“注重创新创业意识培养，强化创业实务能力的训练”的理念，具有以下特色：

(1) 教材理念新。以大学生创业实践需要为主线，以大学生创业工作结构为框架，以工作情境为支撑，注重培养能力，为创业成功做好准备。本书由小微企业管理和大学生创业两部分构成。实现了课程体系由学科体系向工作体系的转变。

(2) 教材内容新。内容创新是实施创新创业教育的关键。本书能够紧扣当下大学生创业的实际，从认识小微企业特点出发，告诉大学生创业者：具备优秀小微企业管理者的素质、性格和能力是创业走向成功的必备条件，大学生创业中应注意的问题。

(3) 教材适用面广。“大学生小微企业创成实务”课程是一门通识课程，面向全体大学生，不受专业差别、教育层次差别的限制。本书可作为高等院校本、专科创新创业教育的通用教材，也可作为企业继续教育的培训教材，还可作为拓宽视野、增长知识的自学用书。

本书由李觐筹划，李觐、王国军编著，于正权主审。在编写过程中，吸纳了大量创新创业教育的新理念，淮安信息职业技术学院党委书记裔大陆先生欣然为本书作序，淮安信息职业技术学院为本书的出版提供了政策支持，江苏财经职业技术学院的周导杰老师为书稿的校对做了大量的烦琐工作，中国矿业大学出版社的褚建萍主任为本书的编辑出版付出了辛劳，在此一并致谢！

因作者水平有限，书中难免存在疏漏和不足，恳请同行和读者批评、指正。

作　者

2018年3月

目 | 录

专题一　小微企业概述

专题二　小微企业管理者的素质要求和执行力培养

专题三 小微企业管理者的性格魅力塑造

专题四 小微企业创立和扩张的法律规定

专题五 经营决策是企业兴衰成败的关键

专题六　企业组织机构设置的科学

专题七　小微企业的管理与效益

专题八　大学生创业项目的选择

专题九 大学生创业准备

专题十 大学生创业风险及其应对策略

专题一

小微企业概述

国际上对小微企业的界定

无论是发达国家还是发展中国家，小微企业都是经济发展的重要力量和创新基础，是经济繁荣和社会稳定的重要法宝。那么，什么是小微企业？国际上是如何界定小微企业的？

美国《小企业法》对小微企业的定义是：独立经营且在其所在的业务领域不占支配地位。该法还规定在进一步定义时可参照以员工数和企业销售额为主的一系列指标。具体来说，美国将雇佣员工在10～99人之间的企业确定为小型企业；雇佣员工在1～9人的企业为微型企业。

加拿大则结合企业雇佣员工数和行业来确定小微企业的划分标准。其工业部制定的具体划分指标是：小型企业为雇佣员工在5～100人之间的制造业企业及雇佣员工在5～50人之间的服务业企业；雇佣员工在5人以下的为微型企业。

法国对中小企业的界定是：雇佣员工数在250人以下、年营业额在4 000万欧元以下、所有者权益在2 700万欧元以下的企业均为中小企业；其中，小企业的职工规模在50人以下、年营业额在700万欧元以下、所有者权益在500万欧元以下。

欧盟根据企业员工数和年销售额或资产总额来确定小微企业的划分标准，规定小型企业是员工人数在10～50人之间，且年销售额或资产总额在200万～1 000万欧元之间的企业；微型企业是员工人数在10人以下，且年销售额或资产总额在200万欧元以下的企业。

日本《中小企业基本法》按照行业、资本金和经常雇佣的员工数对企业进行规模划分。另外，在实际的政策执行中，还要依据具有家族经营性质、经营收入仅够维持一般生活水平、经营者生活与经营活动的密切程度高低等要素来辅助判断是否为微型企业。

巴西将雇佣员工数为1～9人的企业规定为微型企业；将雇佣员工数为10～49人的企业规定为小型企业。

印度将投资额小于5万美元的制造业企业及投资额小于2万美元的服务业企业均规定为微型企业；将投资额小于10万美元的制造业企业及投资额小于4万美元的服务业企业规定为小型企业。

印度尼西亚将资产总额小于5 000万印尼盾，且营业额小于3亿印尼盾的企业规定为微型企业；资产总额大于5 000万小于等于5亿印尼盾，且营业额大于3亿小于等于25亿印尼盾的企业规定为小型企业。

马来西亚将雇佣员工数少于5人的企业定义为微型企业，将雇佣员工数在5～50人之间的制造业企业及雇佣员工数在5～19人之间的农业和服务业企业定义为小型企业。

世界银行将雇佣员工数在1～10人之间、总资产在100万美元以下、年销售额在100万美元以下的企业规定为微型企业；雇佣员工数在11～50人之间、总资产和年销售额均在100万美元以下的企业界定为小型企业。

这些国家、地区和国际组织对小型和微型企业的界定标准主要依据的是雇佣员工数、资产总额和营业额这三个指标。其中，因为雇佣员工数较易统计所以被各国普遍使用。由此可见，当前各个国家和地区普遍制定统一的定量方法来界定小微企业的标准，其中部分国家还将定性方法与定量方法结合使用。原因在于，定量指标具有直观、规范、灵活的特点，而定性指标虽全面但较模糊、易产生歧义，如果采用复合指标则可以同时发挥两者的优势。可见我国颁布划分微型企业的新标准，有利于提高政策的确定性和灵活性，与国际通行的标准体系接轨。

国际上对小微企业的界定

我国对小微企业的界定

小微企业是小型企业、微型企业、家庭作坊式企业、个体工商户的统称，是由中国首席经济学家郎咸平教授提出的。目前主要指那些产权和经营权高度统一、产品（服务）种类单一、规模和产值较小、从业人数较少的经济组织。

借鉴国际相关理论与实践经验不难看出，界定小微企业时主要应把握两个原则：一要结合具体的经济发展水平；二要考虑行业的差异性和企业发展变化的动态性。中国长期以来对企业分类采用的是所有制标准，而不是国际上通行的依照企业规模进行分类的标准。这是计划经济体制遗留下来的一种体现政策扶持指向或利益分配的企业分类标准。

1949年中华人民共和国成立以来，我国对中小企业的界定先后经过几次调整。中华人民共和国成立初期曾按固定资产价值划分企业规模；1962年，改为按作业人员标准对企业规模进行划分；1988年国务院颁布了《大中小型工业企业划分标准》，按不同行业的不同特点作了分别划分。1992年又对1988年划分标准作了补充，增加了对市政公用工业、轻工业、电子工业、医药工业和机械工业中的轿车制造企业的规模划分。1999年对原标准再次修改，将销售收入和资产总额作为主要考查指标：分为特大型、大型、中型、小型四类。我国政府于2004年1月1日起正式执行的《中小企业标准暂行规定》，对工业、建筑业、批发和零售业、交通运输、住宿和餐饮业五个行业，以企业职工人数、销售额、资产总额作为划分标准，对中小企业作了划分。即统一按年营业收入和资产总额的多少进行归类。

根据《中华人民共和国中小企业促进法》和《国务院关于进一步促进中小企业发展的若干意见》，大型企业之外的中小企业划分为中型、小型、微型三种类型，具体标准根据企业从业人员、营业收入、资产总额等指标，结合行业特点制定。我国各行业划型标准如下：

1. 农、林、牧、渔业

营业收入20 000万元以下的为中小微型企业。其中，营业收入500万元及以上的为中型企业，营业收入50万元及以上的为小型企业，营业收入50万元以下的为微型企业。

2. 工业

从业人员1 000人以下或营业收入40 000万元以下的为中小微型企业。其中，从业人员300人及以上，且营业收入2 000万元及以上的为中型企业；从业人员20人及以上，且营业收入300万元及以上的为小型企业；从业人员20人以下或营业收入300万元以下的为微型企业。

3. 建筑业

营业收入80 000万元以下或资产总额80 000万元以下的为中小微型企业。其中，营业收入6 000万元及以上，且资产总额5 000万元及以上的为中型企业；营业收入300万元及以上，且资产总额300万元及以上的为小型企业；营业收入300万元以下或资产总额300万元以下的为微型企业。

4. 批发业

从业人员200人以下或营业收入40 000万元以下的为中小微型企业。其中，从业人员20人及以上，且营业收入5 000万元及以上的为中型企业；从业人员5人及以上，且营业收入1 000万元及以上的为小型企业；从业人员5人以下或营业收入1 000万元以下的为微型企业。

5. 零售业

从业人员300人以下或营业收入20 000万元以下的为中小微型企业。其中，从业人员50人及以上，且营业收入500万元及以上的为中型企业；从业人员10人及以上，且营业收入100万元及以上的为小型企业；从业人员10人以下或营业收入 100 万元以下的为微型企业。

6. 交通运输业

从业人员 1 000 人以下或营业收入 30 000 万元以下的为中小微型企业。其中，从业人员 300 人及以上，且营业收入 3 000 万元及以上的为中型企业；从业人员 20 人及以上，且营业收入 200 万元及以上的为小型企业；从业人员 20 人以下或营业收入 200 万元以下的为微型企业。

7. 仓储业

从业人员 200 人以下或营业收入 30 000 万元以下的为中小微型企业。其中，从业人员 100 人及以上，且营业收入 1 000 万元及以上的为中型企业；从业人员 20 人及以上，且营业收入 100 万元及以上的为小型企业；从业人员 20 人以下或营业收入 100 万元以下的为微型企业。

8. 邮政业

从业人员 1 000 人以下或营业收入 30 000 万元以下的为中小微型企业。其中，从业人员 300 人及以上，且营业收入 2 000 万元及以上的为中型企业；从业人员 20 人及以上，且营业收入 100 万元及以上的为小型企业；从业人员 20 人以下或营业收入 100 万元以下的为微型企业。

9. 住宿业

从业人员 300 人以下或营业收入 10 000 万元以下的为中小微型企业。其中，从业人员 100 人及以上，且营业收入 2 000 万元及以上的为中型企业；从业人员 10 人及以上，且营业收入 100 万元及以上的为小型企业；从业人员 10 人以下或营业收入 100 万元以下的为微型企业。

10. 餐饮业

从业人员 300 人以下或营业收入 10 000 万元以下的为中小微型企业。其中，从业人员 100 人及以上，且营业收入 2 000 万元及以上的为中型企业；从业人员 10 人及以上，且营业收入 100 万元及以上的为小型企业；从业人员 10 人以下或营业收入 100 万元以下的为微型企业。

11. 信息传输业

从业人员 2 000 人以下或营业收入 100 000 万元以下的为中小微型企业。其中，从业人员 100 人及以上，且营业收入 1 000 万元及以上的为中型企业；从业人员 10 人及以上，且营业收入 100 万元及以上的为小型企业；从业人员 10 人以下或营业收入 100 万元以下的为微型企业。

12. 软件和信息技术服务业

从业人员 300 人以下或营业收入 10 000 万元以下的为中小微型企业。其中，从业人员 100 人及以上，且营业收入 1 000 万元及以上的为中型企业；从业人员 10 人及以上，且营业收入 50 万元及以上的为小型企业；从业人员 10 人以下或营业收入 50 万元以下的为微型企业。

13. 房地产开发经营

营业收入 200 000 万元以下或资产总额 10 000 万元以下的为中小微型企业。其中，营业收入 1 000 万元及以上，且资产总额 5 000 万元及以上的为中型企业；营业收入 100 万元及以上，且资产总额 2 000 万元及以上的为小型企业；营业收入 100 万元以下或资产总额 2 000 万元以下的为微型企业。

14. 物业管理

从业人员 1 000 人以下或营业收入 5 000 万元以下的为中小微型企业。其中，从业人员 300 人及以上，且营业收入 1 000 万元及以上的为中型企业；从业人员 100 人及以上，且营业收入 500 万元及以上的为小型企业；从业人员 100 人以下或营业收入 500 万元以下的为微型企业。

15. 租赁和商务服务业

从业人员 300 人以下或资产总额 120 000 万元以下的为中小微型企业。其中，从业人员 100 人及以上，且资产总额 8 000 万元及以上的为中型企业；从业人员 10 人及以上，且资产总额 100 万元及以上的为小型企业；从业人员 10 人以下或资产总额 100 万元以下的为微型企业。

16. 其他未列明行业

从业人员 300 人以下的为中小微型企业。其中，从业人员 100 人及以上的为中型企业；从业人员 10 人及以上的为小型企业；从业人员 10 人以下的为微型企业。

我国对小微企业的界定

小微企业的特征与“国九条”对其扶持

小微企业以其特有的优势，在现代经济中发挥着越来越大的作用。大力发展小微企业，实现可持续发展，已成为世界各国的共识。21 世纪将是小微企业的世纪。环顾周围，我们就会发现绝大多数企业是小微企业，每个人都要与小微企业打交道，因为它无处不在。小微企业的重要性不仅体现在数量上，还体现在它们能够提供大量的就业机会、商品和服务，并使消费者产生满足感，从而使所有者获得成就感。

在“大众创业、万众创新”的背景下，大学生创业的必经之路是创办自己的小微企业。目前，人们对小微企业越来越感兴趣，出现了学习小微企业热，并且把拥有和经营小微企业作为实现人生梦想、获得更多财富的最佳选择。因此，掌握小微企业创业与管理理论就成为一件十分有趣且富有挑战和有超额回报的事情，也是有志于创办小微企业者首先需要了解和掌握的基本知识。

一、小微企业的特征

(1) 投资主体和组织形式多元化。小微企业的投资人既可以是大中专毕业生、退伍复员军人、返乡农民工、下岗失业人员、征地拆迁失地农民，也可以是其他城乡无业居民。在创建小微企业时，既可以申办成个体工商户、独资企业，又可以是合伙企业、农民专业合作社、有限责任公司等。

(2) 出资来源和形式多元化。小微企业融资渠道主要是自有资金、亲戚朋友借款，很少有正式的融资渠道。投入的资金既可以是实物资产、知识产权，也可以是货币资金。小微企业固定资本少，对经营所需的工具和设备、技术、场地等要求不高。

(3) 生产销售灵活。小微企业大部分是以“前店后厂”的模式组织生产运作的，质量管理不很完善，采用劳动密集型的技术和手工艺。销售上采用直销方式，且以服务本地市场为主，运作方式灵活而富有流动性。

(4) 内部管理松散。目前我国小微企业员工以家庭成员为主，且大都是通过正式的就业渠道不能就业的人，其员工薪酬具有不确定性，基本没有正式的薪酬制度，财务会计制度也不健全，少量而不规范的会计活动也只是为了应付上缴的税费。

二、“国九条”对小微企业的扶持

2011 年 10 月 12 日，国务院出台了 9 条支持小微企业发展的金融财税政策，被称为“国九条”，其主要内容是：

(1) 加大对小型微型企业的信贷支持。银行业金融机构对小型微型企业贷款的增速不低于全部贷款平均增速，增量高于上年同期水平，对达到要求的小金融机构继续执行较低存款准备金率。

(2) 清理纠正金融服务不合理收费，切实降低企业融资的实际成本。除银团贷款外，禁止商业银行对小型微型企业贷款收取承诺费、资金管理费。

(3) 拓宽小型微型企业融资渠道。逐步扩大小型微型企业集合票据、集合债券、短期融资券发行规模，积极稳妥发展私募股权投资和创业投资等融资工具。

(4) 细化对小型微型企业金融服务的差异化监管政策。对小型微型企业贷款余额和客户数量超过一定比例的商业银行放宽机构准入限制,允许其批量筹建同城支行和专营机构网点。对商业银行发行金融债所对应的单户 500 万元以下的小型微型企业贷款,在计算存贷比时可不纳入考核范围。允许商业银行将单户授信 500 万元以下的小型微型企业贷款视同零售贷款计算风险权重,降低资本占用。适当提高对小型微型企业贷款不良率的容忍度。

(5) 促进小金融机构改革与发展。强化小金融机构重点服务小型微型企业、社区、居民和"三农"的市场定位。

(6) 在规范管理、防范风险的基础上促进民间借贷健康发展。有效遏制民间借贷高利贷化倾向,依法打击非法集资、金融传销等违法活动。严格监管,禁止金融从业人员参与民间借贷。

(7) 加大对小型微型企业税收扶持力度。提高小微企业增值税和营业税起征点,将小微企业减半征收企业所得税政策延长至 2015 年年底并扩大范围。

(8) 支持金融机构加强对小型微型企业的金融服务。三年内免征小微企业印花税。

(9) 扩大中小企业专项资金规模,更多运用间接方式扶持小型微型企业。进一步清理取消和减免部分涉企收费。

小微企业的特征与
"国九条"对其扶持

小微企业的形式及其特点

对企业进行分类,可以有多种角度。其中一种角度是看企业是归谁所有、由谁来经营的,具有什么样的法律地位。从这个角度来划分企业时,小微企业一般有以下三种类型:① 独资经营——企业归创办人一人所有;② 合伙经营——企业归合伙创办者(两人以上)所有;③ 有限责任公司——企业归一定人数的股东(2～50 人)所有。

这种分类角度涉及的是企业的形式,有人称之为企业的组织形式或法律形式。下面我们来看看不同形式的小微企业有什么样的特点。

一、独资经营

独资经营是一种最简便的企业形式。这种企业由独资者独立拥有,独立经营。任何人都可以采用这种形式来创办企业,进行经营。在我国,雇员不超过7人的独资经营企业称为个体户,雇员在7人以上的称为私营企业。以家数计算的话,这种形式的企业远远超过其他形式的企业,可是它的规模很受限制,发展潜力有限。

独资经营企业没有其独立的法律地位,它和所有者是合二为一的。企业不必单独向政府缴税。企业经营所得既然全部归独资者所有,就由该所有者缴纳个人所得税。同时,独资者对企业的经营结果要负全部责任,万一经营不善,独资者的所有财产都可能用来抵偿债务,这种无限责任是它最大的不利之处。其次,若独资所有者病死或发生意外,则企业也会随之关闭。再则,一人经营,精力和专业知识都很局限,企业扩张也受限制。这些不利的地方也使它难以借贷筹资。但由于它税负轻、政府管制宽松,很多企业初创时多用此形式。一旦有了发展之后,再转为其他形式。这种形式的企业,企业主完全可以按照自己的方式和目标来经营,且工作时间自由。因此,有利于激发企业主的责任心、进取心,促进他更好地实现个人价值。

二、合伙经营

合伙经营又称合伙制,是由至少两名合资者组建的企业。合伙制企业和独资经营企业一样,也不具备独立的法人地位,故企业的全部责任就落到了合伙人身上。合伙人对企业的经营负有无限的责任。合伙人中起码要有一个人直接参与企业的管理。合伙制企业的盈利必须当期就分给合伙人,由他们各自缴纳个人所得税,这样合伙人就无法延期纳税了。

合伙制企业是合伙人之间协议的结果。一般采用书面形式,即合伙企业协议书的形式。

合伙企业协议条款至少要包括以下内容:合伙人的出资数额及方式,以及主要业务分担,利润和损失的分摊;停业关闭后如何分配资产;如何解决争端及违约责任。

这一协议,各合伙人均应签字,对各方都有约束力。合伙人常常在互补情况下合作,对企业做出贡献。因此其资金、专业技能和管理能力都较独资企业有所增强。但合伙制企业本身没有独立的法律地位,要依赖于合伙人协议,所以万一合伙人意见不合,或者某一合伙人要退伙,整个企业则告终结。在某个合伙人亡故时,如果没有明文规定怎样应付的话,企业可能就此而告消亡。

合伙人的无限责任、企业经营易中断、集资有限是这种形式的缺点;政府管制审计较松、不缴纳公司法人税、规定费用少是这种形式的优点。

合伙制也可以发展为实力雄厚的大企业,特别是所谓“专业合伙企业”,像律师事务所、建筑设计事务所、会计师事务所、医疗诊所等等，都可扩大到相当的规模。这些专业合伙企业的管理一般来讲更加规范和专业化，经营和盈利的情况也更加稳定。

上述两种形式的企业虽然管制较松且税负比较轻，但国税局还是要求它们维持良好的会计记录，以便稽核营业应该纳税的收入。而且其收入都将在当年课税，不像有限责任公司可以不派股息给股东，股东可以就此避免在当期缴纳企业盈利的所得税。

三、有限责任公司

有限责任公司是由一定人数的股东（2～50 人）组成的，股东只以所出的股本为限对公司承担责任，公司以其全部资产对其债务承担责任。如果净资产是负值的话，在债主的要求下，公司可以宣告破产。反之，如果资产大于负债，则公司可以无限期地延续下去，不受某些股东出让股份或亡故的影响。在法律上，公司是个独立的实体，称为法人。法人可以用自己的名义签约、履约，并有纳税的义务。

有限责任公司最大的好处是投资人的风险有限。最大的缺点首先是双重纳税。政府在公司股东身上像剥了两层皮，盈利时先以公司税的名义征一次税，盈利作为股息派给股东的部分，政府又从股东那里以个人所得税的名义再计征一次税。其次政府对公司的管制要求特别严。为了保护投资大众的利益，政府往往要求公司定期上报各种数据来反映其运作情况。因此我们要了解一个有限责任公司的经营状况比了解独资经营或合伙经营容易得多。这一点并非是坏事。因为有了这层控制，投资人或信贷机构比较容易向公司出资或贷款，有利于企业扩张成长。所以过了初创阶段，一些独资经营或合伙制企业都倾向于转为有限责任公司形式。公司无论在筹资还是在网罗人才方面都有很大益处。

其实即使双重纳税也有它的好处：公司在缴纳公司税后，不必在当期分红派息，盈利可留在公司继续用做生产性的扩张，不但能够增强将来的盈利能力，也可使股东得以推迟缴纳所得税。如果是独资经营或合伙制，已实现的利润必须在当年完税。事实上，即使在美国也有不少有名的大公司长年不派息，股东的收入是靠股份增值为主要来源。

小微企业的形式

小微企业在我国国民经济中的地位和作用

世界各国经验证明:小微企业是国民经济的重要组成部分,对经济增长和社会发展有着重要意义。近年来,随着我国国有经济的战略性重组,亚洲金融危机的深刻影响,以及我国经济升幅的逐渐回落,我国小微企业受到了前所未有的关注,小微企业也得到快速发展。以江苏省淮安市为例:2016 年,全市规模以上中小工业企业共实现产值 5 803.1 亿元、销售收入 5 604.8 亿元,同比分别增长 18.1%、17.9%;实现利润 246 亿元,同比增长 7.3%;主营业务成本 4 991.1 亿元,同比增长 20.1%。

一、小微企业是我国国民经济的主要增长点

在我国,改革开放政策使中小企业得到了迅速发展,中小企业的增长率超过 30%。对于整个工业增长来说,小微企业的特殊贡献是不可替代的。近些年来,创业创新的热潮进一步助推小微企业的发生发展,仅 2016 年,淮安市共新发展私营企业 17 015 户,同比增长 3.80%,累计达 7.4 万户;新发展个体工商户 42 294 户,同比增长 4.4%,累计达 24.5 万户。同时小微企业在出口创汇方面也占重要地位,尤其在国有企业不景气的大环境中,中小企业起着经济增长的引擎作用,如我国过去几次爆发通货膨胀后,经济进入调整时期,都出现增长速度放慢甚至零增长的情况,但每次都是从中小企业开始复苏。此外,我国每年的发明专利、技术创新成果、新产品开发项目,分别有 65%、75%、80%是由中小企业完成的。这足以说明中小企业对经济增长的贡献非常大,并已经成为我国经济发展的重要增长点,也是未来带动我国市场经济活力的主要力量。

二、小微企业是活跃市场的基本力量

随着经济与技术的不断变迁,创造出许多经济的缝隙,小微企业享有专业优势,尤以产业结构轻、薄、短、小见长,消费者因收入提高,逐渐强调个性与自我需求,而小微企业利用其经营方式灵活、组织成本低廉、转移进退便捷等优势,能更快地接受市场信息,调整经济方向、形式和力度,更能适应瞬息万变的市场和消费者追求个性化、潮流化的要求。在消费者的收入水平多层次化、要求多样化的情况下,以规模经济为特征的大企业的适应能力是有限的,少量多样的生产方式更适合中小企业的经营形态。所以,充分竞争的小微企业是促进我国市场发育、

完善市场的主力军。

三、小微企业是大型企业的依托

中小企业和大企业的相辅相成关系，犹如森林中的小树与大树。没有富有活力的中小型企业配合，大中型企业就不能有效地运转。大企业是由小微企业发展而来的，中小企业也可与大企业建立各种产销互补关系。社会分工和生产的日益专业化为各种类型的企业提供了生存空间。大企业不可能“大而全”，这就为小企业的“小而精”提供了重要的发展余地。中小企业通过为大型企业的专业化生产进行加工、协作、配套和服务等，使中小企业的生产经营活动和大型企业的发展唇齿相依，既促进了大型企业的不断扩张，又促进自身的不断发展和提高，从而形成了小企业依托大企业，大企业重视小企业的格局。例如，大规模的汽车公司依托小公司提供零件、修护设备和行销服务网，如同中心—卫星工厂体系。中小企业进行专业化生产，与大企业配套的金字塔型生产体系，上、中、下游产业分工合作，可以避免重复投资、恶性竞争，是一种合理的产业结构。而大中小型企业的合作是经济活动的核心所在。

四、中小企业是技术创新的重要源泉

从国际上看，中小企业在技术创新方面较大企业成功率高。这是因为，中小企业进行技术创新大多是市场拉动型的，即根据客户的需要进行技术创新的活动。其主要目标是利润最大化。中小企业具有经营灵活、利益关系紧密等优势，因此，中小企业十分有利于技术改进和技术成果向现实生产力转化。中小企业的技术创新不仅在数量上占有相当的份额，而且其创新的水平和影响也并不亚于大企业，中小企业创造了许多被认为是当代最重要的工业创新成果。20 世纪 80 年代以后，随着高新技术的发展，人力资本，特别是人的智力活动的意义越来越显著。由于中小企业有利于在人的创新活动中和创新者的物质利益之间建立起紧密的关系，中小企业在高新技术产业的发展上显示出越来越大的优越性。在当今的发达国家中，中小企业的数量普遍占到企业总数的 95%以上，新的发明创造绝大部分是由中小企业提供的。

五、小微企业是解决就业需求的重要途径

随着我国国有企业改革和国有经济改组深入进行，国有企业“下岗”职工的分流就业问题成为社会关注的焦点。而我国正处在发展经济学家 A. 刘易斯所说的从“二元经济”到“现代”增长的转换时期，城市下岗职工的分流，受到农村数以亿计需要非农产业就业的剩余劳动力的“大潮顶托”。如果不能创造大量新的

就业岗位，不能改善全社会的就业环境，国有企业下岗职工的分流问题就很难得到解决。而各国经验都已证明，小微企业正是新就业岗位的主要创造者。近年来，许多西方发达国家在大型企业不断裁员的情况下，只有中小型企业仍在增加就业岗位。据麻省理工学院戴维·伯奇的研究，每10个新工作岗位中，有8个是由雇员不足100人的小企业创造的。我国就业问题的解决，离不开中小型企业的发展。可见，发展中小型企业，是新增就业岗位和实现剩余劳动力转移、解决就业问题的一项重要国策。

六、小微企业是化解金融危机的调节器

小微企业比大型企业更具效益和活力，可以通过调整自己的经营战略迅速对市场的变化做出反应，及时化解经济运行中的矛盾。小微企业这种能屈能伸的特点，对于延缓金融危机的爆发或减少金融危机造成的损失等方面，起到了大企业所起不到的作用。小微企业在融资方面比大型企业所受的限制要多，其生产经营活动所需资金无疑也比大企业少许多，这两方面决定了中小企业的自有资金比例较高，负债较低。在剧烈的金融动荡中，这成为化解金融风险的有利因素，即使中小企业倒闭，也不会引发银行的信用危机，从而导致金融危机的爆发。

七、小微企业的发展是现代化的起点

伴随小微企业的成长，涌现出大批优秀企业管理人才及技术人员，促进了传统工业的进步，保持了乡村和都市的均衡发展，使得现代化过程和企业家精神扩展到广大地区和社会阶层。总之，小微企业在国民经济中具有举足轻重、不可替代的地位和作用。我们相信，中小企业在未来经济发展中的地位将不断升级。

中国经济在“新常态”阶段，政府希望实现更加轻盈、绿色的GDP，经济是否在合理区间内运行需要有充分就业作保障。李克强总理强调，从眼前看，小微企业是吸纳就业的“主战场”，是顶住当前经济下行压力的“重要一招”；从长远看，通过扶持小微企业，鼓励大众创业、万众创新，也是推动中国经济持续发展的“重要一招”。与此同时，小微企业的发展还将有助于推进内外联动，成为促进中外经济发展的桥梁，帮助中国优势要素“走出去”，消减国内过剩产能，减轻产业调整、升级的难度和阵痛，从而实现中外“合作共赢，共同发展”。

小微企业在我国国民
经济中的地位和作用

小微企业的生存优势

在中国经济增长放慢和结构转型的双重压力下，小微企业——这个数量最大、最活跃的群体处于何种生存状态？它与大企业相比有哪些生存优势呢？

一、适应性强

企业成功的关键在于能否有效地利用企业内部经营资源，及时、妥善地适应复杂而多变的环境，使自己的生产成果满足社会需要、使企业得以生存和发展。小微企业容易适应环境变化，善于在大企业竞争的夹缝中生存，开发大企业暂时未占领的领域。小微企业适应性强，一方面是由于其相对大企业，所需设备简单，所需资金少，便于投产和经营。另一方面由于小微企业组织机构精简、管理人员少，易协调，并在短时期内迅速做出决策。因此其产品转换、资金转移均有很大的弹性，能够比大企业更快地根据市场需求的变化调节生产，能更快地采用适用的科研成果和先进的技术工艺，不断推出个性化、新型化的产品开拓市场。

二、管理费用低

一直以来经济学家和企业家过分相信大规模经营的合理性。认为生产能力的扩大会使单位产品成本下降。事实上，大规模经营在技术上也许是合理的，但在管理上却不一定合理。美国宾夕法尼亚大学的奥利费·威廉姆逊是研究效率问题的专家，他提出了人们在估计规模经济时，极大地低估了“管理成本”的作用，即沟通交流、协调配合及进行决策的成本。当职工人数以算术级数增长，而且他们要想完成任务又需要相互交流的话，管埋的复杂程度就会以几何级数增长。如果有许多因素都需要进行协调，管理成本往往会压倒由技术所决定的规模经济性。与大企业相比，小微企业由于管理层次少，非生产性费用少，工资成本低，设备虽然大多比较落后，但利用率高，这使它们的产品竞争能力强，利于销售，一些由大企业生产亏损的产品，小微企业生产反而可以盈利。

三、“小而专”、“小而精”

小微企业由于规模小，可充分发挥“小而专”、“小而精”的优势。只有在生产高度专业化的基础上，小微企业才能由多品种、小批量转换为少品种、大批量的生产，从而实现规模效益。同时这有利于小微企业采用专用设备，发展专有技术，提高设备的自动化程度，形成大企业不可比拟的竞争优势。实践也证明，“专业性强、产品单一”的小微企业具有创造低成本、高质量的拳头产品的潜力。例如，日本一家300余人的中小电器公司，资金只有约14亿日元，而销售额却达30亿日元。它生产的多层印刷版具有世界先进水平，即使世界闻名的松下电器公司也要依靠该公司为其提供多层印刷版。

四、企业内部凝聚力强

相比大企业，小微企业具有凝聚力强的优势。首先，小企业职工人数少，个人利益与公司利益挂钩密切。其次，经营者、管理人员之间的思想易统一，与职工的思想交流、感情交流和信息交流方便易行，从而迅速解决企业内部问题及与外部环境的适应问题。由于企业内部交流状况良好，益于提高企业的凝聚力。

小微企业的生存优势

小微企业的生存与发展策略

小微企业是我国实体经济的重要基础。小微企业在推动社会经济增长、促进科技创新、接纳员工就业、维持社会和谐稳定等方面发挥着重要的作用。那么，当下该如何采取正确的推动小微企业的生存与发展策略呢？

一、政府采取的举措

1. 加大对小微企业政策的落实，促进小微企业发展

长期以来，我国给予小微企业发展的一些经济政策总难以切实得到落实，导致对小微企业发展的促进效果相当不明显，经营状况不容乐观。我国缺乏一整套专门为小微企业量身定做的在税收、金融、政府采购、就业、技术扶持、人才培训等方面的体系，而缺乏这一专门体系的原因是我国在制度建设层面尚有缺失。

为此，首先要降低小微企业创业及经营税率，建立有利于小微企业经营和鼓励创业的税收法律；其次要减少政府审批程序，彻底清理各种不合理的税费，创造良好的生产经营环境。

2. 建立健全小微企业创新发展服务体系

小微企业的技术开发、资源开发、信息交流和资金的高效运用都离不开社会

中介机构的支持，要通过建立多层次、多方位、多渠道的服务网络，为小微企业创新发展提供完善的社会支持体系。

3. 拓宽小微企业融资渠道

应加大对小微企业的金融服务力度，银行业金融机构对小微企业贷款的增速必须按要求保持较高的水平。鼓励银行积极创新金融产品和服务方式，推出各种适合小微企业的信贷产品。政府可以成立专门服务于小微企业的专属银行，从政府财政中划出专项定额补贴资金，促使小微企业贷款利息切实降下来。

二、提高小微企业自身竞争力

1. 提升经营管理能力

一是突出企业主营业务。面对复杂的市场形势，小微企业更应该稳住脚步，做自己最擅长的产品，要突出主业，走“专、精、特、新”的发展道路，从追求产品数量上升到追求产品质量和品牌，实现从“中国制造”向“中国创造”的跨越式发展。二是要完善企业管理制度。小微企业应该逐步建立起完善的现代化企业管理制度，使企业的执行权、决策权、监督权相分离，明确角色分工，各司其职，共谋发展，坚决摒弃“一言堂”的家长式管理方式。三是要主动转型升级。在战略选择上要与战略新兴产业靠拢，提升企业竞争力。四是要完善财务管理制度。企业财务管理要真实反映企业的经营情况，不能随意篡改数据。同时，政府财政、税收、工商等有关部门要共同探索建立信息共享机制，使企业的财务信息在各个部门之间透明化，实现信息的交流与共享，减少企业造假的机会，从而提高自身信誉。

2. 主动学习信贷知识

一般来说，小微企业的生命周期比较短，我国小微企业自创办起5年内的死亡率有30%之高。工商部门统计数据显示，小微企业具有较高的开户注册率也有不低的吊销注销率。银行往往出于自身发展的考虑对信贷发放必然要求高安全性和高收益性。所以，小微企业更应注重自身专业人才的培养，拥有专门负责融资信贷的部门，从分析企业类型、经营模式、所需要的信贷业务类型出发，深入全面地对各个商业银行的信贷服务产品加以了解，主动疏通与银行信贷的合作渠道，为银行信贷人员提供可信服的信用记录，积极主动且合理地申请贷款，融通资金。

3. 积极转型创新

对于小微企业来说，除了如何健康成长外，更要考虑如何开展产业升级与转型，培育自己的核心竞争能力。小微企业应该坚持内涵发展，实现从要素驱动向创新驱动的转变。同行业中小微企业之间可以联合起来进行创新，在节省成本的同时共同分享创新成果，实现企业实力的提升，提高企业在行业内的整体地位。

三、借鉴国际经验

有人说，21世纪是小微企业的世纪。突出小微企业在国民经济发展中的地位和作用，更好地促进小微企业的发展已经成为时代的共识。我们从美国、欧盟和德国等国家和地区扶持小微企业发展的做法中，或许能得到一些启发。

1. 美国促进发展小微企业的途径

美国在小微企业的管理上，制定了一套健全的体系。美国设立有小企业管理局(SBA)，向小微企业提供包括资金支持、政策倾斜、信息共享、技术援助、政府采购在内的全方位、专业化服务。美国融资市场体系健全，形成了全国性、区域性及社区性担保机构相结合而成的多层次中小企业信用担保体系。美国联邦政府鼓励小微企业合作联盟。政府鼓励小微企业与小微企业之间进行联盟合作，甚至从属或依附于大企业。这样，小微企业可以在资金、设备、技术、管理等方面得到大企业的支持；同时，政府还鼓励小微企业与其他机构，特别是与消费者形成联盟，并与大学以及科研机构形成合作机制，以此促进新技术和新产品商业化进程。

2. 欧盟促进小微企业发展的途径

欧盟国家中小企业的融资政策包括为特定投资领域提供补贴；建立中小企业贷款担保以及小企业信息、通讯、技术、投资担保等多种投融资支持；鼓励中小企业技术创新，专设支持中小企业研发和创新活动的专项基金；积极为中小企业创造良好的法律和竞争环境，提供相关的信息咨询和技能培训课程。

3. 德国促进小微企业发展的途径

在小微企业管理上，德国对小微企业设置多头管理机构，除在经济部设立了中小企业局专门促进小企业发展外，联邦政府财政部、科技部等也设有中小企业管理机构。在融资扶持手段上，德国更加具有多样性。德国政府和银行合力出资组建了企业发展基金，对符合政策的中小企业进行资金资助；德国政府还设立有专项科技开发基金，扩大对中小企业科技开发的资助。

小微企业的生存与发展问题已经到了刻不容缓的地步，我国现在也开始出台一系列的政策来扶持小微企业的发展。小微企业的生存与发展外部环境固然重要，但最根本的还要靠企业自身努力。小微企业要抓住现有的机遇，加强企业管理，积极应对，迎接挑战，通过不断改革和创新提高整体实力。

资料链接

大学生自主创办企业流程及创业优惠政策

一、创办市场主体基本流程

大学生自主创业可采用的市场主体类型主要有：个体工商户、个人独资企业、合伙企业、农民专业合作社和有限责任公司等。创办不同类型的市场主体需准备的材料和办理流程如下：

（一）个体工商户

1. 需准备的材料

(1) 经营者签署的个体工商户注册登记申请书。

(2) 委托代理人办理的，还应当提交经营者签署的“委托代理人证明”及委托代理人身份证明。

(3) 经营者身份证明。

(4) 经营场所证明。

(5) 个体工商户名称预先核准通知书（设立申请前已经办理名称预先核准的须提交）。

(6) 申请登记的经营范围中有法律、行政法规和国务院决定规定必须在登记前报经批准的项目，应当提交有关许可证书或者批准文件。

(7) 申请登记为家庭经营的，以主持经营者作为经营者登记，由全体参加经营的家庭成员在“个体工商户开业登记申请书”经营者签名栏中签字予以确认。提交居民户口簿或者结婚证复印件作为家庭成员亲属关系证明，同时提交其他参加经营家庭成员的身份证复印件。

(8) 国家工商行政管理总局规定提交的其他文件。

2. 办理流程

A. 申请

(1) 申请人或者委托的代理人可以直接到经营场所所在地登记机关登记。

(2) 登记机关委托其下属工商所办理个体工商户登记的，到经营场所所在地工商所登记。

(3) 申请人或者其委托的代理人可以通过邮寄、传真、电子数据交换、电子邮件等方式向经营场所所在地登记机关提交申请。通过传真、电子数据交换、电子邮件等方式提交申请的，应当提供申请人或者其代理人的联络方式及通信地址。对登记机关予以受理的申请，申请人应当自收到受理通知书之日起5日内，提交与传真、电子数据交换、电子邮件内容一致的申请材料原件。

B. 受理

(1) 对于申请材料齐全、符合法定形式的,登记机关应当受理。

申请材料不齐全或者不符合法定形式的,登记机关应当当场告知申请人需要补正的全部内容,申请人按照要求提交全部补正申请材料的,登记机关应当受理。

申请材料存在可以当场更正的错误的,登记机关应当允许申请人当场更正。

(2) 登记机关受理登记申请,除当场予以登记的外,应当发给申请人受理通知书。

对于不符合受理条件的登记申请,登记机关不予受理,并发给申请人不予受理通知书。

申请事项依法不属于个体工商户登记范畴的,登记机关应当即时决定不予受理,并向申请人说明理由。

C. 审查和决定

登记机关对决定予以受理的登记申请,根据下列情况分别做出是否准予登记的决定:

(1) 申请人提交的申请材料齐全、符合法定形式的,登记机关应当当场予以登记,并发给申请人准予登记通知书。

根据法定条件和程序,需要对申请材料的实质性内容进行核实的,登记机关应当指派两名以上工作人员进行核查,并填写申请材料核查情况报告书。登记机关应当自受理登记申请之日起 15 日内做出是否准予登记的决定。

(2) 对于以邮寄、传真、电子数据交换、电子邮件等方式提出申请并经登记机关受理的,登记机关应当自受理登记申请之日起15 日内做出是否准予登记的决定。

(3) 登记机关做出准予登记决定的,应当发给申请人准予个体工商户登记通知书,并在 10 日内发给申请人营业执照。

不予登记的,应当发给申请人个体工商户登记驳回通知书。

(二) 个人独资企业

1. 需准备的材料

(1) 投资人签署的“个人独资企业登记(备案)申请书”。

(2) 投资人身份证明。

(3) 投资人委托代理人的,应当提交投资人的委托书原件和代理人的身份证明或资格证明复印件(核对原件)。

(4) 企业住所证明。

(5) 名称预先核准通知书(设立申请前已经办理名称预先核准的须提交)。

(6) 从事法律、行政法规规定须报经有关部门审批的业务的,应当提交有关部门的批准文件。

(7) 国家工商行政管理总局规定提交的其他文件。

2. 办理流程

A. 申请

由投资人或者其委托的代理人向个人独资企业所在地登记机关申请设立登记。

B. 受理、审查和决定

登记机关应当在收到全部文件之日起15日内,做出核准登记或者不予登记的决定。予以核准的发给营业执照;不予核准的,发给企业登记驳回通知书。

(三) 合伙企业

1. 需准备的材料

(1) 全体合伙人签署的"合伙企业登记(备案)申请书"。

(2) 全体合伙人的主体资格证明或者自然人的身份证明。

(3) 全体合伙人指定代表或者共同委托代理人的委托书。

(4) 全体合伙人签署的合伙协议。

(5) 全体合伙人签署的对各合伙人缴付出资的确认书。

(6) 主要经营场所证明。

(7) 名称预先核准通知书(设立申请前已经办理名称预先核准的须提交)。

(8) 全体合伙人签署的委托执行事务合伙人的委托书;执行事务合伙人是法人或其他组织的,还应当提交其委派代表的委托书和身份证明复印件(核对原件)。

(9) 以非货币形式出资的,提交全体合伙人签署的协商作价确认书或者经全体合伙人委托的法定评估机构出具的评估作价证明。

(10) 法律、行政法规或者国务院规定设立合伙企业须经批准的,或者从事法律、行政法规或者国务院决定规定在登记前须经批准的经营项目,须提交有关批准文件。

(11) 法律、行政法规规定设立特殊的普通合伙企业需要提交合伙人的职业资格证明的,提交相应证明。

(12) 国家工商行政管理总局规定提交的其他文件。

2. 办理流程

A. 申请

由全体合伙人指定的代表或者共同委托的代理人向企业登记机关申请设立

登记。

B. 受理、审查和决定

申请人提交的登记申请材料齐全、符合法定形式，企业登记机关能够当场登记的，应予当场登记，发给合伙企业营业执照。

除前款规定情形外，企业登记机关应当自受理申请之日起20日内，做出是否登记的决定。予以登记的，发给合伙企业营业执照；不予登记的，应当给予书面答复，并说明理由。

（四）农民专业合作社

1. 需准备的材料

(1) 农民专业合作社登记(备案)申请书。

(2) 全体设立人签名、盖章的设立大会纪要。

(3) 全体设立人签名、盖章的章程。

(4) 法定代表人、理事的任职文件和身份证明。

(5) 载明成员的姓名或者名称、出资方式、出资额以及成员出资总额，并经全体出资成员签名、盖章予以确认的出资清单。

(6) 载明成员的姓名或者名称、公民身份号码或者登记证书号码和住所的成员名册，以及成员身份证明。

(7) 能够证明农民专业合作社对其住所享有使用权的住所使用证明。

(8) 全体设立人指定代表或者委托代理人的证明。

(9) 名称预先核准通知书(设立申请前已经办理名称预先核准的须提交)。

(10) 农民专业合作社的业务范围有属于法律、行政法规或者国务院规定在登记前须经批准的项目的，应当提交有关批准文件。

(11) 法律、行政法规规定的其他文件。

2. 办理流程

A. 申请

由全体设立人指定的代表或者委托的代理人向登记机关申请设立登记。

B. 受理、审查和决定

申请人提交的登记申请材料齐全、符合法定形式，登记机关能够当场登记的，应予当场登记，发给营业执照。

除前款规定情形外，登记机关应当自受理申请之日起20日内，做出是否登记的决定。予以登记的，发给营业执照；不予登记的，应当给予书面答复，并说明理由。

（五）有限责任公司

1. 需准备的材料

(1) 公司法定代表人签署的设立登记申请书。

(2) 全体股东指定代表或者共同委托代理人的证明。

(3) 公司章程。

(4) 股东的主体资格证明或者自然人身份证明。

(5) 载明公司董事、监事、经理的姓名、住所的文件以及有关委派、选举或者聘用的证明。

(6) 公司法定代表人任职文件和身份证明。

(7) 企业名称预先核准通知书。

(8) 公司住所证明。

(9) 国家工商行政管理总局规定要求提交的其他文件。

法律、行政法规或者国务院决定规定设立有限责任公司必须报经批准的,还应当提交批准文件。

2. 办理流程

A. 申请

由全体股东指定的代表或者共同委托的代理人向公司登记机关申请设立登记。

B. 受理

公司登记机关根据下列情况分别做出是否受理的决定:

(1) 申请文件、材料齐全,符合法定形式的,或者申请人按照公司登记机关的要求提交全部补正申请文件、材料的,决定予以受理。

(2) 申请文件、材料齐全,符合法定形式,但公司登记机关认为申请文件、材料需要核实的,决定予以受理,同时书面告知申请人需要核实的事项、理由以及时间。

(3) 申请文件、材料存在可以当场更正的错误的,允许申请人当场予以更正,由申请人在更正处签名或者盖章,注明更正日期;经确认申请文件、材料齐全,符合法定形式的,决定予以受理。

(4) 申请文件、材料不齐全或者不符合法定形式的,当场或者在5日内一次告知申请人需要补正的全部内容;当场告知时,将申请文件、材料退回申请人;属于5日内告知的,收取申请文件、材料并出具收到申请文件、材料的凭据,逾期不告知的,自收到申请文件、材料之日起即为受理。

(5) 不属于公司登记范畴或者不属于本机关登记管辖范围的事项,即时决定不予受理,并告知申请人向有关行政机关申请。

公司登记机关对通过信函、电报、电传、传真、电子数据交换和电子邮件等方式提出申请的,自收到申请文件、材料之日起5日内做出是否受理的决定。

C. 审查和决定

公司登记机关对决定予以受理的登记申请，分别情况在规定的期限内做出是否准予登记的决定：

(1) 对申请人到公司登记机关提出的申请予以受理的，当场做出准予登记的决定。

(2) 对申请人通过信函方式提交的申请予以受理的，自受理之日起15日内做出准予登记的决定。

(3) 通过电报、电传、传真、电子数据交换和电子邮件等方式提交申请的，申请人应当自收到"受理通知书"之日起15日内，提交与电报、电传、传真、电子数据交换和电子邮件等内容一致并符合法定形式的申请文件、材料原件；申请人到公司登记机关提交申请文件、材料原件的，当场做出准予登记的决定；申请人通过信函方式提交申请文件、材料原件的，自受理之日起15日内做出准予登记的决定。

(4) 公司登记机关自发出"受理通知书"之日起60日内，未收到申请文件、材料原件，或者申请文件、材料原件与公司登记机关所受理的申请文件、材料不一致的，做出不予登记的决定。

公司登记机关需要对申请文件、材料核实的，自受理之日起15日内做出是否准予登记的决定。

D. 发照

公司登记机关做出准予公司设立登记决定的，出具"准予设立登记通知书"，告知申请人自决定之日起10日内，领取营业执照。

公司登记机关做出不予登记决定的，出具"登记驳回通知书"，说明不予登记的理由，并告知申请人享有依法申请行政复议或者提起行政诉讼的权利。

二、创业优惠政策

(一) 税收优惠

持人社部门核发"就业创业证"(注明"毕业年度内自主创业税收政策")的高校毕业生在毕业年度内(指毕业所在自然年，即1月1日至12月31日)创办个体工商户、个人独资企业的，3年内按每户每年8 000元为限额依次扣减其当年实际应缴纳的营业税、城市维护建设税、教育费附加和个人所得税。对高校毕业生创办的小型微利企业，按国家规定享受相关税收支持政策。

(二) 创业担保贷款和贴息

对符合条件的大学生自主创业的，可在创业地按规定申请创业担保贷款，贷款额度为10万元。鼓励金融机构参照贷款基础利率，结合风险分担情况，合理确定贷款利率水平，对个人发放的创业担保贷款，在贷款基础利率基础上上浮3

个百分点以内的，由财政给予贴息。

（三）免收有关行政事业性收费

毕业2年以内的普通高校学生从事个体经营（除国家限制的行业外）的，自其在工商部门首次注册登记之日起3年内，免收管理类、登记类和证照类等有关行政事业性收费。

（四）享受培训补贴

对大学生创办的小微企业新招用毕业年度高校毕业生，签订1年以上劳动合同并交缴社会保险费的，给予1年社会保险补贴。对大学生在毕业学年（即从毕业前一年7月1日起的12个月）内参加创业培训的，根据其获得创业培训合格证书或就业、创业情况，按规定给予培训补贴。

（五）免费创业服务

有创业意愿的大学生，可免费获得公共就业和人才服务机构提供的创业指导服务，包括政策咨询、信息服务、项目开发、风险评估、开业指导、融资服务、跟踪扶持等"一条龙"创业服务。

（六）取消高校毕业生落户限制

高校毕业生可在创业地办理落户手续（直辖市按有关规定执行）。

（七）创新人才培养

创业大学生可享受各地各高校实施的系列"卓越计划"、科教结合协同育人行动计划等，同时享受跨学科专业开设的交叉课程、创新创业教育实验班等，以及探索建立的跨院系、跨学科、跨专业交叉培养创新创业人才的新机制。

（八）开设创新创业教育课程

自主创业大学生可享受各高校挖掘和充实的各类专业课程和创新创业教育资源，以及面向全体学生开发开设的研究方法、学科前沿、创业基础、就业创业指导等方面的必修课和选修课；同时享受各地区、各高校推出的资源共享的慕课、视频公开课等在线开放课程，以及在线开放课程学习认证和学分认定制度。

（九）强化创新创业实践

自主创业大学生可共享学校面向全体学生开放的大学科技园、创业园、创业孵化基地、教育部工程研究中心、各类实验室、教学仪器设备等科技创新资源和实验教学平台。参加全国大学生创新创业大赛、全国高职院校技能大赛，各类科技创新、创意设计、创业计划等专题竞赛，以及高校学生成立的创新创业协会、创业俱乐部等社团，提升创新创业实践能力。

（十）改革教学制度

自主创业大学生可享受各高校建立的自主创业大学生创新创业学分累计与转换制度；还可享受学生开展创新实验、发表论文、获得专利和自主创业等情况折算为学分，将学生参与课题研究、项目实验等活动认定为课堂学习的新探索。同时享受为有意愿有潜质的学生制订的创新创业能力培养计划，以及创新创业档案和成绩单等系列客观记录并量化评价学生开展创新创业活动情况的教学实践活动。优先支持参与创业的学生转入相关专业学习。

（十一）完善学籍管理规定

有自主创业意愿的大学生，可享受高校实施的弹性学制，放宽学生修业年限，允许调整学业进程、保留学籍休学创新创业。

（十二）大学生创业指导服务

自主创业大学生可享受各地、各高校对自主创业学生实行的持续帮扶、全程指导、一站式服务。地方、高校两级信息服务平台为学生实时提供的国家政策、市场动向等信息，以及创业项目对接、知识产权交易等服务。可享受各地在充分发挥各类创业孵化基地作用的基础上，因地制宜建设的大学生创业孵化基地，以及相关培训、指导服务等扶持政策。

贾少华：创业与专业相结合，误人子弟

大学生创业能与专业相结合，就像谈恋爱两相情愿，皆大欢喜。不能结合怎么办？不能结合，还一定要结合，这不是单相思结合不成的暴力威胁吗？大学何来如此强盗逻辑！

一、创业不一定需要专业

小商品市场经营者，有专业吗？如果有，也是农民专业。淘宝店的经营者，有电子商务专业吗？多数没有。那么，凭什么说创业要与专业相结合?!

有人可能会说，这是草根创业，是养活自己的创业，不是大学要倡导的创业。错！不论在什么时候，不论在哪个国家，不论是否受过高等教育，凡创业，最大的比例都是从自我雇佣开始，从养活自己开始。生存型创业，永远都是人类社会创业的主体。更何况，大学已进入普及化阶段。假如，大学生都成了马斯克，都成了马化腾，谁给你种粮食？谁给你洗衣服？谁给你送外卖？

退一步说，即使是精英创业，即使是创新型创业，也不一定需要专业。沃尔玛的诞生，伟大的商业模式的创新，需要什么专业？不就是把城里的商场开到城乡接合部，降低租金成本？不就是大规模进货，降低采购成本？不就是开架减少员工，降低劳动力成本？这道理一定要具备什么专业知识才懂吗？又比如，集装箱企业的诞生，运输成本降60%，轮船滞港时间减少四分之三。其成功，不也就是把装货与装船分开而已吗？类似与专业无关的创业事例多了去了，像快餐业鼻祖麦当劳的诞生，同样没有也不需要什么专业。马云创立的电商帝国，他自己的专业是英语，与电商基本无关。乔布斯读了一年大学，什么专业？

创业，尤其是创业初期，是否能成功，包括市场信息、商业机会、人际关系在内的社会资源都比所学专业重要。而且，市场、机会瞬息万变，稍纵即逝，拘泥于专业，限定于专业，是作茧自缚，坐以待毙。

二、创业上路之后才逐渐需要专业

创业是从能做的开始做起，不是从专业出发的。以专业定位市场，以书本理解商机，其成功基本上是出现在创业大赛中而不是在创业实践中。有多少创业文本变现了？有多少获奖项目落地了？好像都是自娱自乐的一阵风，啥也没有。

当然，专业也没那么悲惨。随着创业的成功，事业的不断壮大，专业的作用日益显现。凡是成长的企业，总是不断地遇到来自生产、管理、财务、技术等方方面面的问题，这些问题的解决非专业不行。但不能因此就认为创业要与专业相结合。

专业是为未来做准备的，如果这句话是正确的，那么请问：未来在哪里？未来，尤其是创业的未来是不确定的。未来的变化，越来越快、越来越多、越来越猛，企业的生命周期越来越短，一味强调专业与创业相结合，这不是引导而是误导。把未来什么都想好了，那不叫创业，那叫创业计划书。

有人说马云真伟大，不仅搭建了电商平台，还发明了支付宝。事实上，创业起步阶段，马云根本不知道支付宝，甚至可能连支付宝这个概念都没有。是创业过程中，遇到了“发货不给钱，给钱不发货”这一棘手的问题。这时候，没有专业，企业就死了。好在有专业员工来做这样的事。但必须明确，不是有专业了才创业，而是创业了才需要专业。像马化腾这样有专业背景的创业者，创办腾讯公司的初期，也根本不知道后来成为主营业务的微信。未来需要什么专业都不知道，何来与专业相结合？浙江义乌双童日用品有限公司，是全球最大的吸管生产和销售的企业，董事长楼仲平先生，我很尊敬的企业家。14岁辍学，从收农药瓶、挑货郎担开始创业，实现了原始积累后才办厂开公司，成了业内的大佬，受聘多所高校的客座教授，讲课的足迹遍布海内外。他的经历同样告诉我：不是专业了才创业，而是创业了才专业。后现代哲学也告诉我们，专业是一个人在亲身实践中逐渐形成和发展起来的，不是学了什么专业就一定有什么专业的。

企业在成长中遇到的专业问题之多、之难，远超出一般人的想象，凭创业者的一己之力是杯水车薪。每天都遇到的包括技术、研发、营销、管理在内的问题，需要一支队伍，一个“专业群”的力量来解决。与其强调创业者要有专业能力，倒不如强调创业者要有用人的管理能力来得更贴切。马云的成功，不是因为他的专业，而是他的用人。但凡讲创业与专业相结合的，纯粹就是一种脱离实际的主观想象，这种想象来自对企业的无知、对创业的陌生。

三、真有专业无须自己创业

如创业真是基于科学技术上的独门绝技，那么所构建的核心竞争力将所向披靡。要想有这样的独门绝技，必须心无旁骛、全身心投入研究。既要研究，又要创业，恐怕做不到两全其美。过多地讲专业与创业相结合，是对专业学习和研究的干扰。

有独门绝技、有真专业的人，只管把专业做好就可以了。天使投资人，削尖脑袋、挖空心思在找这样的独门绝技。如被看上了，不仅创业的资金不用愁了，商业的模式、股份的分配、管理的团队统统都会帮助搞定。各级创业大赛，投资人之所以热心，不仅仅因为在承担裁判的责任，同时也在物色投资项目。我也多次参与创业比赛的评委工作，有幸认识很多投资人。每次交谈，他们都会不无遗憾地告诉我，有市场前景的、值得投资的、有科技含量的项目几乎没有。

当下的大学生是不是分心太多，才导致了投资人看不上眼的结局？

真技术，投资人不投，也会有公司来收购。像微信之父张小龙，就是在其真技术被收购后研发了微信。这不同样是一种创业吗？成了腾讯的副总，据说年薪就过亿。既做专业，又办企业，分身无术，可能什么都不是。实践也表明，大学生所谓的科技创业，少有成功的。不信，看看大学的创业园，摆设而已。

〔资料来源：http://blog.sina.com.cn/jiashaohua 2009，稍做修改〕

专题二

小微企业管理者的素质要求和执行力培养

时代呼唤创业者，环境造就创业者。在“大众创业、万众创新”热潮的推动下，今天的大学毕业生中，会有越来越多的人走向创业之路，创办一些小微企业。但据相关数据统计表明：在大学生新创的小微企业中，能存活 2 年的不到 60%，能存活 5 年的不到 30%。这就说明创业不是那么容易就能成功的，创业者必须具备特定的素质。

众所周知，企业的生存与发展取决于人力资源和物质资源，而人力资源是其中能动的部分，其素质和技能成为知识经济实现的先决条件。当今世界企业的管理已经从过去单纯追求产值、增长速度转为越来越重视产值、利润的创造者——人的因素，实施以人为中心的管理，取得显著成效，逐渐使人本管理成为企业界和学术界关注的热点。人本管理的精髓在于点亮人性的光辉，它符合时代的潮流，符合管理变革的趋势，符合企业管理的本质要求。

在人们记忆犹新的 2001 年上海 APEC 会议上，各经济体领导人强调，信息通信技术革命为新兴市场带来无限的机遇和更高的劳动生产率，同时也对企业管理者素质和创新能力提出了新的要求。为应对现代经济发展形势，必须重视人力资源的重要作用。

企业管理者是继土地、资金、劳动力之后的企业第四资源，是企业最重要的人力资源。企业管理者素质决定了他们在企业生产、技术、管理创新和吸纳创新人才方面的基本思路和方法。

史玉柱与巨人公司的盛衰

史玉柱，瘦高文弱，一副南方书生的模样。他 1986 年毕业于浙江大学数学系，随后在深圳大学攻读软科学管理研究生，在安徽省统计局短暂工作两个月后，由于不满意机关暮气沉沉的工作环境，1989 年 7 月只身一人前往深圳创业。创业初期，他只有凝聚他 9 个月心血的 M-6401 桌面排版印刷系统软件和借来的 4 000 元钱。

史玉柱利用先做广告后付款的方式在《计算机世界》做了 8 400 元的广告，将其开发的 M-6401 桌面排版印刷系统推向市场，得到他事业生涯的第一个 10 万元。他的“第一赌”获得成功。此后，他将这 10 万元全部投入广告，大幅度增加的销售量将他造就成当时为数不多的百万富翁。

1990 年 1 月，史玉柱带领 1 名助手住进深圳大学学生公寓，150 天足不出户，研制出 M-6402 汉卡，随后创建“巨人新技术公司”。他的战略目标是使巨人公司像 IBM 那样成为世界电脑行业的巨人。史玉柱使用新颖的销售手段，在大规模占领汉卡市场的同时，又建立遍布全国的销售网络。1992 年，巨人公司利用不断推出的新产品如中文手写电脑、中文电子收款机等最终成为中国电脑行业的领头军。一年后，巨人公司就成为资产超过一亿元的高科技公司，史玉柱因此成为中国青年知识分子创业的榜样，先后被授予多种荣誉称号。

在史玉柱事业如日中天时，他“顺理成章”地涉足房地产业，决定采用出售“楼花”的融资方式，建造 70 层“巨人大厦”，试图成为珠海市的标志性建筑。正是由于史玉柱日益看涨的名气，使投资人相信购买巨人大厦的楼花是一本万利的投资。

1993 年年底，中国电脑行业风云突变，康柏、惠普、IBM 等国外强势品牌入侵中国，加上巨人公司内部的问题，致使公司内外危机加重。史玉柱做出战略调整，决定进军保健品和药品行业，“巨人脑黄金”一时成为中国保健品的代名词。

1996 年，史玉柱重点进攻“减肥药品”的细分市场。辅之以铺天盖地的广告轰炸，打一场“巨不肥会战”并取得日进一亿元的显赫战绩。只是好景不长，由于销售方针和政策上的急功近利、营销方案不成熟、销售人员素质低等一系列原因，“巨不肥会战”以失败告终。一句涉嫌诋毁“娃哈哈”的广告词酿成的索赔诉讼，成为巨人公司走下坡路的开始。

1996 年 9 月，巨人大厦刚刚浮出地面，向投资人交付房产的诺言未能兑现，巨人公司的“信誉大厦”出现裂痕。随之而来的财务危机和公司员工士气涣散最终造成巨人公司土崩瓦解，史玉柱在公众视野中消失。某种意义上讲，史玉柱缺乏与媒体、公众和员工沟通的个性在关键时刻葬送了巨人公司。

1. 巨人公司前期成功的原因分析

(1) 史玉柱的冒险、开拓精神

史玉柱创业之初年仅 25 岁，年轻、有朝气，有股“初生牛犊不怕虎”的气势。他经过四年大学本科的高等教育，又在改革开放之前沿的深圳攻读硕士学位，受到深圳人“开放”“创业”氛围的熏陶。应该说，他的创业意识、能力和比常人更加敢于冒风险的气魄是巨人公司前期成功的主要原因。

史玉柱一副柔弱的南方书生的模样，却有着超出寻常的胆识和气魄。他以“先做广告后付钱”的办法，押上他的全部资产和仅有的知识产品，在冒险的同时，也体现了开拓精神。

取得创业生涯的“第一桶金”之后，再一次倾其家当“赌”了一把。他在几个月之内成为当时为数不多的百万富翁的事实说明，当时深圳社会认可了他的这种冒险精神。他的成功得益于深圳的社会环境。一句话，他“赌赢了”。

(2) 史玉柱的创业技巧

“企业小的时候是靠战术，靠企业家亲自动手带领团队；但是做到了一定规模，一定要讲究管理方法及艺术；等企业扩张到更大规模，管理也会力不从心，这时就要依靠企业文化。”这是史玉柱创业成功的体验和经验总结,也是史玉柱创业过程的独到之处。

史玉柱直言,企业的管理其实就是用人,而人力的管理最重要的就是两点:员工在企业里能力能否得到充分发挥,给予员工的收入福利是否到位。为此,史玉柱逐步完善了公司的奖惩制度和激励措施,“只有当企业管理和激励机制建立完善后,才能留住人才和激发员工的潜能”。

他在创业过程中,注重把创业内容与爱好结合起来。出身软件工程师的史玉柱,玩游戏是他的爱好。因为喜爱,游戏也慢慢成为他事业的重要组成部分。“我适合打天下,守业不行,我就培养总裁、副总裁。”脑白金成功后,史玉柱就渐渐淡出了管理,但对游戏却总是爱不释手。慢慢地,史玉柱从一个游戏爱好者成为一个游戏狂人。正是因为对游戏的喜爱,史玉柱投资 2 000 万元成立了专业的游戏开发公司,开始玩自己的游戏。四年间,史玉柱几乎没用过手机,并把大部分精力都放在了游戏的虚拟世界里。如果发现游戏哪个地方不合理,即便是在夜里,他也会把研发人员叫起来,立即进行调整。

作为一个游戏玩家,史玉柱做的游戏有许多创新,也为他带来了一个月上亿元的利润。

史玉柱说:“我的事业与爱好高度吻合。如果你做的事业,你本身不喜欢,觉得很枯燥,就不要去做。”

创业初期要聚焦重点,把一个产品做到极致。1989 年,从深圳大学读完研究生,史玉柱开启了自己的创业之旅。史玉柱把创业项目选在自己所熟悉的软件开发上。他的四人开发团队用了 8 个月的时间,对开发的软件进行了完善。史玉柱记得,那时除了每天睡六七个小时的觉,几乎所有精力都花在软件的完善上。“创业最基础最核心的问题就是产品好不好,方不方便。”至今,史玉柱仍然对初次创业记忆犹新。

他认为产品的生产没有问题,接下来最重要的工作就是营销,用最少的钱让别人知道产品。当时,史玉柱想到了在专业媒体上刊登广告。他找到了当时中国唯一的专业化媒体——《中国计算机报》。从未写过广告的史玉柱用 3 个月找到了写广告的窍门,并一炮走红。“有好的产品、好的广告、好的营销模式,市场自然就打开了。”史玉柱回忆,当时创业的启动资金只有 4 000 元。在他看来,创业初期一定要紧盯项目,对选中的项目要聚焦、聚焦、再聚焦,把自己的才智发挥到极致。

史玉柱说,创业初期最重要的不是资金,而是一个正确的商业模式,而具备决定性的是产品本身。“如果有好的产品,政府自然会支持,银行也会贷款。创业者潜心把产品和商业模式做到极致,就已经成功了一大半。”

(3) 闯荡市场的魄力

史玉柱年轻、有朝气、不安于现状。高层次的受教育经历并拥有计算机知识使他对电脑市场有正确的基本判断。他以新颖的营销手段抢先占领汉卡市场，在市场营销组合上有一定的特色。在电脑行业面临外来强大压力时，他适时调整企业发展战略，进军保健品市场，在强有力的广告促销辅助下获得成功。

我们完全可以用一句话总结史玉柱和巨人公司的成功原因，那就是，史玉柱在合适的时期、合适的地方，选择了合适的发展方向，使用了合适的策略和手段。

2. 巨人公司失败的原因分析

促成巨人公司失败的原因既有客观因素，又有主观因素，但最关键的还是史玉柱本人主观上没有看清巨人公司究竟是一个怎样的企业，“巨人”应该朝什么方向发展。面对一个白手起家的民营企业，资本规模迅速扩大，真正成长为一个“巨人”时，企业的战略规划开始显得越来越重要。

巨人公司的衰落，正是由于战略的严重失误导致的，可以归结为一句话：在没有有效的环境分析、稳健的资金保障和完善的管理机制下，采取激进的扩张战略。

巨人公司的发展显然想走混合型多样化的道路，但它忽视了混合化经营的基本要求：资金充足并且每个事业达到行业的平均利润。尽管巨人公司在生物保健方面异军突起，但整个生物工程却是亏损的。

实行多角化战略并不意味着每个产业的细分市场都要进入，应该按照企业的特长和现有资源进行取舍。想做市场的全覆盖，但忽视了生物工程行业的特殊性：资金要求巨大。该产业的亏损就是没有做到细分市场的取舍，没有做到每个细分市场达到行业平均利润。

多角化战略与巨人大厦的矛盾。与上面的矛盾相似，多角化战略需要强大、充裕的资金做后盾。巨人大厦的巨额支出显然是与战略不相符的。一个行业的发展往往要经过“问号—明星—金牛—瘦狗”的过程，建造巨人大厦的资金抽自生物保健业，显然在这个决策做出之前管理层没有理智地判定生物保健所处的阶段，导致了连锁效应。

巨人公司土崩瓦解的直接原因是巨人大厦所带来的财务危机。但是，针对案例，我们可以分析出更深层次的原因。

(1) 产品单一

即使巨人公司不发生因巨人大厦而带来的财务危机，仅仅依靠当时辉煌的销售业绩可能也不会将公司运营到今天。因为史玉柱的巨人公司在电脑软、硬件行业取得成功的基础太薄弱，现在看来，仅靠档次极低的 M-6402 软件以及其他难以迅速适应市场变化、满足新需求的产品销售来支撑“巨人”几乎是不可能的。

(2) 营销组合过于单调

我们知道，最著名也最有实际效果的营销组合是4Ps组合。

在市场营销实践中，应同时注意产品、价格、分销与推销四个方面。但是，“巨人”初期的成功使史玉柱尝到广告给他带来的甜头，以至于在后来的市场营销中仅仅对广告攻势表现出过度的自信。如在“巨不肥会战”中过分依靠广告轰炸和人员大规模推销，而忽视了消费者的选购心理和竞争对手的营销策略。因为整体协调能力低下造成失误不断，以至于犯下诋毁竞争对手的低级错误。

(3) 巨人大厦拖累

巨人大厦上马并未经过严格的科学论证。70层的大厦，预算比原设计的38层陡增12亿元，延长的6年工期又使公司经营增加了巨大的风险。史玉柱仅仅根据当时巨人公司“日进亿元”的销售业绩计算巨人大厦的6年工期投入，试图利用预期销售收入在他的事业生涯中再赌一把。但是，这一次他失败了。

巨人公司悲壮性的结局能给我们带来什么样的启发呢？

SONY和比尔·盖茨

我们在对史玉柱的巨人公司扼腕叹息之余，不妨冷静地将其与成功者的素质结构作一番分析比较。

决策的风险性和不确定，意味着企业家从事的是一个充满风险的事业。这就要求企业家在做出决策时，必须有过人的胆略和气魄。害怕承担风险的人是不会有所作为的，索尼的成功充分地说明了这一点。

1952年，索尼公司的创始人之一井深大在获知英国研制成功晶体管的信息后，经过实际调查，决心冒险制作晶体管收音机以打入国际市场。1953年，他以25 000美元购买了晶体管的生产专利并开始研制生产收音机。在当时，这可以称得上是一笔不可思议的赌注，因为晶体管的合格率仅仅为5%。但井深大和其合伙人盛田坚信晶体管的广泛应用前景。经过不懈努力，终于研制成了晶体管收音机，并于1956年打入美国市场，使索尼公司在世界市场上名声大振。可以说，正是井深大和盛田的超人胆识，才会有索尼的今天。

比尔·盖茨从哈佛大学辍学，全身心投入研制MS-DOS，依靠与IBM的成功合作使微软迅速成为全球超一流企业，比尔·盖茨本人也雄踞世界首富宝座达数年。比尔·盖茨的成功不但因为他敢于冒风险、拥有对软件市场发展的洞察力，而且在于他善于塑造公众形象。如2000年微软度过与美国司法部的反垄断诉讼的难关，说明他与公众、员工、媒体沟通流畅；在微软事业发达之时，他将企业经营管理权交给职业经理，从而避免自己不善于经营组织的缺憾给企业发展带来阻碍等。这些重要的区别也许正是微软与巨人公司结局不同的根本原因。

中国国有钢铁冶金“48 罗汉”

中国国有企业存在的问题是多方面、深层次的。除了经济管理体制、管理者思想观念等方面的因素外，经营管理者的基本素质也可能是影响国有企业兴衰的重要因素。

20 世纪 50 年代全国各地相继投产 48 家钢铁冶金企业，这 48 家企业的生产设备、生产技术、生产规模几乎相同，产量均在 50 万 t 以下。与此相比较，当时冶金部所属 13 家巨型钢铁公司的产量在 200 万 t 左右。在几十年的计划经济体制下，它们齐头并进。除了地区不同外，彼此没有什么差距，被称为中国钢铁冶金“48 罗汉”。

在十余年的经济体制改革的阵痛中，这“48 罗汉”便逐渐显示出差距。经过十余年市场经济的“洗礼”，邯郸、济南、安阳等钢铁厂脱颖而出，在产量、质量上连续登上几个台阶，几年之内便达到三百万吨级。邯钢兼并大型企业舞阳钢铁公司证明它们现在的实力足以与中国 13 家巨型钢铁公司展开竞争。南京、杭州钢铁厂则突出钢材品种多且灵活的优势，寻找市场空隙，在独特的细分市场中获得成功，使企业得到很大的发展。与此相对应，西宁、西安等钢铁厂已经不复存在。东北、中南数家钢铁厂已经转产，退出竞争，更有许多厂家已经或正在寻求巨型企业并购、重组。

类似的案例完全可以在诸如化工、石油、煤炭等行业中找到。短短十余年，这些在同一起跑线上走向市场的企业为什么结局如此不同？对于国有企业的改革，党中央早已有明确的方针政策。应该说，这 48 家国有钢铁冶金企业都是在相同的内外环境条件下参与的市场竞争，结局的不同，或许能够在其管理者自身素质上寻找到原因。

仔细研究 2000 年世界 500 强中最著名企业的发展历史，我们发现这些企业的发展与其创始人或初期领导人的素质紧密相关。这些领导人具备人所共知的共性：① 他们都具备超常的发展眼光，能够发现别人不易发现的营利方向。② 他们能够将有限的资源合理、高效地进行整合。③ 他们有着超乎寻常的冒险与创新精神。能够随着企业发展的不同阶段，根据企业内外环境的变化做出相应的战略调整。

诚然，不同的历史时期，不同的企业性质，甚至于企业发展的不同阶段，对企业管理者的素质都有不同要求。西方的政治、经济、文化背景与中国有很大的不同。但是，我们认为，在中国市场经济正逐步完善的今天，企业管理者素质是企业发展的重要因素，在其他条件相同的情况下，管理者的素质体现出它在企业发展中的重要作用。

那么，作为企业管理者应当具备哪些素质呢？

这里用到一些著名经济学家和企业管理者有关企业管理者素质的语录。

一个主管所要立的志愿就是如何为公司谋发展，以及如何为职工谋福利。而只要立下这些崇高的战略性经营目标，就能涌出旺盛的斗志，然后自己再苦心研究方针，再从研究中体会具有创见性的决策，人格受到陶冶，同时，领导能力也发挥了。

——[美]S. 福茨

一个合格的企业最高领导者，必须研究企业如何生存的战略性重大问题，也就是要随着信息时代的变化和要求来改进企业，要有“改”的精神和很强的进取心，必要时敢于冒险，当然还要加上科学的决策。那些只会按常规办事的优柔寡断的领导者，只能是二流企业管理者。

——[美]F. 奥斯本

市场经济是一种开拓进取型的经济，因而创新是一种最宝贵的企业管理者精神。

——[美]P. 德鲁克

竞争甚至会迫使大公司冒险。每家公司常常都必须创新求变，否则就是死路一条。当市场改变时，当竞争者改变策略时，当消费者有了新的嗜好和需求时，每个公司都必须创新以求适应。

——[美]P. 索尔曼

最成功的企业管理者并不是紧盯着部属，不断下达大大小小指令的人，而只是给部属概括性的方针，培养部属的信心，帮助他们圆满完成工作的领导者。

——[日]盛田昭夫

作为开始创业的年轻大学生，要管理好自己创立的小微企业，应当具备哪些基本素质呢？

江泽民同志曾指出：青年人要坚持“学习科学文化与加强思想修养的统一，学习书本知识与投身社会实践的统一，实现自身价值与服务祖国人民的统一，树立远大理想与进行艰苦奋斗的统一”。大学生创业者应是“四个统一”的坚定实践者。具体地说，大学生创业者要具备思想与心理素质、战略与决断素质、知识与管理素质、学习与反思素质等，这是走向创业成功的前提。

小微企业管理者必备的思想与心理素质

思想与心理素质是相互关联而又互不相同的两个范畴,它们都是无形而又基础的素质。良好的思想素质是高尚人格的集中反映,是个人与社会相统一的条件,也是人与人团结协作的前提。松下的创始人松下幸之助说过:“一个经营者不一定是万能的,但却至少应是一个品格高尚的人,因为只有品格高尚的人才能使员工受到感召而毫无保留地奉献。”

心理素质是人们面对不可知环境和前途时表现出的一种信念和态度,因为创业的复杂性和不确定性,心理素质在创业的成功因素中也占有举足轻重的地位。

一、树立正确的人生观和价值观,坚定信念,明确理想

“四个统一”当中“实现个人价值和服务祖国人民的统一”是对青年创业者提出的人生观和价值观上的明确要求。美国心理学家马斯洛的需要层次理论提出,人的需要可以分为五个层次,它们依次是:生理需要、安全需要、社交需要、尊重需要和自我实现需要。它告诉我们,个人的需求包括生理的需求和心理的需求,也就是自然性的需求和社会性的需求。心理需求是高层次的终极需求,个人需求的满足最终必然通过心理需求的满足来实现,而心理需求往往与社会和他人的肯定密切相关,因而个人的满足是与服务社会紧密联系、不可分割的。我国作为发展中的社会主义国家,在发展水平上,需要我们树立大局意识和为祖国服务的意识,以使我们尽快地追赶世界先进水平;在社会性质上,人与人之间、人与社会之间的根本利益是一致的,我们只有将个人价值的实现融入为祖国服务中去才符合国家、社会及个人的长远价值。个人价值的实现建立在国家和人民承认的基础之上。

我们只有树立了这种正确的人生观和价值观,才有可能树立正确的人生信念,明确个人理想,才能确认自己为什么而工作,能做什么样的工作,有可能成就什么样的事业,明确自己应该怎样行动。只有具备了这一点,创业才能一往无前,遇到挫折也不后退;否则容易见异思迁,摇摆不定。

早些年宝洁公司CEO雷富礼在公司成立170周年致全球员工的公开信中曾经这样描述宝洁在无数选择中对价值观的坚守:“宝洁公司已经走过了170年,在全球50强的名单里,只有三家公司能如此历久弥新。我常常思索是什么

使得宝洁在如此长的一段时间里保持持续增长。我确信，以下四点是宝洁成长的因素：我们以目标为驱动，以价值观为指引，我们的目标是美化每一天的生活，我们的价值观是正直、信任、领导力、责任感和主人翁精神。宝洁的目标及价值观并非独一无二，也不是轰轰烈烈的，但在170年的历史里，这些价值观保持着高度的一致，启迪了一代又一代的宝洁人。……只要我们坚守公司的核心目标及价值观，我们乐于尝试一切改变。”

二、有强烈的社会责任感

现代社会是一个协调发展的整体，人与人之间需要协调，人与自然之间也需要协调。只有抱着对社会和员工高度的社会责任感，才能够摆正个人利益和社会利益的关系，创业才有可能在一定程度上超脱小我，为国家、社会做出有益的贡献。创业者既要追求个人利益，更要追求集体利益，而不以个体凌驾于群体之上；既要追求经济利益，又要追求社会利益，而不以一时的经济利益损害长远的社会利益。

三、有宽广的胸怀和远大的志向

作为小微企业的管理者，时时刻刻都要与人打交道，他一方面要整合团队内部，另一方面又要同形形色色的外部人士打交道，不可避免地涉及各种人格品质和价值观念，因此必须有海纳百川的气度和光明磊落的胸襟，将一切可以利用的力量为我所用。要有远大的志向，就是说在创业的规划上要看得远，在具体操作上看重最终目标。因而，不论是在企业利益的获取上还是在个人利益的协调上，尽量做到功利心弱一些，在具体事情上不锱铢必较。

四、有稳定的心理和平衡的心态

创业的环境是复杂的，机遇也是多种多样的。在创业过程当中，每个人都有可能遇到不同的困难和问题，对待这些问题就要有稳定的心理和平衡的心态。在既定的目标和方向之下，不要轻易为人所动，不能因为看到其他的成功模式而轻易改变自己的认识，而是要做到认真分析、执着追求，这样才能走向成功。

五、有坚韧的毅力和执着的精神

创业的方向都不可能是完全确定的，只有在不断的追求当中才能更加接近成功，不到一定的时候绝不轻言放弃。这是成功老板的特质。

松下幸之助在回忆录中曾经说过：在荆棘道路里，唯有信念和忍耐能开辟出康庄大道，并且信念和忍耐能化不可能为可能。好像任何事都离不开这个原则。

虽然不见得会完全照着预期的方式进行，但只要咬紧牙关忍耐下去，在坚决的忍耐中，即使原计划不能实现，但环境状况会改变，而出现一条可行的道路。或许是那种坚韧不拔的毅力激起外界的共鸣或援助，可能与先前预定的大不相同，但终究是曲曲折折地迈向了成功……所以我认为，做事要有强烈的执着，绝不轻言放弃。

麦当劳之父克洛克认为："世界上没有任何事能取代'坚定'。'才能'并非万能，因为有太多有才能的人并未成功；'天才'并非万能，因为被埋没的天才屡见不鲜；'教育'并非万能，因为多的是受过教育的废物；只有'坚韧'和'决心'方是无敌的。"

小微企业管理者必备的思想与心理素质

小微企业管理者必备的战略与决断素质

大家知道，创业实施的第一步就是要找准方向、严密论证，进而做出战略决策。小微企业运营环境是复杂的。在这个环境当中，政治的、经济的、文化的各种要素相互联系、错综复杂，任何方案都不是完备和确定的。这就需要小微企业管理者具有全局性的战略眼光和决断素质。古人云："不谋万世者，不足谋一时；不谋全局者，不足谋一域。"小微企业创业管理者的决断素质的重要性是不言自明的。

一、决策的含义

决策意为"选择、确定策略"，是一个动态过程。在这一过程中，个体需要运用自己的感知觉、记忆、思维等认知能力，对情景作出判断与选择。决策研究专家给决策下了一个概括而全面的定义："判断与决策是人类根据自己的愿望和信念选择行动的过程。"这一定义包含了三个组成成分：① 行动方案（选项及其他备选方案）；② 对事物或现象的客观状态及过程（包括结果状态、获取成功的手段等）的信念，通常以"概率"的形式表示；③ 对每种行动方案结果的愿望、价值评价，常以"效用"表示。我们可以说狭义理解的决策，就是从可供选择的方案中筛选出合适的方案的过程。

二、小微企业管理者决策力的开发培养

1. 培养决策力的重要性

决策贯穿于整个企业管理过程中，一切管理活动都是围绕其产生的。管理工作的成败根本取决于决策的正确程度和决策的科学水平。

在现代社会化大生产的条件下，一个重大决策足以决定一个群体或组织乃至一个社会的命运。因而，管理者必须做出科学的决策。

而决策同主观因素最密切相关，比其他管理行为更依赖于管理者素质，特别是管理者的能力素质。能力水平的高低将直接决定决策的质量和水平。因此，正确的决策是保证管理效能的关键。而要做出科学的决策，就应提高管理者的决策力。从长远来讲，制定高质量决策的能力不仅是企业成功的有效保证，也是个人事业成功的关键。具有卓越决策力的管理者可以充分提升团队的领导效率、管理效率以及执行效率，确保团队目标的迅速达成，从而在事业上取得非凡的成就。

2. 决策力可以培养

有效管理的精髓在于优秀的决策机制。但不幸的是，决策力常被看作是一种与生俱来的性格特质。有些人就是能够果断做出决策，而另一些人则做不到这一点。然而，一些社会学家通过深入研究影响人们决策的心理和社会因素，正在颠覆上述观点。

斯坦福大学商学院教授 Chip Heath 和杜克大学社会企业发展研究中心研究员 Dan Heath 深入探讨了决策领域的最新研究成果。成果显示："决策力是一种行为方式而不是一种遗传特征。它使我们能够做出勇敢而自信的选择，这不是因为我们知道自己一定正确，而是因为尝试和失败要好过拖延和后悔。"他们指出了阻碍有效决策的四大因素：第一是视野狭隘，这限制了我们纳入考虑的选择范围；第二是证实倾向，我们倾向寻找能够支撑自己现有想法的证据；第三是短期情绪，它将随着时间逐渐消退；第四是过度自信。

一直以来，人们对决策的认识不够充分，认为决策即拍脑袋，决策能力不需要培养，因而总是不断地掉入各种决策陷阱。小微企业管理者需要引起足够的重视，而且还应该学习应对的技巧。

3. 决策力培养的方法和技巧

决策力是一个多层次、多因素的集合体。因而对决策力实施开发培养需要有针对性和技巧性。

第一，管理者要具备科学决策的意识。这是加强决策力的首要前提。一个管理者只有树立科学决策的意识，才能关注决策方法、科学决策程序等问题。如

果管理者本身对决策敷衍应付，随意马虎，决策的科学性肯定不会高。

第二，管理者要具备决策的思维。思维方式，是人在社会实践中，为了客观地把握外界事物，通过主客体的相互作用，以一定的背景文化知识、认知结构、风尚习惯和方法等多种因素结合而成的有机统一体。它内化于人脑中，成为发动认识和构思的内在机制。决策力要求管理者具有全局思维、战略思维和创新思维。决策是一个系统工程，必须全面考虑决策执行所处的环境和条件，而且随着经济社会的发展，决策面临的新情况、新问题层出不穷，变化迅速。这就要求管理者做到全局之谋、万世之谋。此外，决策力还取决于管理者自身的创新思维能力。爱因斯坦在1936年10月的美国高等教育300周年的纪念大会上指出，没有个人独创性和个人志愿的、规格统一的人所组成的社会将是一个没有发展可能的不幸的社会。管理大师德鲁克也谈到过创新的问题，对企业来讲，要么创新，要么死亡。全局思维、战略思维和创新思维，三者相互渗透和影响，是管理者提升决策力的关键。

第三，管理者要不断增长知识和提高胆识。决策力与管理者的知识和胆识密切相关。在决策过程中，管理者面对着各种备选方案，他必须依靠自身的经验、思维等对它们进行筛选和运用。这些经验、思维等特质的不同在管理者的头脑中产生不同的作用，因此，在决策中会产生特定的心理效应。管理者的个人素质必然对决策产生影响和作用。管理者的个人素质可以简单分为知识和胆识。知识主要是智力因素，智力一般包括个体的观察力、记忆力、思维能力、想象力等综合能力。胆识从个体的意志和个性特质体现出来，意志是个体自觉地确定目标并支配行为去克服困难，从而实现预定目标的心理过程。良好的意志品质是领导决策所必备的，它是直接决定决策成败的主要因素之一。它主要包括自觉性、耐压性、决断魄力和自制力等。个性指的是一个人的精神面貌，即一个人的基本倾向和稳定的心理特征的综合，主要包括气质、性格等。“决策人”应把学习、记忆、习惯等心理学因素作为其决策行动的基础，这些基础正是一个人心理素质方面的因素，它对领导实行决策起着重要作用。从上面的分析可知，要提高管理者的知识和胆识，需要从智力、意志和个性方面入手。一个决策者必须具备的特征，应该包括敢于担当风险的责任心、理性的思维能力、健康的情绪和高尚的情操、敏锐的预测能力和机智的判断能力、广博的知识和丰富的经验等等，培养管理者的这些特质才利于决策力的提高。

第四，管理者要加强决策力的“外脑”与“电脑”建设。决策的“策”需要集思广益，打开空间，解放思想。“外脑”就是借助管理者以外的专家、学者、民众的意见和解决问题的办法。当今社会，大学生小微企业管理者面临的决策事物错综复杂，很多内容不是他本身所熟悉的内容，这时借助专家、学者和民众的意见尤为重要。"电脑"就是借助于计算机来分析问题。借助于计算机分析软件来帮助分析决策问题已经越来越普遍了。因此，把系统科学、运筹学、博弈论、预测科学、仿真技术、信息管理等现代科学技术的前沿方法和先进手段引入科学决策研究领域，通过计算机周密严谨的分析，从而在做出决策之前得到理论上的结论。现代社会很多大型项目的决策很复杂，往往需要经过反复论证，借助于计算机是必不可少的。"外脑"与"电脑"虽然不是管理者自身决策力的内容，但对管理者最终决策有着重要的帮助。

小微企业管理者必备的战略与决断素质

小微企业管理者必备的知识与管理素质

知识水平是管理和决断的基础，管理素质是使团队进行有效工作的保障。随着知识经济的发展，信息量和知识量以前所未有的速度增长，这使人们成为通才的梦想化为泡影。市场的日益动态化、复杂化使得管理更加需要人性化和个性化。市场的需求与其说是要人们去发现，倒不如说是去挖掘，这就要求管理者去研究消费者的需求心理，以把握需求规律。员工的管理也日益复杂化，20 世纪早期的标准化管理早已不适合今天的管理理念，尤其在一些技术含量比较高的团队中，员工的积极性和主动性成为最关键的也是最难把握的因素，因而管理者不得不去研究员工的心理以寻求相应的激励方法。

一、知识水平

知识经济时代的创业者需要复合型的知识结构，参照罗锐韧关于企业家的论述，我们可以得出，创业者应有"T"形知识结构，一横是指知识的广博性，一竖是指知识的专业性。

作为新创企业的管理者，创业者既要懂得管理学的知识又要了解相应行业的科学技术知识，既要懂市场又要懂法律，还要了解人文和历史。因而创业者必须博览群书，知识广博，能够吸收和借鉴任何时期、任何群体的经验和成果，以培养敏锐的目光和思维，在多种知识综合上找到新的创业点，在多种机会的把握上获得优势。

通而不专恐怕只适合于纸上谈兵。创业者还需要一些专才，这"专"一是对相关领域的科学技术的了解和深刻领悟，没有对行业的认识就不可能正确把握创业机遇与方案，就无法做出正确决策。“专”的第二项是管理知识，创业者的重要职责是把握创业方向、制定创业决策和对创业团队的组织协调。管理知识既为团队管理所必需，亦是战略决策的基础。

二、管理素质

管理素质广义来说既包括战略决断的素质，又包括日常管理的素质。这两个方面往往是不能严格划分开的。但大局的战略决断与日常的管理决策所需的素质还是有所不同，这里仅讨论日常的管理决策。

1. 协调能力

在创业团队运作过程中，创业团队与竞争者之间、创业团队与客户之间都存在这样或那样的摩擦，高超的协调能力能够化解矛盾，使创业团队能够获得良好的形象，能够提高可信程度，为合作打好基础。协调能力还可以融洽相关主体间的感情，增加合作的愿望和机会。良好的协调能力有利于信息的沟通，对于加强相互理解和利益共享有着切实的好处。

协调能力体现在团队内部就是如何促使团队能够积极、高效地开展工作。协调能力一方面能够使团队成员之间关系融洽、化解矛盾、相互支持，另一方面使得工作有序、配合协调，整个团队的工作效率达到最高。

2. 亲和力

亲和力是一种个人魅力，创业者富有亲和力可以更好地团结同事和朋友，为交际、协调等带来方便。一个人的亲和力一方面来自于其观点、主张和处事原则，使得人们感觉到他可以信任和依赖；另一方面来自于行事作风和气质风范，能够给人一种莫名的亲切感。

3. 交际能力

交际能力包括表达能力和反应能力。表达能力是充分、有效地将自己的观点阐释给对方的能力。尤其作为管理者，对客户进行充分有效的表达能够使客户充分理解企业的产品情况和企业文化，有利于推销自己；对本团队充分有效的表达能够使大家领悟企业的目标、面临的环境和要采取的对策，能够使大家更加有效地为完成共同目标而努力。反应能力是交际能力的另一个方面，是表达能力的补充。在交际过程中，良好的反应能力能够帮助表达者随时领会和把握表达对象的需求和对表达内容的理解，有效调整表达的方式和内容。

表达能力分为口头表达能力和书面表达能力。口头表达能力是将自己的思想、观点以最生动有效的方式传递给听者，以对听者产生最有效的影响的能力。表达能力是将自己的思想、观点运用文字表达方式，使之系统化、科学化和条理化的能力。表达能力主要表现在语言的分量、逻辑性和幽默感等方面。语言的分量是语言内容与表达态度的一个综合效果，它可以给听者一个准确的判断和感受，达到有效的激励效果。逻辑性是指内容清晰严谨，因果关系强，没有漏洞，语言的逻辑性是增强说服力的主要手段。幽默感能够营造轻松愉快的氛围，使语言内容形象生动，易于理解，有利于听者接受自己的观点。

4. 应变能力

创业的环境是动态变化的环境，创业过程中的策略和措施必须根据具体环境的变化做出调整。创业者要善于观察形势，能够认识和把握客观环境中变与不变的东西，抓住矛盾的主要方面，把握事物的主流。创业者只有按照事物的主流调整战略方向，针对具体的变化形式提出应对措施，才能在变化的环境中趋利避害，化被动为主动，最终赢得胜利。应变能力既是对客观环境的敏感反应能力，又是处事不惊、沉着应对的把握能力，既能把握现实情况又能正确预测未来，既能认识又有对策。

5. 判断能力

判断是管理和决策的基础。面对复杂多变的环境，如果没有判断力就不可能形成认识。判断能力首先是把握事物发展主流所必需的能力。任何事物和环境都有变和不变的东西，在分析和认识事物的过程中必须要有对各个方面重要性和所处地位的判断，才能够认清什么是主什么是次，才能认识什么是方向什么是扰动。判断能力又是风险运作的基础。收益和风险总是并存的，不同的决策者对风险有不同的偏好。但是不论对风险是什么态度，首先需要对收益和风险做出判断，没有判断的风险运作是盲目的，是注定要失败的。

小微企业管理者必备的知识与管理素质

小微企业管理者必备的学习与反思素质

管理，从本质上讲，意味着用智慧代替鲁莽，用知识代替习惯与传统，用合作代替强制。大学生创办小微企业以后，如何使企业良性发展下去，走向成功呢？拥有学习与反思的素质应当是其重要条件。

一、学习力与成功管理者

环境是动态的，小微企业管理者创业的各个环节都没有固定模式可以借用。

知识经济时代，专业知识增长迅猛，管理知识日新月异，不学习只能被淘汰。只有具备在学习过程中掌握研究新知识、拓展新领域的能力，才能快速适应新的技术和环境。新知识的增加和新经验的积累都是宝贵的财富，但是单纯的量的积累只是提高的第一步，必须善于反思和总结，进行理论上的升华，才能变成自己真正的能力。

提高管理者素质的途径：一靠学习，二靠改造。要想成为一个成功的创业者，就要做一个终身学习者和改造自我者。哈佛大学拉克教授讲过这样一段话："创业对大多数人而言是一件极具诱惑的事情，同时也是一件极具挑战的事。不是人人都能成功，也并非想象中那么困难。但任何一个梦想成功的人，倘若知道创业同样需要策划、技术及创意的观念，那么成功已离他不远了。"

一个人是否有很强的学习力，完全取决于他是否有明确的奋斗目标、坚强的意志和丰富的理论知识以及大量的实践经验。

任何类型的人才都是有时间性的，你只能保证自己今天是人才，却无法保证明天你依然是人才。一个刚走出校门的大学生，已有 50%的知识老化。所以，每一个人才背后，一定要有很强的学习能力做支撑。国际 21 世纪教育委员会花了 3 年时间写了一份报告：《教育：财富蕴藏其中》。这个报告的中心是"四个学会"。21 世纪的人怎么才能成功？21 世纪的企业、民族、国家怎么才能持续地辉煌？就是四大支柱，即四个学会：第一学会认知，就是全面了解认识的对象；第二学习现代条件下做事；第三学会共同生活；第四学会生存。作为小微企业管理者强化学习力就显得更为重要了，管理大师德鲁克指出："管理者的第一项职责是确定哪些经济因素与趋势会对企业的未来财富产生影响。管理者必须保证企业资源在今后 5～10 年中，至少仍像现在一样能产生经济效益，且具有生产能力。"

二、小微企业管理者学习反思型实践者的素质培养

首先，小微企业管理者要能基于专业标准、信息反馈、实践过程和有效沟通等改进管理实践，形成反思习惯，并且不断地评估自己的管理行为对企业的影响，从而促进自身的专业成长。

其次，管理者要理解与同事、其他企业合作和相互尊重的重要性，并在管理企业的实践过程中具有合作和沟通的习惯和能力。

1. 加强小微企业管理者的"反思"能力培养

美国学者波斯纳曾指出："管理者的成长＝经验＋反思。"对于一些小微企业管理者来说，在企业创办和发展过程中，积累了一些管理经验，然而"反思"环节依然很薄弱。建构主义理论认为"反思"既是目标，也是方法。它是新旧知识联系的催化剂，对提高管理者的知识和技能是必要的和必需的，反省活动被认为是

一个管理者专业素养培养和成长的关键部分。

2. 加强小微企业管理者对理论的学习与研究

关于管理者的能力，比较有影响的一种说法是管理者有三大能力，即技术能力、人际能力和概念能力。技术能力和概念能力主要靠学习，而人际能力尽管很大程度有天生的成分，但也有后天可以学习、提高的地方。

管理者最重要的任务，是学习如何学习。孔子的“学而时习之”，尽管只有短短五个字，已经为管理者总结出学习的两大原则。原则一：学习是实践。“学而时习之”的“学”，不仅指口头上的诵读，更指行动上的效仿。原则二：实践要适时。“学而时习之”中的“时”，指的是“在适当的时候”。学习不仅是实践，而且是适时的实践。这有两个要求：第一，在适当的时候付诸实践，这是学的目的。第二，在不适当的时候不要盲目实践。违反这两个要求，就落入学习的两个陷阱。

学习的第一个陷阱，是学而不习。温家宝说自己天天读《沉思录》，于是许多管理者也“学”温家宝，买《沉思录》回家装点床头或者书架。可是有多少管理者真正做到了“习”，真正像《沉思录》的作者那样，每天抽时间进行反思呢？

学习的第二个陷阱，是学而乱习。犯这样的错误，有时候是糊涂，是好心办错事。学而乱习，除了真糊涂之外，还有可能是装糊涂。比如在我国企业管理的实践中，出现过有人把从西方学来的高管薪酬激励，在中国企业中进行运用，领了让人议论纷纷的天价薪酬。这往往就是装糊涂的结果。

学而乱习的原因，还可能是“路径依赖”：只学会了某一招，因此走遍天下都使那一招。管理大师明茨伯格对MBA教育的批评就是：商学院教会了MBA学生用锤子，因此他们看什么东西都是钉子。管理咨询公司很容易犯这样的错误。

3. 注重学习效果

怎样才能学而有效呢？第一要真学，下功夫学，有的放矢。为了解决问题而学，这是学习的前提。可能针对客观问题，也可能针对主观问题，有了明确的目的，这样学习的动力就充足。第二要会学，学而有效，学以致用。有了学习的动力，我们处处都会留心，客观准确地观察现象，估计现象背后的原因，找机会证明你所假设的原因是正确的或错误的（证真、证伪）。针对原因，我们会采取对策。对策用了以后的效果是什么，我们要再观察，用事实证明对策的正确性。

小微企业管理者必备
的学习与反思素质

创业者的素质培养与机遇把握

前面我们讲到了小微企业管理者应当具备的思想与心理素质、战略与决断素质、知识与管理素质、学习与反思素质等,那么我们如何培养这些素质呢?

一、时代赋予大学生的机遇

创业的成功既取决于机遇的把握又取决于素质的培养。我们都听说过火烧赤壁的故事;赤壁大战中所谓万事俱备,只欠东风,万事俱备就是自己的准备都充分了,素质已经过硬了,但没有东风不行,没有东风那把火就烧不到对岸;反过来如果没有万事俱备,即使东风刮了几千年也刮不出第二个火烧赤壁,这东风就是机遇。任何事情的发生和发展都是内因和外因相互作用的结果,对于创业,内因就是素质,外因就是机遇。机遇的存在是有其必然性的,创业的机遇就在于知识经济的发展和市场经济体制的建立。但是机遇的发现和把握具有偶然性。在大的知识经济背景之下,我们抓住哪个切入点就要看当时的具体情况和自己的知识储备了。不同的发展阶段有不同的机遇,比如20世纪的最后两三年涌现了一批做网络服务的公司,其中成功的就是抓住了机遇,接下来几年恐怕就没有这种机遇了,但会有其他机遇。当然不同的阶段由于法律体系的发展程度不同,也会有一些操作上的机遇,这对创业的不同情况有不同的作用。如何才能抓住这些机遇取决于自己的准备是否充分,一方面是不是具备了一定的相关知识和敏感度以便能够识别机遇,另一方面是否有足够的素质准备利用机遇来成就一番事业。

我们现在创业的机遇,具体而言,一是知识经济的初步发展对产业结构产生了比较大的冲击,产业结构的调整使得其中出现了可以弥补的空白,这里主要是信息化带动工业化和独立的信息产业发展的问题;二是我国的科技成果转化水平不高,利用已有的科技成果进行创业有比较大的空间。在这两个机遇面前,大学生有着独特的优势,那就是对新兴的信息业和信息技术非常敏感,跟踪相对及时,与科技成果的聚集地学校联系紧密,有利于掌握科技成果的动态和对科技成果的理解。

二、素质培养中的几个关系

机遇是稍纵即逝的,但机遇又是随时可能降临的。大学生创业首要的应该积累能量、培养素质，为开创大事业做好准备，看准了再下手。素质的培养要注意思想与能力的统一、内在与外在的统一、将才与帅才的统一、基础与专业的统一、行业知识与管理能力的统一、理论与实践的统一。

1. 思想与能力的统一

古人云："才者，德之资也；德者，才之帅也。"有德无才，是为废人；有才无德，是为公害。我们的目标是培养德才兼备的人才。思想与能力的统一就首先要强调个人价值的实现与为祖国服务的统一，还要强调社会责任感和与人为善，只有有了这些能力才有用武之地，最终才会为祖国人民所接受和肯定。现在有人强调自我设计，宣扬慈不掌兵，义不理财，这不仅是腐朽的东西，不为社会主流所接受，而且会因失去群众的支持而得不到大的发展。在素质培养过程中要德才并举，但德的培养是一个漫长的过程，靠日积月累才能达到目的。

2. 内在与外在的统一

内在与外在的关系就是本质与现象、内容与形式的关系。创业者素质的培养既要强调人生观、价值观的培养，又要注重处事交际能力的培养；既要重视认识水平和分析能力的培养，又要重视表达能力的培养；既要注重内心世界的陶冶，又要注重外在形象的塑造。

3. 将才与帅才的统一

人无头不走，鸟无头不飞。创业者只有力争把自己培养成帅才才能把握好创业的方向。创业作为一项事业需要一个团队，没有帅才就无法组织这个团队共同前进。同时创业还要培养一些将才，所谓创业就是白手起家，没有什么基础，需要将才去一步一步地执行决策，落实工作。当然，一个团队当中，个人特点不同，分工不同，具体到每个人身上将才和帅才的侧重点亦有所不同。

4. 基础与专业的统一

我们反复强调大学生正处于一个能量积累的重要时期，这是一个全面素质的形成时期，决定着今后的发展潜力，所以我们强调基础。基础就是人的基本素质，包括人格、思维方式、思维习惯、人文修养和基本知识等，这些东西都需要长期的积淀。但是大学生面临着创业的具体任务，必须要有一技之长，这就是专业。专业必须有特色，有过人之处，这需要结合自己的特点和兴趣有针对性地进行准备，学好专业也非朝夕之功，需要经过充分的学习、实践，才能有所成就。

5. 行业知识与管理能力的统一

创业是一个复合型的工作，也就需要复合型的人才。创业是开创性的工作，很多工作包括战略决策、技术成果的转化和企业各项具体事物的运作都要由创业团队自己来完成。创业者不了解行业就看不清创业的路子和方向，不了解管理就不能推动创业成功地向前发展。最好的情况就是团队成员能够形成优势互补,比如“视美乐”的邱虹云懂技术懂行业,王科懂管理,这就是比较好的组合。但在素质培养过程中,除了积极寻求合适的组合外,每个人都应该做到行业知识和管理能力的一个比较好的统一,做到有所侧重、有所特长。

6. 理论与实践的统一

纸上得来终觉浅,赵括留下了一个纸上谈兵的悲惨故事,这警示我们必须注重理论与实践的统一。理论学习重要的是通过书本等获取他人的经验和知识,对于知识高度膨胀的今天,理论学习是必不可少的,没有积极的理论学习就只能做井底之蛙。但创业是一项实践性非常强的活动,只有在书本学习的同时积极参与各种模拟的或真实的实践才能将书本知识真正化为已有。现在不少高校都组织了创业计划大赛,还有全国范围的大学生创业计划大赛。在大赛的组织过程中都安排了相应的指导和培训,这应该是一个演习的好机会。实践出真知,只有坚持理论与实践的统一才能早日培养出过硬的创业素质。

素质的培养是一生一世的事情,是不可能一劳永逸的,在强调大学阶段重视积累的同时也要看重终身的提高。大学生创业素质的培养和机遇的把握这二者关系的处理也应因人而异、因时而异:有的同学人生方向已定,素质比较好,可以说万事俱备了,一旦看准了合适的机会就应该勇敢地去做;有的同学的积累还有所欠缺,或是东风未到,那就按兵不动,专心学习,等待机遇。

创业者的素质
培养与机遇把握

小微企业管理者的执行力培养

一、执行力的意义

相关资料表明:一个企业,不论是大中型企业还是小微企业,之所以能够成功,20%靠的是战略,60%靠的是企业各层管理者的执行力,其余20%是机遇等不可控因素。

杨元庆曾提出,制定正确的战略是企业的重要内容,但更为关键的应是战略的执行。余世维博士在《赢在执行》一书中认为,执行力就是保质保量地完成工作和任务的能力。关键在于四个字:保质保量。

二、小微企业执行力构建

1. 小微企业执行力状况

小微企业与大中型企业相比，规模人员相对较少，组织结构简单，应有更强的执行力。其实不然，由于小微企业人员素质偏低、规章制度不健全、内部协调困难、制度执行不严、责任分工不明等原因，企业内耗严重、体系流程形同虚设、效率低下，执行力差已成为当前国内小微企业难以做大做强的瓶颈。构建小微企业执行力体系对小微企业的发展至关重要，为企业做大做强奠定基础，是提升小微企业执行力策略的基础和关键。

小微企业的执行力状况，往往由两个方面来决定：一是是否具备执行的想法和愿望；二是是否具备执行能力。很多小微企业的领导人虽然具有了执行的意愿，但却很难找到执行操作的方法。他们认为自己主要负责战略规划与决策，执行这些琐碎的事情应该是下属的工作内容。而实际上，对于小微企业的领导人，应运用 80/20 原则，即用 20%的时间和精力关注企业的发展战略，而用 80%的时间和精力监督制定的战略目标是否能按要求执行。

2. 小微企业执行力体系的主要内容

小微企业执行力体系的主要内容包括组织结构体系、管理制度体系、文化理念体系和领导权威。

任何一个组织不论规模大小，都应具有组织结构体系。组织结构是指为了实现组织的目标，在组织理论指导下，经过组织设计形成的组织内部各部门、各层次之间固定的排列方式，即组织内部的构成方式。对小微企业来说，组织结构体系应尽量扁平化，结构越复杂，层级越多，信息传递的路径越长，效率也就越低，执行力就会越差。

管理制度体系是企业员工在生产经营活动中共同遵守的规定和准则的总称，是企业赖以生存的基础，是企业员工的行为规范，是企业经营活动的体制保障。建立一套行之有效的管理制度体系对于小微企业的正常运作是相当重要的。企业在制定管理制度体系时，必须考虑到对员工的约束和激励两个方面。约束性的制度决定员工的行为方向与企业设想方向的一致性，而激励性的制度则要达到充分发挥员工主观能动性的目的。但是，小微企业往往在责任划分和具体执行上，规定模棱两可，导致很多目标难以达成，制度也无法执行。

文化理念体系是企业所形成的具有自身特点的经营宗旨、价值观念和道德行为准则的综合。企业文化是小微企业的灵魂，企业是否具有统一的精神、理念、核心价值观，是企业生存的关键。判断企业文化是否会促进企业的发展和提高企业的竞争力的唯一准则就是该企业文化是否提高了企业的执行力。以人为本、以客户为中心，平等对待员工、平衡相关者的利益、提倡团队精神，其背后的主旨都是努力提高企业的执行力。

小微企业领导者应当是一个很有影响力的人，这种影响力并非来自权力、来自官威、来自武力，而是来自对别人的尊重所换来的敬仰。成功的小微企业领导者，不仅要"领"，还得要"导"，导不是强人所难，不是威逼利诱，而是基于素质、品行和修养的修炼而吸引着别人自愿追随。领导权威直接决定一个企业的凝聚力和影响力。火车跑得快，全靠车头带。领导权威的有无、优劣是能否保证企业永续经营、社会持续进步的根本因素之一。

3. 小微企业执行力体系的构建原则

小微企业主要集中在制造加工业和服务业。小微企业规模小、灵活性强、产品单一、经营分散，与大中型企业相比处于弱势地位，往往被忽视、被轻视，尤其在经济出现较大波动时，更容易受到冲击，显得非常脆弱。小微企业的创新能力不足，主要从事传统行业，现代新兴企业很少，创新型企业数量更少，缺乏高层次创业人才。另外，小微企业的管理层较少，人员流动性大，平均工资不高，制度管理不规范，劳动时间长、强度大，造成工人流动性大，企业留不住人。由此，在构建小微企业执行力体系时要遵循下面几点原则。

(1) 可操作性原则

对小微企业执行力体系的建立，要考虑执行力体系的可操作性，比如尽可能用简单明了的语言组织流程文件，对需要解释的流程，应进行相应的阐释，对有歧义的文字坚决不用。流程、制度切记不能冗长，尽可能短，多用图片配以文字说明。在一些小微企业的初始管理中，最大问题是风险控制。应加强执行力的流程、制度、文化推广、人员培训的可操作性原则。

(2) 系统性原则

系统性原则也称为整体性原则。系统是站在一个总体的角度来统筹规划的，以优化整体目标为方向，将总的目标一层层分解下来，协调系统中各分系统的相互关系，使系统完整、平衡。因此，在推行小微企业执行力体系时，应该将各个小系统的特性放到大系统的整体中去评估与权衡。从决策的制定到建立执行的标准，配以执行的资源，执行人员通过组织或团队之间的沟通来完成执行的结果，这是一个执行力的系统模式。任何一家企业不论中型企业还是小微企业，都需要构建这样的系统，才能持之以恒地执行每项任务、每个方案。

(3) 精简原则

小微企业执行力体系还需在各个部门间推行简化的工作流程，无论是个人的工作量，还是部门的工作量，遵循一个原则就是"能省则省"。分析工作流程图，尽量去掉多余的环节，保持精简性，这样工作上出现错误的概率就会降低，工作效率也会有很大提高。"崔西定律"是指:"任何工作的困难度与其执行步骤的数目平方成正比,例如完成一件工作有 3 个执行步骤,则此工作的困难度是 9,而完成另一工作有 5 个执行步骤,则此工作的困难度是 25,所以必须要简化工作流程。"

小微企业管理者的执行力培养　　与成功创业者对话

资料链接

明确管理者的定位

《管子·君臣上》第一句话就是:"为人君者,修官上之道,而不言其中。"做领导者的,要讲究管理下属的方法,而不要过多干涉下属职责范围以内的事。第三段又谈道:"兼而一之,人君之道也;分而职之,人臣之事也。君失其道,无以有其国;臣失其事,无以有其位。"制定战略规划是领导者的职责,与企业管理职能中所讲的高管人员需要具备概念技能不谋而合,概念技能是指企业高管要具备综观全局、系统考量的能力;分管各项职责是下属的事。

民间有个"三只鹦鹉"的小故事形象地说明这一点。一个叫李四的人去买鹦鹉,看到一只鹦鹉毛色鲜艳、形象好,其前面的标价牌显示"此鹦鹉精通中法两门语言,售价 300 元"。李四继续逛着,突然眼前一亮,看到一只鹦鹉,毛色、声音那叫一个漂亮,前面的标价牌显示"此鹦鹉精通中法英西班牙四门语言,售价 600 元"。李四心想,这只能力也强,只是价钱贵点,该买哪只呢?一时难以决策,就继续逛,逛着逛着,看到一只相貌又老又丑的鹦鹉,声音沙哑,毛色枯黄,其前面的标价牌显示:1 200 元。李四赶紧叫来老板问:"难不成这只鹦鹉精通八门语言?会说朝鲜语吗?"店主说:"不,这只鹦鹉一门语言也不会。"李四感到很奇怪了:"那它又老又丑,而且没有能力,怎么能卖 1 200 元呢?"店主回答:"因为前面那两只漂亮的鹦鹉叫这只鹦鹉老板。"可见,真正的企业管理者不一定自己能力有多强,不必事必躬亲,只要懂信任,懂放权,能够管理并团结自己的下级,就能更好地利用在某些方面比自己强的人,通过他们,其自身的价值也得到提升。

1984 年中国德力西公司创立。创立之初就是一个家庭作坊,目前已经发展成为拥有员工 1.4 万余人,下属公司 70 多家,资产总额达 50 亿元,品牌资产价值近 30 亿元,成为中国民营企业中的龙头企业、一家真正的大型工业企业、中国目前最大的低压电器出口基地。胡成中，该公司的董事局主席，其普通话不标准，初中学历。初中毕业后，他在乐清小镇摆地摊，为客户拆改衣服，是个小裁缝。之后走南闯北，帮别人推销低压电器。就这样在社会上摸爬滚打，一步步成长，取得今天的成功。像胡成中这样的私企老板有很多，如星星集团董事长叶仙玉是地地道道农民出身，正泰集团CEO南存辉是鞋匠出身，万向集团总裁鲁冠球是铁匠出身，等等。他们家境贫寒，在他们身上体现了英雄不问出处，人才不讲台阶，讲的是为国家、为社会所做的贡献。

由此可见，优秀的企业管理者，自身的才能未必多高多强，而是能够很好地利用在某些方面才能比自己强的人。

管理是什么？管理就是你无须亲自做具体事情，而是让别人去做你所想要做的事。怎样让别人心甘情愿地跟随你，则关系到“论材量能，谋德而举之，上之道也”的问题，即把人才安排在合适的位置。从企业发展的历史来看，这样的例子不胜枚举。美国福特汽车公司曾因起用库兹恩而使福特成了汽车大王；通用汽车公司曾因起用斯隆，其公司的业绩迅速飙升而打败福特；克莱斯勒公司曾因起用艾科卡，使该公司远离破产边缘，得到迅速发展。

思考力引领行动力

江南春原来只是上海一家普普通通小广告公司的老板，但他是一个喜欢思考的老板。有一次坐电梯，他看到很多人都在那里等电梯，显得很无所事事的样子，就意识到大楼里的电梯相对整栋楼的人来讲就显得少了，人们等电梯时，不知该如何打发这段无所事事的时间，如果在电梯口边上安装个电视播放广告，就会吸引人们的视线，并且这种广告方式效用高，成本低。于是决定尝试一下，他当时有2 000万元身家，拿出1 000万元作为投资，想万一失败了还有1 000万元，仍然可以在黄浦江边喝喝小酒，写写小诗，过过小日子。他下定决心拿下上海50栋酒店商厦，将分众传媒的电视挂进去。开始没有一栋大厦愿意接受这个新生事物，他就亲自出马游说大厦主管，要求先试挂，只要有一个客户投诉，他就亲自把电视拆走。电视挂上后，出现了意想不到的效果，人们觉得很新奇，很多人会驻足欣赏。从此分众传媒的电视被全国的楼堂会所接受，他们的电视反而成为一种时尚、一种标准，没挂的酒店大厦就显得不够高端。

结果就是这样一个冷静思考下的创意，加上他的坚持，在很短的时间内，他的那个普普通通的小广告公司就成为中国最具影响力的户外传媒公司，并在纳斯达克成功上市。目前市值超过70亿美元，是纳斯达克中国上市公司里的龙头股，江南春本人也被纳斯达克邀请，成为中国企业家里唯一敲响过两次纳指开市钟声的企业家。

比尔·盖茨的冷静思考力

盖茨的父亲曾这样讲过，盖茨探求未知事物的好奇心非常强，他对一个事物善于进行深度分析，总想找到事物背后的原因，这种思维方式一直伴随他，不曾改变。1975年，比尔·盖茨与保罗·艾伦创建微软，公司创建初期，他们就制定了一项规章制度，即每年开展两次所谓的“封闭周”或“思考周”，上半年一次，下半年一次。在“封闭周”里，积极激励员工提出创新方案，进行头脑风暴，员工们的创意精彩纷呈，他们探讨的是10年后、20年后甚至30年后公司的产品是什么样。总之，“封闭周”为公司员工创造了展示创新思想的平台。

盖茨在“封闭周”里做什么呢？他大部分时间独自一人，将自己封闭在嘉米姥姥在胡德河边的家里，他不允许任何人找他，包括他妻子梅林达在内。他要阅读公司员工寄给他的大量文件，他要静静地思考微软未来的战略规划及信息技术未来的前景。结果每当他从嘉米姥姥的家里走出，IT世界就又会在他的引领下前行。

企业竞争异常残酷激烈，这一领域充满着浮躁的情绪，这是普遍存在的社会现象。企业管理者一定要学会在浮躁中寻找一片清静地，让自己在浮躁中解脱出来，内心安静，能够冷静思考。推进企业健康发展的动力，正是管理者理性的思考力。

Daxuesheng
Xiaowei Qiye Chuangcheng Shiwu

专题三

小微企业管理者的性格魅力塑造

美国教育家戴尔·卡耐基说过:"一个人事业的成功,只有百分之十五靠他的专业技术,另外的百分之八十五要靠人际关系和处世技巧。"对企业家来讲亦如此,较强的活动能力、广泛的社交能力也是企业家通向成功的一条重要途径。

优秀企业家千方百计地提高自己处理人际关系方面的能力,广泛地与企业内部各类人员和睦相处,以提高员工的热情和士气,而且与社会上的各个组织保持密切、协调的关系,保证企业与各相关行业的通力合作。善于听取企业内外各种渠道获得的信息,善于运用语言艺术,以最大的可能发挥每一个人的积极性。

西方企业家十分重视人际交往能力,以理顺雇主与劳工关系,缓解劳资矛盾。如美国惠普公司的每个子公司都设有咖啡间,在咖啡间里每个人身份平等,只呼姓名,缩短了企业管理者与职工的距离。

良好的性格特征——企业家成就事业的基础素质之一

性格是最主要的个性心理特征,一个人与众不同的最鲜明、最主要的差别突出地表现在他的性格上。个体对客观现实的稳固态度以及与之相适应的惯常行为方式,构成了人心理面貌的一个突出的方面,这就是性格。

性格的形成过程是主体与客体相互作用的过程和结果。作为企业管理和经营实践活动的主要领导者,企业家的优良性格特征作为一种非权力影响力,是无形的榜样道德力量,能激发员工的责任感,产生企业凝聚力、向心力,进而形成一种强大的物质力量。正如松下幸之助先生所说,"一个企业领导者使人感念的,往往不是威势,而是他的德行与恩泽"。的确,具有消极性格特征的领导者,只能使企业滋生离心力。从这个意义上说,企业家的良好性格也是一种潜在的生产力。

有成就的企业家,并不一定具有超凡出众的天赋,关键在于其性格的感召力。有"猛烈的经营者"之称的日本企业家土光敏夫就是一个节俭的人,他提倡勤俭节约,其企业曾被一些人称为"吝啬的企业";中国当代优秀企业家之一,鞍山钢铁公司经理李华忠,素以恒心著称,他的成功秘诀就是不屈不挠的奋斗;松下幸之助先生曾亲自打扫公司厕所以感动员工,每年年终,他向被自己批评、得罪的员工道歉。一些白手起家的著名企业家,如"钢铁大王"卡内基、"电脑大王"王安、"塑胶大王"王永庆等,都是勤劳致富的典型,诸如此类的例子数不胜数。

众所周知,企业的发展和运作是离不开企业家的。企业家阶层的出现是社会进步的外在标志之一。对企业家来说,当前社会经济条件等外因固然重要,但外因对事物发展变化所起的作用是通过内因实现的,这个内因就是企业家自身的品质修养。品质所焕发的力量是无形的，然而它一旦武装了生产力最活跃的要素——人，就会转化成强大的物质力量。这是企业得以发展的内部动力。因此，大力开发企业家的内在精神力量，发挥其聪明才智，以增强企业家自身的感召力和企业的凝聚力，就成了提高企业经济效益的关键问题。企业领导者素质的高低决定企业的兴衰成败，这已为国内外经济界所认识。

优秀的企业管理者应当是领袖

在中国漫长的封建社会文化的影响下，“官本位”思想已经根深蒂固，制约着一些人的行为。生活中人常常用到“领导”这个词，许多人以身为领导为荣，也有许多人为成为领导而努力。其实，这个名词指的只是一些权力，也许会带来一些特权，也许能带来一些地位，但同时也意味着要承担相应的责任。

依靠高人一筹的生意手腕、精明的用人方法、精通业务等等，固然可以在商界出人头地，取得骄人的业绩。但是要成就伟大的事业，成为被世人广泛承认、崇拜以至敬仰的人物，还需要杰出的素质能力、优秀的思想品质以及丰富的人格魅力。

李嘉诚——美国《时代》周刊评选的全球最具影响力的商界领袖之一、香港《资本》杂志评选的香港十大最具权势的财经人物之首、闻名世界的商业巨子，从一无所有到世界华人首富……在这些荣誉和名望的背后，李嘉诚越来越成为世人心目中一个凝聚和代表着中国人奋斗精神、与时俱进、不断创造新纪录的卓越商人和企业家。

“我常常问自己，你是想当团队的老板还是团队的领袖？”“一般而言，做老板简单得多，你的权力主要来自你的地位，而做领袖就较为复杂，你的力量源自人性的魅力和号召力。”李嘉诚说：“要做一个成功的管理者，态度与能力一样重要。”

中央电视台制作的一部历史题材电视纪录片《大国崛起》，记录了九个世界级大国相继崛起的过程，通过这个纪录片我们可以得到的结论就是大国崛起通常具备三个条件：第一，有一个高瞻远瞩的领袖；第二，这个国家一定非常注重教育；第三，这个国家有一个凝聚民族的文化。对于企业也是如此。

作为一名真正的企业领袖，首先要具备的是企业领袖精神。它对于造就企业精神、企业核心价值观等都有着举足轻重的作用。

当前，我国企业能否活跃于国际经济舞台，将在很大程度上取决于有无一支能征善战的企业领袖团队。作为新时代的企业领袖，不仅要有管理者技能、领导者才能，更重要的是还要将技能、才能提升到“境界”层面，形成企业领袖风范、企业领袖精神。

一、“争”的境界

当前国内外企业间的竞争愈加激烈。小微企业的企业领袖是消极应战还是以参赛者身份积极迎接新世纪的挑战，这在很大程度上决定着企业命运。企业领袖必须要有“欲与天公试比高”的竞争意识，发挥“爱拼才会赢”的进取精神。在国际舞台上通过竞争来获取自身利益，追求竞争主体的“双赢”与“多赢”。

二、“勇”的境界

争是需要勇气的。因为有竞争就会有风险，有风险就要勇于承担。中国企业领袖在具备竞争意识的前提下必须树立风险意识。一味地求安图稳造就不出一流的企业和企业领袖，畏首畏尾招致的只能是大好良机的错失。企业领袖需要有置之死地而后生的勇者精神。

三、“谋”的境界

“勇”需要“谋”作保障。企业领袖的“谋”，重点就是企业的创新。小微企业要想在日益激烈的竞争中取得优势地位，就必须使自己的生产、经营、管理、服务方式等独具特色。创新已经成为21世纪企业领袖的核心能力和保持企业生命活力的源泉。

四、“慧”的境界

“谋”需要智慧，智慧源于学习。随着知识经济时代的到来，许多企业正在逐渐向学习型企业转型。这种转型将对传统的管理方式产生强大冲击，也对企业领袖的科学文化知识水平提出了更高的要求，需要企业领袖始终具有热爱学习、追求进步的精神。在知识经济时代，放弃学习就等于放弃机会、放弃发展，就等于事业上的“自杀”。

五、“用”的境界

学以致用，学无止境。然而如何“用学”是小道，如何“用人”是大境。市场经济下各类人才是新时代的弄潮儿。企业领袖要充分认识人才的重要性，学会发现人才、招揽人才、善用人才、尊重人才、爱惜人才，要树立“三百六十行，行行出状元”的人才观念。

六、“心”的境界

新时代的理念提倡以人为本，企业领袖“心”的境界在于实施人本管理。企业领袖应从三个层面构建自己的人本理念：首先，在人、财、物的关系上要认识到人是首要因素，人应成为企业发展的出发点和归宿。其次，在具体管理中对内要尊重员工、关心员工、激发员工的积极性和创造性，并考虑到员工需要的多层面性，尽可能地为他们排忧解难；对外要自觉地将“顾客就是上帝”的信条贯彻到产品设计、产品质量、款式包装、销售方式、售后服务等与顾客切身利益有关的一切方面。最后，人本理念要求企业领袖要树立为了人类长远发展，坚持可持续发展观，并能通过自己的产品和企业的发展促进经济与社会的协调发展的目标。

许多小老板恐怕有两点不知道：一是想要成就伟大的事业，断然离不开两个字——“共和”；二是领袖的地位，是靠自己的战略眼光、专业素养、管理能力、人格魅力等日积月累形成的，而不是靠绝对控股的一锤定音。绝对控股的地位可以保证你是绝对权威的老板，但是保证不了你成为深孚众望的领袖。

智慧云创始人兼CEO、原《哈佛商业评论》中文版社群总监陈雪频说：“很多创业者往往把自己或所谓关系当作关键资源，同时高估了自己和所谓关系的力量，而没有建立其组织的竞争能力。大多数创业公司，迷信于创业者个人能力，而忽视了在制度和流程方面的建设。这样的疏忽往往会导致这些企业熬不过创业期，或者熬过去了，也长不大。”

汪峰在歌中唱到：“我知道我要的那种幸福，就在那片更高的天空；我要飞得更高、飞得更高……”每个人都渴望成功，但在通往成功的路上，你是否为此做了充足的准备？法国著名哲学家笛卡儿说：“机遇总是垂青那些有准备的人。”只有当你足够强大和优秀时，才能敏锐地抓住稍纵即逝的机会。如果没有那样的能力，机会也就不能称之为机会了。管理是一门复杂的艺术，而这艺术的基点就是：首先，你要管理好自己。

当老板，还是当领袖？

领袖的性格——沉稳

哈佛大学著名心理学家戈尔曼经过多年潜心研究，认为非智力因素对一个领导者事业成功的影响高达80%。非智力因素，一般是指与认识没有直接关系的理想、信念、兴趣、性格等方面。

社会科学家们发现，98％的人智商都是差不多的，都介于90到120之间。这也就从另一个侧面说明：一个成功的管理者把企业带向成功的关键取决于他的性格，再加上一点点机遇。从这里看得出来创业者很早就培养出这种别人欠缺的性格，一旦有了机会，很快就会变成领袖。

一、沉稳的性格是成功的基础

古往今来，非沉着冷静之士不可成大器也。沉稳的性格表现为稳重、不浮躁，遇事冷静应对，不惊慌失措，分析情况再做决定，给人以安全感。具有沉稳性格的领袖会受到很多人的尊敬，而很多政治领袖基本上都具有沉稳的性格。因为沉稳而做事果断明智，因为沉稳而具有超越常人的理性思考。

沉稳的性格能让你拥有成功者的气质与精神。沉稳性格来源于在生活中坦然接受各种磨炼，来源于成熟的心理，来源于对事物准确而理性的判断。沉稳性格能让一个领导的气质与精神充满魅力。

康熙皇帝是一个非常沉稳的人。康熙八岁登基，当时的辅政大臣鳌拜是非常强势的，一手操控大局；康熙那样的年纪，是没什么作为的，只能沉稳等待时机干掉鳌拜。直到1669年，时机成熟，鳌拜被抓，同年死在牢中，16岁的康熙终于执掌大权。从8岁登基到16岁夺权，8年间，康熙一定受了不少的气，如果他当初不沉稳，不是太早被鳌拜废掉，就是很可能会莫名其妙地死去，也就不会出现康乾盛世。这个案例告诉我们领袖人物的沉稳是非常重要的。

二、沉稳性格的培养

首先，沉稳从志而来。一个人如果没有远大的志向，整日沉迷于花花世界之中，自然无法做到沉着冷静。班超抗击匈奴，从容不迫，沉着冷静，终弘扬国威；林则徐忧国忧民，志在禁烟，面对压迫时不卑不亢，忠贞不屈，终虎门销烟。有远大的志向，又有什么事不能成功呢？

其次，沉稳从无欲而来。孟子曰："无欲者，可王矣。"有雄才伟略的人不会因蝇头小利，毁坏全局。释迦牟尼抛除私欲，去除杂念，终修成正果，普度众生；诸葛亮淡泊明志，宁静致远，终运筹帷幄，控制全局。若私欲不减，则无成大事矣，必成碌碌无为之人。霸王以一己私欲，气走韩信，被困垓下，遗憾千古。霸王之败，后人哀之。

第三，不要随便显露情绪。总是把情绪写在脸上，会使人轻易把你的内心看透，把你的想法看穿，有损你的形象，不利于树立你的威严。作为一名管理者，应该学会控制自己的情绪，做到凡事泰然处之。这样才能彰显沉稳的气度，让下属从你的脸上看到信心和希望。

传说诸葛亮手里的鹅毛扇就是黄氏送给他的礼物，这把扇子上画着八阵图，黄氏让诸葛亮随身携带，有三个目的：一是不忘夫妻恩爱，二是对行军作战大有裨益，三是告诫他息怒。因此，诸葛亮辅佐刘备时，才会经常摇着扇子，一副运筹帷幄、决胜千里的姿态。

黄氏为什么要送诸葛亮鹅毛扇呢？因为她发现诸葛亮畅谈天下大事、说到胸中大志时，就器宇轩昂；谈到刘备先生想请他出山时，就眉飞色舞；一讲到曹操，就眉头深锁；一提到孙权，就忧戚于心。黄氏说："大丈夫做事情一定要沉得住气，我送你这把扇子就是给你用来遮面，挡你的脸的。"

每当诸葛亮拿起鹅毛扇一摇，他就想起了妻子的叮嘱，于是头脑很快就冷静下来。所以，我们才能看到诸葛亮泰然处之、镇定自若的神态。

第四，不要逢人就释放消极情绪，怨天尤人。很多人都有一个毛病，很喜欢在别人面前说自己公司的不是，"我们老板很小气、很莫名其妙""我们老板一天到晚要我们加班，而且也不给加班费""我们公司最近业务不好，客户最近都在退货，我都想走了！"在他人面前诉苦、牢骚满腹的人，没有人敢用。我国台湾的陈武刚，五十岁破产，到处借钱，没有人把钱借给他。但是他表面上一点不急躁，仍然以平和的心态、昂扬的斗志面对眼前的困境。用他太太的话说："我的老公破产，但每天穿西装开车上班，像个董事长一样！"时间不长，机会就来了，他从事化妆品生产，造就了今天的"克丽缇娜"。二三十年来陈武刚把克丽缇娜做得很成功，就是因为他的积极向上、乐观坚定。

第五，先倾听，再表态，自己的话留在后面。当你有机会和你的客户谈判时，一定不要先讲话。首先，让别人先讲话，对别人是一种尊敬；其次，先讲话的人一般都会有破绽；再者，别人讲话的时候，你有充足的时间准备你的答案，你的胜算会非常大。自己先讲话，不仅没有尊敬客户，也会因为来不及思考而留下一大堆破绽，对方一旦还击，你的胜算就很小。所以把话留到最后讲，也是一种沉稳。

第六，重要的决定不要马上公布，最少要隔一夜再发布。一个沉稳的人从不会马上做决定，他会事先与别人磋商，反复考虑成熟。相反，一个不沉稳的人在做一个决定时，事前、事中和事后不听取他人意见，也不从企业发展的全盘考虑，仅凭自己的一时喜好，感情用事，头脑发热地做出决定并且执行，往往给企业发展带来无法挽回的损失。

领袖的性格 —— 沉稳

领袖的性格——诚信

诚信是一个道德范畴,是公民的第二个"身份证",是日常行为的诚实和正式交流的信用的合称。诚信泛指待人处事真诚、老实、讲信誉、一诺千金等等。但一般主要是指两个方面:一是指为人处事真诚诚实,尊重事实,实事求是;二是指信守承诺。作为小微企业管理者,具备诚信品质,离成功就不远了。

"诚"与"信"作为伦理规范和道德标准,在起初是分开使用的。《孟子·离娄上》说:"诚者,天之道也;思诚者,人之道也。"信的基本含义是指遵守承诺,言行一致,真实可信。最先将"诚"与"信"连在一起使用的是在《逸周书》中:"成年不尝,信诚匡助,以辅殖财。""父子之间,观其孝慈;兄弟之间,观其和友;君臣之间,观其忠惠;乡党之间,观其信诚。"这里的"信诚"实际上表达的是"诚信"的意思。从一般意义上讲,诚信是指诚实不欺,讲求信用,强调人与人之间应该真诚相待。

18 世纪英国一位有钱的绅士,一天深夜走在回家的路上时,被一个蓬头垢面、衣衫褴褛的小男孩拦住了。"先生,请您买一包火柴吧。"小男孩儿说道。"我不买。"绅士回答着,躲开男孩继续走。"先生,请您买一包吧,我今天还什么东西也没有吃呢。"小男孩追上来说。绅士看躲不开男孩,便说:"可是我没有零钱呀。""先生,您先拿上火柴,我去换零钱。"说完男孩拿着绅士给的一个英镑快步跑走了,绅士等了很久,男孩仍然没有回来,绅士无奈地回家了。第二天,绅士正在自己的办公室工作,仆人说来了一个男孩要求面见绅士。于是男孩被叫了进来,这个男孩比前一天卖火柴的男孩矮了一些,穿得更破烂。"先生,对不起了,我的哥哥让我把零钱给您送来了。""你的哥哥呢?"绅士道。"我的哥哥在换完零钱回来找你的路上被马车撞成重伤了,在家躺着呢。"绅士深深地被小男孩的诚信所感动。"走!我们去看你的哥哥!"去了男孩的家一看,家里只有两个男孩的继母在照看受重伤的男孩。一见绅士,哥哥连忙说:"对不起,我没有给您按时把零钱送回去,失信了!"绅士却被哥哥的诚信深深打动了。当他了解到两个男孩的亲生父母都亡故时,毅然决定把他们生活所需要的一切都承担起来。

汉朝的季布,以真诚守信著称于世。楚人谚曰:"得黄金百斤,不如得季布一诺。"意思是说,季布的一句话,比金子还要贵重。后来,季布跟随项羽战败,被刘邦通缉,不少人都出来保护他,使他安全地渡过了难关。最后,季布凭着诚信,还受到汉王朝的重用。

面对诱惑不心动,不为其所惑,虽平淡如行云,质朴如流水,却让人领略到一种山高海深的境界。这是一种闪光的品格——诚信。

诚信是人必备的优良品格，一个人讲诚信，就代表他是一个讲文明的人。讲诚信的人，处处受欢迎；不讲诚信的人，人们会忽视他的存在。诚信是为人之道，是立身处事之本。在现代社会，商人在签订合约时，都会期望对方信守合约。诚信更是各种商业活动的最佳竞争手段，是市场经济的灵魂，是企业家的一张真正的"金质名片"。

那么，在生活、工作中如何养成诚信品格呢？

首先要加强自我修养。儒家十分重视修身为本的思想，认为齐家、治国、平天下，都以自我修养为根本。子路是孔子的门人，有一天子路问孔子："如何才能成为一个君子？"孔子答："修己以敬（谨慎）。"子路又问："这样就足够吗？"孔子答："修己以安人。"子路再问："这样就足够吗？"孔子答："修己以安百姓。"孔子这里是把"修己"作为"安人""安百姓"的前提，孔子认为君子应先慎重地培养、训练自己的道德品质，然后再去管理、造福他人。孟子也明确地阐述了"修身"与"家"、"国"的关系，他说："天下之本在国，国之本在家，家之本在身。"由此孟子得出结论："君子之守（操守），修其身而天下平。"

根据"修身为本"的思想，要求每个人在求学阶段，务必先从自己的修身养性做起，不断地磨炼自己的诚信品格。诸如在日常生活中严格地要求自己，做到不自欺亦不欺人，不护短亦不造假，在无人监督时亦能自律，勇于改过等。

在学校求知，是一个艰苦的学习过程。求学时应抱着"知之为知之，不知为不知"的态度，知道就是知道，不知道就是不知道，不可以不懂装懂，欺世盗名。同时，学贵在勤，勤能补拙，历代不少名人都是在极端艰苦的条件下求学，如"苏秦发愤刺股""匡衡凿壁偷光""车胤囊萤勤学"等，成功非侥幸，只有诚实、刻苦、排除万难的人才能成功。

在人际交往中营造一种和谐的关系，这是每一个人所期盼的。为了营造这种和谐的关系，我们平日与人交往时，务必做到以下几点：

1. 以诚相待

东晋高道葛洪在《抱朴子·交际》中，反对"若情而口合""面从而背憎"，所以我们应以真情实意对待朋友，不可口是心非，隐瞒实情。真诚是友谊的生命，如果对朋友诈伪而无真诚之情，这只是"乌集之交"。只有肝胆相照的朋友，才是"腹心之友"。西汉文学家、哲学家扬雄于《法言·学行》曰："朋而不心，面朋也；友而不心，面友也。"人际交往贵在真心、交心与知心，若交朋友而不交心，不能开心见诚，这种缺乏真诚的友谊是难以持久的。

2. 以信相处

朋友之间必须诚实忠信，《论语·学而》曰："与朋友交，言而有信。"一旦欺骗朋友，朋友也不会再信任自己，便会破坏了大家的友谊。而真的朋友，能做到如《礼记·儒行》所言："久不相见，闻流言不信。"就算大家很久没见，当听到有关朋友的谣言，彼此仍能互相信任。

3. 以道义相交

将人际交往建立在道义的基础上，彼此皆以道义为原则，这是一种君子之交。北宋著名文学家欧阳修在《朋党论》中深刻地分析说："小人与小人，以同利为朋……小人所好者禄利也，所贪者，财货也。当其同利之时，暂相党引以为朋者，伪也；及其见利而争先，或利尽而交疏，则反相贼害……君子则不然。所守者道义，所行者忠信……以之修身，则同道而相益……终始如一。"真正的君子之交以道义为基础，真心相待，友谊是持久的。相反，小人之交以势利为基础，虚假造作，友谊是短暂的。

4. 以平等相扶

将友谊建立在志同道合、情趣相投的基础上，相互帮助和扶持，贵者一方不应以自己的年资、地位、权势、财富作为交友的资本，彼此应当相互尊重，做到如《法言·修身》所言："上交不谄，下交不骄。"遇到显贵的人，不会因此奉承巴结；遇到寒微的人，不会因此傲慢自大，这正是平等之交的可贵之处。

当你离开校园，投身社会工作时，在不同的工作岗位上应如何实践诚信之道呢？

1. 身为下属

应具有敬业精神，凡事做到精益求精，完成本职工作；切不可弄虚作假，偷奸耍滑，欺骗上司。只有以诚实的态度对待自己的工作，方可事业有成。所谓"为事不以诚，则事败"，说的就是这个道理。故诚信是百行之源，也是成事之本。

2. 身为上司

用人时必须奉行"用人不疑，疑人不用"的原则。宋代欧阳修曾在《论任人之体不可疑札子》曰："凡任人之道，要在不疑。宁可艰于择人，不可轻任而不信。"任人之道有两个要点：一是选人一定要选准，要选德才兼备的贤者；二是一旦选准，就要信任他，放手使用他，充分发挥他的聪明才智，使其为社会做出更大的贡献。

康熙皇帝在《庭训格言》中，亦注意到"为人上者，用人虽宜信（信任），然亦不可遽信（急于相信）。在下者，常视上意所向而巧（虚伪不实）以投之。一有偏好（特别的或不正当的爱好），则下必投其所好以诱之"。这就是说，上司对于下属应当用人不疑，这是对诚实君子而言；而对那些曲意逢迎、极力投其所好的人，必须加以警惕，并对他进行了解和考察，以辨其真伪，切勿轻信。

3. 同事之间

诚信是中国的传统美德，同事之间应该更加注意——要以诚相待，切不可互相猜疑，各怀鬼胎。古人云："以诚感人者，人亦诚而应。"诚信是具有双向性的，只有自己以诚对待同事和朋友，才能得到他人以诚相报。这样，同事之间的关系更为和谐融洽，大大提高工作效率。

从营商角度来看，"诚信"主要有以诚待客、货真价实、公平买卖、信守合同、偿还借贷、不做假账等。诚实是最好的公共关系政策。商家只有以诚待客，方能赢得顾客盈门。

徽商吴南坡宣示："人宁贸诈，吾宁贸信，终不以五尺童子而饰价为欺。"所以，他出售的"南坡布"货真价实，深受顾客信任。久而久之，四方顾客都十分相信"南坡布"。只要去买布，看见是吴南坡的铺面，买了就走。这样的经商者能不成功吗？

领袖的性格——诚信

领袖的性格——大度

人的性格对人一生的发展很重要。"得饶人处且饶人""退一步海阔天空"等，表现了一个人大度的性格。胸怀坦荡、慷慨大度，是领导者用激昂的精神状态感召下属，用大胆的放权用人思路培养下属；有乐善好施的利人品格，有大力回报社会的实际行动。胸怀坦荡、慷慨大度，是领导者成功的必备素质，更是小微企业管理者必备的优秀品德之一。

一、精神的慷慨大度感召者

优秀的精神品格、高昂的精神状态是工作、学习的主要推动力和催化剂。领导者是组织及下属精神状态的策动者、主导者、引领者。领导者必须明白，高昂精神是可以传递的、可以影响他人的，"精神的慷慨能够产生出巨大的收益"。领导者应当是一名精神的慷慨感召者、给予者。在下属生活受挫时给予精神上的慰藉、在下属工作困难时给予及时的鼓励和支持、在下属深陷逆境时给予真诚的帮助。

在下属面前，领导者应经常以表扬者、鼓励者、鞭策者的身份出现，慷慨大度地予以表扬、赞美、鼓励。在组织环境里，领导对下属多一份理解、多一声夸奖、多一次慰问、多一些鼓励，会给组织带来意想不到的战胜困难的勇气、技术创新的活力、组织的和谐与团队的团结。

领导者的精神品格、精神状态、精神感召力对于下属及整个组织健康运行是至关重要的。对于一个组织而言，领导者的领导过程，也是对组织内人员行为的影响过程。影响，即一个人改变另一个人的态度或行为的能力。领导者的精神状况、精神境界是否慷慨大度，对于组织内人员行为的影响及影响的效力十分关键。一个作风不正、精神萎靡、吝于称赞下属的领导者，是很难在组织内产生积极影响力的。

什么样的精神状态更有利于影响下属？什么样的处世风格更有利于组织的健康发展？什么样的工作环境更有利于创造价值？都是领导者需要研究和学习的。作为组织的领导者，要把慷慨的精神、慷慨的言行、慷慨的理念根植于思想意识里，渗透到言谈举止中，表现到工作作风上，去感召下属、赞扬下属、犒劳下属、带动下属，以致整个组织内部在人员思维角度、思想境界等方面凸显大气、充满正气，形成一种善于孕育组织的浩然正气，营造高昂的工作干劲，培养相互欣赏赞美的人际关系环境。

二、权力的慷慨大度授予者

授权是领导的重要原则之一。现实生活中，有些领导者官本位思想严重，不愿意授权给自己的下属，认为领导者就是权力的“集合体”，就是权力的“操控者”。但在领导实践中，我们可以看到：合格的领导者懂得授权，优秀的领导者合理授权，高明的领导者善于授权，智慧的领导者精于授权。能够慷慨地授权是领导者对权力的深刻认识，是对群众的信任和对培养下属的高度责任感的表现。

领导者的时间、精力、能力都是有限的，事必躬亲，任何事情都去抓、都去管、都去干预，不但弄不好，反而累了自己，误了人事。作为领导者，关注的应该是大局，是建立在战略、战术层面之上的问题。慷慨地授权，对于组织内部健康、有序、高效地运转有着极大益处。在组织内部，下属最大的愿望就是能得到领导者的赏识和器重，使其所怀才技得到最大限度的发挥。领导者善于识别和运用人才，委之以政，授之以权，放手让下属大胆工作，勇敢工作，放心工作，使他们有施展才华的“精神动力”，有创新制胜的“心理靠背”。这样不但有利于下属的成长，而且大大减轻了领导者的工作负担。

三、利益的慷慨大度分配者

领导者是利益的掌管者，有对某些利益的处置权和分配权。而利益的分配是非常敏感的问题，其中公正是核心要求，但前提是利益的源头或利益的多寡，这取决于领导者在利益总量中拿出多少分给下属，自己获取多少。领导者如何把组织创造的财富惠及组织的每个成员身上，真正体现效率优先，关注公平；如何把有限的利益资源发挥出最优化的分配结果，能得到成员的理解和感激。慷慨的领导者，应当在利益分配时凸显大气、大方、不吝啬的大家风范，给予下属物质及非物质利益。

领导者应该明白这样的道理，当领导者在给予下属某些“东西”的时候，反过来，则能从下属那里得到自己渴望的某种“东西”。领导者在利益分配上的慷慨，必定有助于组织内目标的顺利完成，对组织的健康发展、对下属安心工作起着不可估量的作用。

慷慨的利益分配还表现在对下属的奖励上。领导者必须明白，对一个人的奖励是会直接影响组织中其他成员行为的。领导者应当对为组织长远发展默默奉献或做出巨大牺牲的人员、对阶段性工作有突出表现和贡献的人员、对具有挑战性工作和创造性工作克难攻坚的人员，慷慨地予以精神和物质的巨大奖励。

四、社会的慷慨贡献者

社会是人类生活的共同体。组织实际上是人们为了达到某种共同目标而形成的社会团体。个人与组织、组织与社会之间相互依赖、相互协调，而领导者扮演着协调者的角色。对于领导者而言，要以在组织内同样的精神状态、精神境界投入其中——做一个慷慨的社会回报者、社会贡献者。因为组织的发展离不开社会的稳定；秩序的井然，离不开经济的繁荣、市场的开放，这些是组织成长壮大的先决条件。无论组织还是领导者，都应该怀有一种回报社会的宽广胸怀和使命责任。在组织得到发展的同时不忘造福社会，为社会的和谐与社会建设贡献力量。慷慨的社会贡献能极大地使组织的典范作用深入人心，这无形中宣传了组织形象，扩大了组织的社会影响，赢得了组织的社会地位，为组织以及组织中的个人树立了形象。当前，慷慨地参与到社会公益事业中，被更多组织团体看作是“最终追求”。

慷慨的社会贡献，如：慈善事业、社会捐赠、希望工程、支援建设、助学基金、扶贫帮困等，被现代企业看作“企业文化”。文化是一个民族的灵魂。同理，文化也是一个企业的灵魂，是一个企业区别于另一个企业的本质特征。企业的影响力、领导者的社会影响力，在企业文化的传播中得到提升，这种提升又循环作用于企业的管理、产品的质量、企业的信誉及企业的领导者之间。组织内外部影响力和声誉的共同提升形成了一种广泛的社会认同。这些广泛的社会认同对于企业发展的作用是巨大的，而这种巨大的作用是源于企业在社会上的贡献的。

领袖的性格 —— 大度

领袖的性格——担当

2015年1月12日，习近平同中央党校第一期县委书记研修班学员进行座谈时强调：干部就要有担当，有多大担当才能干多大事业，尽多大责任才会有多大成就。不能只想当官不想干事，只想揽权不想担责，只想出彩不想出力。

松下幸之助认为：作为一个经营者，一定要有担负绝对责任的心理准备。不管员工有100人还是200人，就算聘用了1 000人或2 000人，责任还是由他一个人承担。自己既然站在最高的位置上，一切就是自己的责任了。这个道理应是古今不变的。

东汉的钟离意因为很有才能，被提升为尚书仆射。有一年，一伙匈奴人来投降汉朝，明帝大喜，遂命令钟离意负责赏给他们绢绸。不料手下的郎官办事不细心，多给了匈奴人一些绢绸。得知此事，明帝大发雷霆，下令要对郎官用酷刑。作为此事的负责人，钟离意自知责任重大，便匆匆觐见皇上，叩头请罪道："做事犯错，人人在所难免，既然事情已经发生，就应当以官位的高低来定罪。这件事由我负责，所以论罪也应当从我开始，从重处理；郎官是我的下属，就应当从轻处理。请皇上明断！"说着就要脱去衣服接受惩罚。明帝见钟离意敢于承担责任，情愿接受惩罚，怒气也就随之消了一大半，即令他穿上衣服，免去惩罚，也宽恕了郎官。

担当，是优秀管理人员素质的体现；担当，是企业文化的反映。"担当"是什么？就是承担责任。敢于担当、勇于担当的管理者在企业中起着表率作用，是团队的主心骨，是形成勇往直前的精神动力。作为一个企业管理者，在日常工作中，应"担当"什么？怎么去"担当"？怎么"担当"好？这是一个值得深思的课题。

一、履职尽责，敢于担当

美国总统杜鲁门曾在自己的办公室门口挂了一条醒目的标语：buckets stop here，意思是问题到此为止，不再传给别人。每一位主管都应该把这句话当作自己的座右铭。

世界上有两种人:一种人在努力地辩解;一种人在不停地表现。管理者要尽量地多表现,少辩解,要敢于负起责任。当出现问题时,看看是不是自己的原因;当准备去请教你的上司时,先自问一下,有没有负担起自己的责任。总之,要时刻记住美国著名管理顾问史蒂文·布朗的一句话:“管理者如果想发挥管理效能,必须得勇于承担责任。”

“敢于担当”就是敢于负责、敢于担责。企业员工不论职务高低,均存在着自身的一份责任,这份责任就是岗位职责。要履行好自己的职责,就必须将岗位当成阵地,敢于承担起这份职责所应承受的风风雨雨,敢于直面这份职责所遇到的困难,敢于正视履行这份职责所带来的得失。面对矛盾敢于迎难而上,面对困难敢于挺身而出,面对失误敢于承担责任,面对歪风邪气敢于坚决斗争,这才是管理者的素质与风范。

一个具有强烈工作责任心的管理者,应在其位、尽其责,把困难当成动力,把问题当作磨砺。只有敢于担当自身的职责,将问题和困难视为履职生涯中的一个既定环节,一道必须逾越的沟坎,困难和问题才能被意志所碾压。在日常工作中不敢担当,任何工作都会成为拦路虎。遇到问题讲客观,解决问题讲条件,回避问题找借口,工作就无法推动。作为管理人员,不但要正视问题和困难,更要有敢于解决问题和克服困难的决心和坚定信念。在我们的企业中,有些管理人员在矛盾与问题前不讲原则,当好好先生、回避问题、躲避困难,深层次分析,这就是失职、渎职的外在表现。企业的管理人员是普通员工的风向标,一举一动都影响着员工的思想动态。敢于担当,敢于履职,才能稳定团队,带动团队,使团队形成合力,朝正确的目标迈进。

二、顾全大局,勇于担当

在企业中,管理人员承担着更大的责任,仅仅敢于担当还不够,还要勇于担当。企业的管理者要把勇于担当作为一种基本素养,不当评论员、不当旁观者,而要强化责任意识,面对超出自身职责的危机与风险时,有挺身而出的勇气,能够主动履职,不拖延、不敷衍、不推诿,体现出团队之间的互补与协作。尺有所短、寸有所长,工作有难易,能力有高低,要充分发挥自身的优势,在自身优势领域勇于担当,才能在自身弱势领域内获得他人的谅解与帮助。

有个瞎子与跛子过河的故事:瞎子与跛子一起过河,瞎子听着河水声不知所措,跛子看着河水一筹莫展。可共同的目标使他们达成了合作,瞎子背着跛子,跛子指引瞎子,利用彼此的优势顺利到达了彼岸。在我们的工作中,如果只顾及局部利益甚至自身得失,也许会导致已经完成的工作化为流水,团队的付出功亏一篑。作为一名管理者,要时刻保持清醒的头脑,根除“事不关己、高高挂起,明哲保身、但求无过”的思想，以大局意识、整体意识来强化工作责任心，有主动承担责任的勇气，有关键时刻站出来的顶天豪气。以身作则，率先垂范，用实际行动带动职工，用自身的人格魅力感染群众，使团队的凝聚力得以不断加强。

三、提升能力，善于担当

勇于担当需要勇气，善于担当则需要能力。没有较强的能力作保障，敢于担当只能是空话、大话。一个管理者即使有敢于担当的勇气，有勇于担当的觉悟，但缺乏相应能力，工作就会力不从心。能力是支撑自身完成使命、正确履职的条件，是担当的底气和根基。没有能力的担当，可能会事与愿违，出现好心办坏事的后果，甚至酿成大错、大祸。

具备正确履职的过硬本领，这就要求管理人员不但要注重政策的学习、制度的掌握、业务的提升，还要在工作过程中注意工作方式的总结与提升，不断提高履职尽责能力。在电力企业，不少安全事故就是因管理人员技术掌握能力不够，对事件缺乏正确评估、判断的情况下发生的；在经营领域，也有因对政策没有吃透、程序了解不够而犯下低级错误使企业蒙受损失的事件。作为管理者，精湛的业务技术、超强的掌控能力更能令下属信服，更能使管理者的表率作用发挥得淋漓尽致。管理者只有综合能力达到相应的高度，才能具备正确担当、善于担当的能力，才有带领团队从容向前的基础。

“大事难事看担当，逆境顺境看襟度。”“担当”是责任的彰显，更是管理者智慧与品德所绽放的人格魅力。它沉淀于优秀管理者的骨子里，体现在日常的工作与生活中。

领袖的性格 —— 担当

领袖的性格——胆识

胆识即胆量和见识。胆量就是不怕困难和危险的精神和勇气以及能及时行动起来的良好习惯；见识指明智地、正确地作出判断及认识的能力。

三国时期，诸葛亮上演的“空城计”，创造了让统领15万大军的司马懿，在仅有2 500名士兵的诸葛亮面前狼狈溃逃的奇迹。1935年，毛泽东率领3万红军，面对40万国民党大军的围追堵截，四次穿梭于赤水河，在蒋介石眼皮底下跳出包围圈，创造了战争史上的一大奇迹。

分析这些奇迹不难发现，决策者的胆识是创造奇迹的主因。如果没有胆量，诸葛亮怎敢轻慢60倍于己的敌人？毛泽东怎敢在石达开覆灭的地区与40余万国民党军队贴身周旋？他们不仅有胆量，更有见识。诸葛亮熟悉司马懿生性多疑，用“空城计”必定能使其不敢相信眼前的事实而放弃攻城。如果面对的不是司马懿，而是李逵或张飞，即使诸葛亮有一百个胆，料也万万不敢！毛泽东更是熟悉国民党军队。他们派系林立，各怀鬼胎，人数虽多，但指挥混乱，可被红军利用的机会很多。

胆量＋见识＋运气＝成功。无胆无识，即使运气再好，也难以成功。比如刘禅，贵为刘备之子、蜀汉后主，又有胆识过人的诸葛亮辅佐，不可谓运气不好。但他昏庸无道，政治腐败，最终投降魏国，还闹出个“乐不思蜀”的笑话。

现实生活中，胆识始终影响着每个人的生活和工作。有胆有识的人，总能把握机会，成为时代的弄潮儿。

无胆无识的人，总是毫无目的地奔跑，用尽了力气，才能得到点别人咀嚼过的残渣剩饭。

有胆无识的人，总是被自己的莽撞而伤害，拼尽了全力，结果往往适得其反。

有识无胆的人，总是看着近路走远路，成功的机会总是在他面前溜走。司马懿夺取街亭以后，以60倍兵力的优势兵临诸葛亮所在的西城。他深知诸葛亮的老谋深算，不可谓没有见识。可面对胜券在握的大好时机，他想多了，胆怯了，让诸葛亮不战而胜。

因此，胆识对于管理者来说极其重要。既要有胆，也要有识，二者缺一不可。有胆有识，英雄本色；有胆无识，匹夫一个；有识无胆，空有其识；无胆无识，徒有躯壳。

作为小微企业的管理者，要想把企业带向成功，拥有一定的胆识，是必须具备的关键性条件之一。

第一，有胆识的人在力排众议时，不会瞻前顾后。我们都知道巴西足球队在世界足坛上有多风光。2002年，巴西队在世界杯上出尽了风头。当时，主教练斯科拉里在赛前顶住了压力，力排众议，坚持不用老将罗马里奥。正是因为斯科拉里的胆识，才使巴西队获得世界杯冠军，那也是巴西队第五次捧得大力神杯。

第二，有胆识的人在面对机会时，不会犹豫不决。有胆识的人不会瞻前顾后犹豫不决。余世维博士曾经提出经典的四句话：商场中朋友很多，伙伴很少；办公室里可爱的人很多，可靠的人很少；营销计划漂亮的很多，可行的很少；机会来了，看到的人很多，抓住的人很少。有胆识的管理者是不会让好的商机在自己的眼前溜走的。同时，在企业管理过程中，很多企业会因为几个人、几件事与企业的文化、发展目标不一致，邪气抬头带来企业士气低落，使企业一步一步走下坡路。

如果是一个有胆识的管理者，就不会畏首畏尾，让那些人为所欲为，会大胆地把他们辞退，把握企业发展的大局。

那么，在生活工作中如何培养自己的胆识？

第一，不要经常使用一些缺乏自信的言辞。孔子、孟子是我国古代著名的思想家。但是他们很多的伟大思想和道理，经过两千年的演变被扭曲了。谦虚是美德，但谦让过度就变成虚伪和作假。在说话的时候不能太谦让，生活中我们常听到："我怕我做不好""但愿我有这个能力"等，表面上是谦虚，骨子里是缺乏自信的表现。这些缺乏自信的言辞，说多了不会让人有胆识。

第二，已经决定的事情，不要轻易推翻。工作生活中，有些小事没有什么不得了的，不要给自己养成轻易推翻的习惯。下象棋有句话叫作落棋无悔，就算输了可以重新再来，不要轻易推翻。缺乏胆识的人，一点点小事都会后悔，那做大事做投资呢？决策之前，可以周密谋划，考虑全面，分析利弊得失，一经定下的事就不要轻易推翻。

第三，在众人争执不休时，不要没有主见。作为一个企业的管理者，应该常常把自己的方法摆在自己的口袋里，遇到事情时应尽量先听听下属意见，然后再准备好答复，或准备好想法；不要在下属观点不一致、意见不统一时缺乏主见，人云亦云。这个主见表示你的基本思路，或者是你的中心思想，或者是你的一个主轴策略。

第四，遇见不公、不正、不仁、不义的事情，不要一味沉默。作为一个主管或领导者，要表现出有胆识的一面，遇见那些自以为是的员工，一定不要沉默，要及时给予警告。

台湾商人邱永许说："做生意没什么秘诀，只需一笔可以牺牲的钱和一个敢于冒险的胆子。"一个人把退路准备好就可以鼓励自己去冒险。

我们说管理者经营企业要有一个敢于冒险的胆子，并不是说是不计后果的冒险，冒险往往是指决策做事有两种以上可能，到底哪一种结果出现不确定的情况下的冒险。因而冒险时应当有应对不利结果出现的准备。日本企业有个习惯，公司在每年赢利时，都要摊提 5% 的风险基金，把它存在那里，或单独分离开来，或送到律师那里去公证，在律师那里保管。公司一旦倒闭，这笔风险基金可以用来给所有员工和干部进行分配，至少让他们在一年到一年半时间内不用上班也可以生活。

领袖的性格 —— 胆识

领袖的性格——积极

一个人的内心如果非常的积极，他的外表显示出来的就是一种坚持、一种投入和一种认真。这是领袖的又一个性格。

人与人之间只有很小的差异，但这种很小的差异却往往最终造成了巨大的差异！很小的差异就是所具备的心态是积极的还是消极的，巨大的差异就是成功与失败。成功人士的首要标志就是他的心态，如果一个人的心态是积极的，乐观地面对人生，乐观地接受挑战和应对困难，那他就成功了一半。

在推销员中，广泛流传着一个这样的故事：两个欧洲人到非洲去推销皮鞋，由于天气炎热，非洲人向来都是打赤脚。第一个推销员看到非洲人都打赤脚，立刻失望起来："这些人都打赤脚，怎么会要我的鞋呢。"于是放弃努力，失败沮丧而回。另一个推销员看到非洲人都打赤脚，惊喜万分："这些人都没有皮鞋穿，皮鞋市场大得很呢。"于是想方设法引导非洲人购买皮鞋，最后发大财而回。就是一念之差导致的天壤之别。同样是非洲市场，同样面对打赤脚的非洲人，一个人灰心失望，不战而败；而另一个人满怀信心，大获全胜。

如何培养积极的心态？

(1) 言行举止像你希望成为的人

许多人总是等到自己有了一种积极的感受，再去付诸行动，其实这是本末倒置。积极行动会导致积极思维，而积极思维会导致积极的人生心态。心态是紧跟行动的，如果一个人从一种消极的心态开始，等待着感觉把自己带向行动，那他就永远成不了他想做的积极心态者。

(2) 要心怀必胜、积极的想法

卡耐基说过："一个对自己的内心有完全支配能力的人对他自己有权获得的任何其他东西也会有支配能力。当我们开始用积极的心态并把自己看成成功者时我们就开始成功了。"

(3) 用美好的感觉、信心与目标去影响别人

随着你的行动与心态日渐积极，你就会慢慢获得一种美满人生的感觉，信心日增，人生中的目标感也越来越强烈。紧接着别人会被你吸引，因为人们总是喜欢跟积极乐观者在一起。运用别人的这种积极响应来发展积极的关系，同时帮助别人获得这种积极态度。

(4) 让遇到的每一个人都感到自己重要、被需要

正如美国19世纪哲学家兼诗人爱默生所说："人生最美丽的补偿之一，就是人们真诚地帮助别人之后，同时也帮助了自己。"赠人玫瑰，手有余香。

(5) 心存感激

拿破仑·希尔认为，如果你常流泪，就看不见星光。对人生、对大自然的一切美好的东西，我们要心存感激，则人生就会显得美好许多。

(6) 学会称赞别人

莎士比亚曾经说过这样一句话："赞美是照在人心灵上的阳光。没有阳光，我们就不能生长。"心理学家威廉姆·杰尔士也说过这样一句话："人性最深切的需求就是渴望别人的赞赏。"

(7) 学会微笑

面对一个微笑着的人，你会感到他的自信、友好，同时这种自信和友好也会感染你，使你油然而生出自信和友好，你和对方会很容易亲切起来。正如英国谚语所说："一副美丽的面孔就是一封无言的介绍信。"微笑将为你打开通向友谊之门，如果我们想要发展良好的人际关系，建立积极的心态，那么我们就要学会微笑。

(8) 到处寻找最佳的新观念

正如法国作家维克多·雨果所说："没有任何东西的威力比得上一个适时的主意。"

(9) 培养一种奉献的精神

曾被派往非洲的医生及传教士阿尔伯特·施惠泽说："人生的目的是服务别人，是表现出助人的激情与意愿。"他意识到，一个积极心态者所能做的最大贡献是给予别人。通用面粉公司前董事长哈里布利斯曾这样忠告属下的推销员："忘掉你的推销任务，一心想着你能带给别人什么服务。"

(10) 培养乐观精神

① 不要做一个受制于自我的困兽，冲出自制的牢笼做一只翱翔的飞鹰吧！当我们帮助朋友时，不要只着重分担他的痛苦。如果要建立亲密的关系，就必须有共同的个人价值和目标。

② 当情绪低落时，不妨去参观孤儿院、养老院、医院，看看世界上除了自己的痛苦之外还有多少不幸。

③ 在开车上学或上班途中听听愉快、鼓舞人的音乐；和一位积极心态者共进早餐或午餐；晚上不要坐在电视机前，要把时间用来和你所爱的人聊聊天。

④ 改变你的习惯用语。不要说"我真累坏了"，而要说"忙了一天，现在心情真轻松"；不要说"他们怎么不想想办法"，而要说"我知道我将怎么办"。

⑤ 向龙虾学习。龙虾在成长的阶段里，会定期自行脱掉外面那层具有保护作用的硬壳因而很容易受到敌人的伤害。这种情形将一直持续到它长出新的外壳为止。生活中的变化是很正常的，每一次发生变化总会遇到难以预料的意外事件。如果逃避，不敢面对，只会使自己变得更加懦弱；相反，只有勇敢面对，积极主动，才能使自己变得更加坚强和自信。

领袖的性格 —— 积极

领袖的性格——细心

我国著名思想家老子说：天下难事，必做于易；天下大事，必做于细。成就大事的人，必须注意细节。

作为一名管理者，一定要有严谨的思维方式、敏锐的观察能力，要能够发现工作中的各种问题。心理学家卡耐基曾说过："一个不注意小事情的人，永远不会成就大事业。"那么，在工作和生活中，我们如何培养细心的特性呢？

1．对身边所发生的事情，常思考其因果关系

人们常常开玩笑说：一个苹果掉到牛顿的头上，他会想到万有引力；掉到我们的头上，我们就把它吃掉了。我们从小在教育过程当中，就不擅长思考因果关系。老师所给的答案永远是标准答案，学校所给的课本永远是标准课本，在这种教育环境之下，不会问为什么，也不会有思考力和创新力。教条往往限制了个人的想象力，束缚了思想的发展，而适当的启发有利于良好思维习惯的培养。

2．对做不到位的执行问题，要发掘其根本症结

一件事情如果做得不好或执行不到位，就要研究它的根本原因，只研究表象是没有用的。我国曾经号召"农业学大寨，工业学大庆"，十多年前曾经有人提出"农业学韩国"。我们知道中国以农立国，又是世界上数一数二的农业大国，自古以来，农业就很受别国关注，是被学习的，现在怎么反倒要向韩国学习呢？当时提出 3 年内将有 3 万名政府官员和农村干部到韩国考察、培训。我们先不说差旅费要花多少钱，也不用想实际效果到底如何，我们最需要做的其实是好好思考中国农业问题的症结在哪里。我国对农业积累了很多知识和经验，有很多问题根本不用到国外去，想想问题的原因，我们自己就可以解决。如果问题的根本症结不能够解决，派再多人到韩国、日本乃至其他国家和地区去考察，又有什么意义呢？细心的人、细心的企业和细心的社会会探讨问题的本质所在及执行不到位的原因，

这才是解决问题的根本方法。

3. 对习以为常的做事方法，要有改进或优化的建议

大多数人都习惯于用惯有的方式解决问题，无论生活还是工作。如果一个人在公司工作了五年，用的都是同一种方法，其实相当于他在公司只工作了一年，另外四年都是 Copy and copy（复制再复制）。许多人的问题就在于没有思考是否有更优化的方法或建议。用心的人、用心的企业一定会非常注重细节，不断寻求改进或优化。比如，我们的汽车站或者火车站，每一天都有人坐错车。你可能会说这样很正常啊，尤其是碰到春运或假期的时候，那么多车，那么多人，车站的工作人员又有限，出点差错是必然的啊。那你是否想过这是可以改善的，并且不需要增加人手或者额外的成本就可以做好呢？

日本东京火车站，地上、地面、地下共三层，十六个进出口每天进出二三百万人，但是他们极少坐错车，因为自动售票机出来的车票颜色，与月台上面圆圈的颜色以及要乘坐的火车的颜色是相同的。所以拿蓝色车票的乘客，要在有蓝圈的月台上，等待要乘坐的蓝色火车；拿咖啡色车票的乘客，要在有咖啡色圈的月台上，等待要乘坐的咖啡色火车。每一种颜色的车票代表一种路线，从而保证东京车站一天进出那么多人，却很少有人坐错车。

上海一家很有名的餐厅叫苏浙汇，它之所以能有今天，从它的几个特色就能看出经营者的用心。苏浙汇的菜单每一年都要更换，总经理要求厨师每一年都要想出十五个新菜。苏浙汇以江苏菜与浙江菜的融汇为基础，各分店还备有风格迥异的地方特色佳肴，酒水还会随着季节的更替而变换；苏浙汇在上海金茂大厦裙楼开设的“天萃庭”，餐厅在二楼，一般餐厅都是让客人坐在门口等，但他们专门把一楼拿出来给等待吃饭的人，还提供茶和点心。餐厅的大堂、壁画、壁雕、回廊、喷水池，还有灯光、背景、桌椅，统统经过精心设计，简单而精致，透露着宁静和典雅，具有浓郁的上海文化特色；苏浙汇对员工不断进行培训，服务非常周到和细致。

4. 养成有条不紊和井然有序的习惯

有条不紊、井然有序的习惯是从生活和工作中慢慢培养出来的。在这方面日本人做得比较好。余世维博士曾经讲过，他有个朋友在日本开洗衣店，刚开业没多久，有一个日本人把衣服拿来给他洗，他差点以为是洗过的给摆在柜台上，因为衣服都叠得好好的。其实这是日本人的习惯，他们把衣服送给别人洗的时候，都是叠整齐了装在袋子里。他还提到过：第二次世界大战结束的时候，日本战败，按照中国的规定，所有日本的战俘和侨民，最多只能带 10 公斤的东西离开中国。他妈妈家的邻居都是日本人，他们不可能把所有的东西都带走，相反几乎要把整个家都留下。日本人把家收拾好，就拿着房子的钥匙来看他的外祖父，并留下了

钥匙。等到日本人走后，外祖父带着他妈妈去看隔壁日本人留下的房子。他们打开院门一看，发现院子全部扫过了，簸箕与扫把统统立在墙边，屋子的地板也擦过了，拖鞋统统排在一条线上，杯子、碗、调羹洗干净后摆放得整整齐齐，就连没有带走的每一床棉被、每一件衣服也全都洗过后一件一件地挂在那里，甚至破掉的纱门、纱窗也都换过了——他们就是这样收拾完之后才把钥匙交给中国人的。

5. 经常去找别人看不出来的毛病或弊端

古语有云“千里之堤，溃于蚁穴”，就是强调要想成就伟大的事业就不要忽视微小之处。然而，环顾四周，大而化之、马马虎虎的毛病随处可见，“差不多”先生比比皆是：好像、几乎、将近、大约、应该、可能等，已逐渐成为人们习以为常的口头禅。实际上，就在这些词汇一再使用的同时，许多重大决策都只停留在纸上，许多重点工作都只落实在表面上，许多宏伟的目标都成了海市蜃楼。

做老板的要记住一个词：Exception management（异常管理）。也就是说，去管那些人家不管的事情、看不到的事情、做不到的事情、没有想到的事情、说不出的事情。做老板不能每天都签一样的字，看一样的报告，批一样的公文，要经常去做点例外的管理，就是专门去找人家忽视的地方，挑人家看不出来的毛病和弊端。如果老板只坐在办公室里，工作就无法做好。美国沃尔玛的总经理有一个习惯，在检查工作的时候，喜欢站在门口。他说公司到底碰到什么问题，顾客对公司有什么想法，要站在门口才能发现。

万捷是雅昌文化集团的董事长。雅昌公司于2003年、2005年两次获得美国印刷大奖。这是全球印刷界最高荣誉，相当于印刷业的奥斯卡。我们都有过买书的经历，有时，书一打开，我们可能会发现，里面有一页不知谁踩了个脚印。这对我们来讲，是个遗憾；对万捷来讲，是个现象。他会开始研究，这脚印是谁踩的？为什么会踩上去？纸摆在哪里？有几张纸可能会被踩到？通常什么时候踩到？以后如何不再被踩到？光一个脚印，他就研究了很久，从纸张的储存、搬运到切割、上机，他统统都要进行研究分析。他说，做印刷品和搞服务是完全一样的，也要强调质量、周期、交货、价格，还有售后服务和品质管理。

万捷搞印刷，会注意很多细节，比如：雅昌不会等到客户反映有几本书印得不好才补送，每次直接多送几本；雅昌不会等别人说胶怎么脱落下来，才研究自己的胶有什么毛病；雅昌不会等人家说彩色套印不清楚，才研究自己的纸和印刷机有什么问题……

很多印刷企业有个很不好的习惯：东西印好了以后，用乱七八糟的报纸包起来，随便弄个绑带绑好。而雅昌不是这样，他们的包装纸很整洁，绑带也绑得很均匀，甚至连运输的卡车底板都擦洗得很干净，再把书码上去。

由上述细节，你就看得出来它跟一般印刷厂的区别。所以，他们的货一交出来就很完美，干干净净、整整齐齐，没有破损和短缺。能够做到这么细心，他们怎么可能不得奖呢？

6. 随时随地对不足的地方"补位"

老板总有做不到的事情、看不到的时候，如果你是一个细心、有潜质的管理人员或下属，就要"补位"，把事情办妥，为老板解除后顾之忧。

美国标准石油公司里，曾有一位小职员叫阿基勃特。他在出差住旅馆时，总在自己签名的下方写上"每桶四美元的标准石油"字样，在书信及收据上也不例外，签了名，就一定写上那几个字。他因此被同事叫作"每桶四美元"，而他的真名反倒没人叫了。董事长洛克菲勒知道这件事后说："竟有职员如此努力宣扬公司的品牌，我要见见他。"他邀请阿基勃特共进晚餐，后来洛克菲勒卸任，阿基勃特成了第二任董事长。这是一件谁都可以做到的事，可是只有阿基勃特一个人去做了，而且坚定不移、乐此不疲，把这个细节做到了极致。嘲笑他的人中，肯定有不少人才华、能力在他之上，可是最后，只有他成了董事长。

你可以做个小实验：在公司的过道上丢个香蕉皮，然后在旁边偷偷地观察，看谁是第一个把香蕉皮捡起来的人。由此你就可以知道大家有没有补位的观念。一个细心的人会随时注意有什么地方不足，自己悄悄去补位。大家都在做的事情，你也做，就没有什么了不起；唯独在别人忽视的地方努力，才能取得更显著的成效。

某外企在对应聘者进行面试的时候，考官坐在房间里，门口地上摆了一个拖把，横在那里挡住了路。很多参加面试的人走到门口，都看到了地上的拖把，但是大都没有弯腰扶起来，而是轻轻一跳迈过去。这时里面的考官连问都不想问，马上就说，下一个。理由是，倒在地上的拖把都不晓得扶起来，将来到了公司会把公司当成家吗？会努力工作吗？通过这个方法就淘汰了 60% 的候选人。

我们认为，老板不在时却更加卖力工作的人，将会获得更多奖赏。如果只在别人注意时才有好的表现，你将永远无法达到成功的巅峰。

最严格的表现标准应该是由自己设定的，而不是别人要求的。如果你对自己的期望比老板对你的期望更高，那么你就无须担心会失去工作。如果你能达到自己设定的最高标准，那么升迁晋级也将指日可待。

那么，作为一个小微企业的当家人，如何养成细心的性格呢？

1. 常思索身边各种事情发生的因果关系。能够通过看似分割其实是相互关联的事情，找出它们的规律和联系，并能够有效梳理出相互之间的因果关系。

2. 工作中的各项问题，要能够去挖掘其真因，不能够看表面而做出决定。我们通常说完成了任务，不等于解决了问题，在我们面对员工反馈给我们的问题解决了的表象时，一定要思考：任务完成了，问题还在吗？还有可能会发生吗？

3. 要跳出现场看问题。我们在一个环境时间长了，久而久之就会习惯它，看不出它的问题，认为所有的一切都是习以为常的，都是本应该这样的。这个时候就需要领导具有敏锐的意识，对员工习以为常的东西能够看出它的不寻常，能够主动去打破常规，发现可以改善和创新的地方，推动工作进展。

4. 要能够找出员工和下属不能看到的问题或风险，能够有自己独特的见解，能够敏感地发现潜在的危险。作为上级，对于下属看不到的区域，要及时补位，才能防止问题发生。

5. 对待下属，能够细心地发现他们最近在工作中和生活中的情绪变化，能够在适当的时候给予关怀、鼓励，员工微妙的情绪都能被你发现，并适当做出反应，会让员工倍感亲切。

6. 严谨的工作作风，也是领导细心的一个表现。不仅体现在审核文件，也包含自己的文件编辑等能力，不犯低级错误等。

领袖的性格——细心

资料链接

徐小平：创业者没有当网红的能力，就不要创业了

“创投圈第一网红是李开复，我是第二网红。”

“创业者没有当网红的能力，就不要创业了。”

2016年4月15日，在《新京报》举办的寻找中国创客活动上，徐小平以网红的身份，讲述了我们到底能从网红学到什么。在他看来，每个创业者都是网红。

网红经济、网红现象，无疑是2016年最激动人心的。这个现象对中国整个创业的生态环境以及思路，甚至是观念、价值观，都发生了颠覆性的影响。

“刚听到‘网红’一词时很陌生，研究后我就崩溃了，连退休的心都有了。”徐小平笑道，“因为看不懂啊，网红的崛起实在太惊人，影响力也很大，狂风暴雨般席卷了整个创投界。”网红到底是什么？是不经任何权威授权的，在创投领域，网红完全是市场自发的、民众拥戴的品牌。

无论是名演员、名导演、名企等等，都是一个品牌。创业也是在做一件事——创建品牌。整个商业所有的行为，主要靠它的核心价值，就是品牌。而网红的崛起，使商业创造品牌的速度空前加快。徐小平通过三个创业故事，形象地描

绘出了网红创业者。

1. 海淀的电线杆是俞敏洪的互联网，垃圾桶是手机端

1991年，俞敏洪从北大出来，招生时首先做的是拎着糨糊桶在海淀的大街小巷电线杆上刷他的广告。那时并没有互联网，海淀的电线杆是俞敏洪的互联网。

1996年徐小平回国创业，寒冬腊月俞敏洪骑着自行车带徐小平去北航找人。俞敏洪告诉他，这里每个可以贴广告的楼道我都知道，每一棵树我都了解。

后来俞敏洪有了另一个品牌活动——演讲。最初在国家图书馆一个三五百人的会场举行，结果来了一千多人，他就去外面，站在一个垃圾桶上面对众人进行了演讲。垃圾桶也是俞敏洪的互联网，是他的手机端。

这是第一代企业家，筚路蓝缕、艰苦奋斗，最后创办了新东方。

2. 微博上的陈欧体

到了陈欧，他创业时还没微信，所以做了很多电视节目，上了《非你莫属》、在地铁上做了很多广告。最终在微博上陈欧迅速崛起，做了代言体。陈欧体是那个阶段的网红，他已经借助于互联网了，但也有传统的方式。

3. 小红书的崛起

5年后，陈欧的另一个“学生”，小红书崛起了。完全是手机端，它甚至根本没有上过电视，也没有进入任何传统媒体，都是自发的。所以小红书本身就是个网红。

4. 只有空壳品牌的马佳佳

提到papi酱，就能联想到网红的祖奶奶马佳佳。3年前，一个PPT让马佳佳红遍全国，唯一可惜的是她没有相应的产品跟上去，所以留下的是一个空壳品牌。而papi酱诞生至今，已有一千多万追随者。

“我们正在为papi酱的商业化、变现筹划。不仅是打造一个品牌，一个娱乐现象，而要打造一个真正长久能够伴随的消费升级，长期伴随着我们的商业发展。”徐小平补充道：“这揭示了一个商业的本质，在俞敏洪的时代、陈欧的时代，三五年前的创业先有商业、现金流，后有品牌。品牌是靠创业者艰苦奋斗，一点一滴做出来的。而网红时代，是先有品牌、先占领人心、先确立魅力人格体、先让人们追捧你，然后再从后面给用户、消费者带来他们所需要的产品，丰富他们的生活，增加他们的乐趣，最后创造生活的幸福感。”

对创业者来说，你的唯一目的就是让亿万用户知道你，让广大市场使用你，最后，最好的是让消费者热爱你、喜欢你，把你的产品作为生活的一部分，作为习惯，这就是品牌的力量。

传统做法，俱往矣。

你要做的就是利用自媒体、新媒体、互联网、移动互联网，利用今天我们能够得到的移动互联网里的一切手段，迅速地让你的产品、公司、品牌被亿万人民知道。“我觉得可能每一个创业者都应该是一个网红。”

“我们从网红学到什么？每一个创业者都应该成为网红，都可以成为网红。如果你不具备成为网红的能力、潜力、魅力、影响力，那就不要创业了。因为创业创什么品牌？”

〔资料来源：http：// www.360doc.com/content/16/0514/08/256040_558973952.shtml〕

一种“不会失败”的创业方法

一个武汉出生、广东毕业的大学生，为何选择陌生的杭州作为创业之地，一名白手起家的门外汉，如何在三年内将一家代理记账公司发展成一家会计师事务所？我们将带你走进杭州捷凌会计服务有限公司总经理李杰不平凡的创业之路。

创业名片：李杰，杭州捷凌会计服务有限公司、杭州沙旭科技有限公司总经理，创业之家创始人。

创业故事：回想起刚来杭州的那一刻，李杰仍然历历在目：“下火车的那一刻，看到杭州西湖那整洁的道路，怡人的风景，我就知道我一定能在这里打下一片天下！”

2008年李杰毕业于广东的一所专科院校，与许多大学生一样，刚出校门的他第一份工作是销售工作，不过这份常人眼中充满挑战的工作李杰却干得很起劲，在不到一年的时间里，他不仅积累了一定的财富，锻炼了自己的能力，更重要的是他带出了一支凝聚力很强的队伍。当时他在深圳的宝安区工作，接触的都是当地一些不是很讲商业规则的小老板，可以说商业环境很恶劣，但这份经历却使他建立起了极大的自信，也直接促成了他第一次来杭州考察后就决定留下发展事业：“我在深圳的宝安区都能生存下来，到杭州一定能干出一番事业！”

于是李杰和一名因业务认识的好朋友准备一点钱，拉上以前一起做销售的几名同事，成立了一家代理记账公司。之所以选择这个和以前工作不直接相关的行业，李杰有着自己的看法，一方面他觉得自己初次创业，拿不准什么行业更合适，因而选择从事会计，这一方面能广泛接触到各个行业；另一方面，更重要的是从前的工作经历告诉他，不管什么行业，只要愿意花心思去做事，至少不会饿死。

当然，有了心理准备并不意味着路就好走，李杰和合伙人都是初次来杭跨行业创业，对于会计这类很讲人脉关系的服务型企业，其中困难可想而知，关键时刻，以下几点帮他们度过了创业伊始最艰难的时刻。

一个互为补充合作伙伴

李杰很有幸能和现在的合伙人一起创业，初出茅庐的他显得非常稚嫩，而他的合伙人虽然年纪也不大，但却是军事学院毕业的，果敢干练的军人作风能极大地赢得客户的信任。创业初期，两个人性格互相补充，一个管大方向，一个做细活，在业务上又互相竞争，你争我赶，谁也不肯落后。李杰总结说，创业伙伴一定要能弥补对方的不足，这样才能互相进步而不至于有过多争执。

一支能抵抗压力的队伍

创业队伍是李杰以前做销售时带出来的，坦白地说，创业初始资金有限，客户又少，团队成员工资低，又没有股份，他们的条件很艰苦，付出多而回报少，这是一家公司创始团队必须要经历的一个过程。这种条件下，没有一名员工离开队伍。当然，这也和李杰的努力有关，他在挑选创业团队时已经下足了功夫，在自己以前带的销售队伍里选了6名志同道合的成员，用李杰的话说就是，想创业的人本身就不应该用一般的物质条件去衡量；在平时工作中李杰又身先士卒，发挥榜样的作用，生活中从不摆老板派头，待员工如家人。

一种“不会失败”的创业方法

有人说这个世界没有不会失败的创业方法，也有人认为对于每个成功的创业者来说，都有自己的不败之法，笔者认为李杰的不败之法可以用六个字来概括：“好好干，饿不死。”李杰坦言，自己创业以来，虽然有过艰苦的日子，但是从未为生存担忧过。在他眼中，现代的社会，创业没有失败的概念，只有大成功和小成功的区别。用心去做，不管业务如何，个人素质一定会不断地提高，而素质提高也会带来相应的业务的提升。李杰很有感触的是创业以来自己的变化，初到杭州，他完全没有客户资源，只能一家家地登门拜访，而一见面客户往往要求他出示营业执照等证件，现在虽然他外表上变化不大，不过很少会有人再要求他这么做了。当问到寻找客户有什么秘诀时，李杰表示其实这和做销售很像，就是不断地跑客户，处处以客户为中心，把压力扛在自己的肩上，无论生意能否做成，一定不能失信于客户。如果说有什么秘密武器的话，那就是网络，李杰坦言网络使他们在寻找客户方面有了很多便利，这绝对是一种不可忽略的营销手段。

当然，创业过程中也不乏一些可遇不可求的事情，比如刚来杭州创业的时候，正好有一家客户生意遇到变故，把一间精装修的办公室无偿转让给李杰使用，这为他们节省了一笔不小的开支。这个客户成了李杰创业途中的“贵人”，至今还有业务往来。

接触过李杰的人不难发现，除了踏实肯干、不惧吃苦的特点外，李杰身上最引人注目的是他对于如何做人做事的看法：和人做生意，一定要想着让对方收益；多交朋友，做事情，目光要长远。这种经营思想让人联想起李嘉诚的经营哲学，这可能是所有会做生意的生意人的共同成功秘诀吧。在短短的三年时间里，李杰的公司不仅发展了数目可观的客户，同时也成功地将最初的那家不起眼的代理记账公司升级为目前的会计师事务所，可以预见不远的将来还有更多的机会在等待着他。

〔资料来源：https：// tieba. baidu. com/p/2328684545〕

一种“不会失败”的创业方法

专题四

小微企业创立和扩张的法律规定

当创业者已经论证了创业机会的商业价值，并决定放手一搏时，创业者需要做的下一件事情就是选择一种适合自己的企业组织形式，即一种法律形态。为此，创业者要了解中国企业的法律形态，研究比较每一种法律形态的特点，这将有助于创业者为自己的新企业选择一种最合适的法律形态。中国民营企业的主要法律形态包括股份有限公司、有限责任公司、外资企业、中外合资企业、中外合作企业、乡镇企业、股份合作制企业、合伙企业、个人独资企业、个体工商户、农村承包经营户等。

小微企业最常见的法律形态是个体工商户、个人独资企业、合伙企业和有限责任公司。下面将对其中几种具有较强代表性的企业组织形式进行详细介绍。

个人独资企业

《中华人民共和国个人独资企业法》规定，个人独资企业是指由一个自然人投资，财产为投资人个人所有，投资人以其个人财产对企业债务承担无限责任的经营实体。

一、个人独资企业的设立条件

(1) 投资人为一个自然人；
(2) 有合法的企业名称；
(3) 有投资人申报的出资；
(4) 有固定的生产经营场所和必要的生产经营条件；
(5) 有必要的从业人员。

二、个人独资企业的设立程序

申请设立个人独资企业，应当由投资人或其委托的代理人向个人独资企业所在地的登记机关提交设立申请书、投资人身份证明、生产经营场所使用证明等文件。委托代理人申请设立登记时，需要出具投资人的委托书和代理人的合法证明。

申请设立个人独资企业，设立申请书应当载明下列事项：

(1) 企业的名称和住所，企业的名称应与其责任形式及从事的业务相符合；
(2) 投资人的姓名和居所；
(3) 投资人的出资额和出资方式；
(4) 经营范围。

登记机关收到设立申请文件之日起 15 日以内，对符合规定条件的，予以登记并发给营业执照，营业执照的签发日期为个人独资企业成立日期。

三、个人独资企业的优势

(1) 企业的设立、转让和解散等手续简便，仅需向登记机关登记即可；

(2) 企业主独自经营，制约因素少，灵活性强，能迅速应对市场变化；

(3) 利润归企业主所有，无须与他人分享；

(4) 在技术和经营方面易于保密。

四、个人独资企业的劣势

(1) 当个人独资企业财产不足以清偿债务时，企业承担无限责任，投资人以其个人的其他财产予以清偿，因而有相当大的风险，举债要十分谨慎。

(2) 个人独资企业不易从外部获得信用资金，如果企业主资本有限，企业的规模难以扩大。

(3) 当所有者生病、失去工作能力或决定退休，此时若没有家庭成员、亲朋好友愿意并且有能力经营企业，这个企业就将终结。

对于希望迅速发展并获取巨大成功的新企业来说，独资企业通常不是合适的选择。

个人独资企业的开办

合伙企业

《中华人民共和国合伙企业法》规定，合伙企业是指由合伙人订立合伙协议，共同出资、合伙经营、共享收益、共担风险，并对合伙企业债务承担无限连带责任的营利性组织。

一、合伙企业的特征

(1) 由各合伙人组成。一个合伙企业至少由两个以上的合伙人组成。

(2) 以合伙协议为法律基础。合伙协议是合伙人建立合伙关系、确定合伙人各自权利和义务的法律契约，也是合伙企业得以设立的前提，是合伙企业的基础。没有合伙协议，合伙企业便不能成立。

(3) 内部关系属于合伙关系。所谓合伙关系，就是共同出资、合伙经营、共享收益、共担风险的关系。

(4) 合伙人对合伙企业的债务承担无限连带责任。

二、合伙企业的设立条件

设立合伙企业，必须具备下列条件：

(1) 有两个以上合伙人。由一个人成立的企业不是合伙企业，必须有两个以上的合伙人，并且都是依法承担无限连带责任者，合伙人必须具有完全民事行为能力。

(2) 有书面合伙协议。合伙协议由全体合伙人通过协商，共同决定相互间的权利和义务，达成具有法律约束力的文件。

合伙协议应当载明下列事项：

① 合伙企业的名称和主要经营场所的地点；

② 合伙目的和合伙企业的经营范围；

③ 合伙人的姓名及其住所；

④ 合伙人出资的方式、数额和缴付出资的期限；

⑤ 利润分配和亏损分担办法；

⑥ 合伙企业事务的执行；

⑦ 入伙与退伙；

⑧ 合伙企业的解散与清算；

⑨ 违约责任。

(3) 有各合伙人实际缴付的出资。合伙协议生效后，合伙人应当按照合伙协议约定的出资方式、数额和期限履行出资义务。合伙人必须用自己的合法财产及财产权利出资，其可以用货币、实物、知识产权、土地使用权或者其他财产权利出资，经全体合伙人协商一致，也可以用劳务出资。对货币以外的出资需要进行评估作价的，可以由全体合伙人协商确定，也可以由全体合伙人委托法定评估机构进行评估，其评估方法由全体合伙人协商确定。各合伙人按照合伙协议实际缴付的出资，为对合伙企业的出资。

(4) 有合伙企业的名称。合伙企业的名称中不得使用“有限”或“有限责任”字样。

(5) 有经营场所和从事合伙经营的必要条件。

三、合伙企业的设立程序

设立合伙企业，应当由全体合伙人指定的代表或者共同委托的代理人向企业登记机关提交登记申请书、合伙协议书、合伙人身份证明等文件(法律、行政法规规定须报经有关部门审批的,应当在申请设立登记时提交批准文件)。

合伙企业确定执行合伙企业事务的合伙人或者设立分支机构的,登记事项还应当包括执行合伙企业事务的合伙人或者分支机构的情况。合伙企业设立分支机构的,应当向分支机构所在地的企业登记机关申请登记,领取营业执照。

申请设立合伙企业,应当向企业登记机关提交下列文件:

(1) 全体合伙人签署的设立登记申请书。

(2) 全体合伙人的身份证明。

(3) 全体合伙人指定的代表或者共同委托的代理人的委托书。

(4) 合伙人的书面协议。

(5) 出资权属证明。

(6) 经营场所证明。

(7) 国务院工商行政管理部门规定提交的其他有关批准文件。

营业执照的签发之日,为合伙企业成立日期。合伙企业领取营业执照前,合伙人不得以合伙企业名义从事经营活动。

四、合伙企业的优势

(1) 建立合伙制企业比较容易且费用低,由于出资的增加,扩大了资本来源和企业信用能力。

(2) 合伙企业具有高度的灵活性,合伙人具有不同的专长和经验,能够发挥团队优势,各尽所能;如果合伙人拥有互补性的知识和技能,则将大大增强企业经营的成功率;合伙人能够以他们选择的任何方式决定其利润和责任的划分。

(3) 由于资本实力和管理能力的提高,企业的经营规模可能扩大。

五、合伙企业的劣势

(1) 在合伙企业存续期间,如果某一合伙人有意向合伙人以外的人转让其在合伙企业中的全部或部分财产份额时,必须征得其他合伙人的一致同意。

(2) 当合伙企业以其财产清偿合伙企业债务时,其不足部分由各合伙人用个人财产承担无限连带责任。

(3) 合伙企业的融资能力仍然有限。

合伙企业的开办

有限责任公司

《中华人民共和国公司法》(以下简称《公司法》) 规定,有限责任公司是指由50人以下的股东共同出资,每个股东以其所认缴的出资额对公司承担有限责任,公司法人以其全部资产对公司债务承担全部责任的经济组织。有限责任公司是一种比较普遍的企业法律形式。

一、有限责任公司的特征

(1) 股东责任的有限性。有限责任公司的股东对公司所负的责任,仅以认缴的出资额为限,对公司的债务不负直接责任。如果公司的财产不足以清偿全部债务,股东不需要以超过自己出资以外的个人财产为公司清偿债务。

(2) 股东人数的限制性。有限责任公司的股东人数为50人以下。

(3) 有限责任公司是企业法人。个体工商户不是企业,不具备法人资格;个人独资企业和合伙企业虽然属于企业,但也不具备法人资格,不是企业法人;而有限责任公司具备企业法人资格。

二、有限责任公司的设立条件

根据《公司法》的规定,设立有限责任公司应当具备下列条件:

(1) 股东符合法定人数,即由50人以下股东共同出资设立,股东可以是自然人,也可以是法人。一个自然人或法人也可以设立一人有限责任公司。现行《公司法》允许一个自然人投资设立有限责任公司,是一个新突破。

(2) 股东出资需达到法定资本的最低限额。法定资本又称注册资本,是公司称为法人的基本特征之一,也是企业承担风险的资本保证。现行《公司法》取消了按照公司经营范围和行业性质区分最低注册资本额的规定,将有限责任公司的最低注册资本额一律降为3万元,其中货币出资额不得低于公司注册资本额的30%,并允许按照规定的比例在两年内分期缴清出资。公司全体股东的首次出资额不得低于注册资本额的20%,也不得低于法定的注册资本最低限额,其余部分由股东自公司成立之日起两年内缴足。其中,投资公司从宽规定可以在5年内缴足。股东的出资方式可以是货币,也可以是实物、工业产权、非专利技术、土地使用权。股东对以实物、工业产权、非专利技术或者土地使用权出资的,必须进行评估作价,核实财产,不得高估或者低估作价,全体股东的货币出资额不得低于注册资本的30%。股东全部认缴出资后，必须经法定的验资机构验资并出具证明。有限责任公司成立后发现作为出资的实物、工业产权、非专利技术、土地使用权的实际价额明显低于公司章程所定价额的，应当由交付该出资的股东补交其差额。公司设立时的其他股东对其承担连带责任。

(3) 股东共同制定公司章程。有限责任公司的章程由股东共同制定，所有股东在章程上签名、盖章，公司章程应当载明下列事项：① 公司名称和住所；② 公司经营范围；③ 公司注册资本；④ 股东的姓名或者名称；⑤ 股东的权利和义务；⑥ 股东的出资方式和出资额；⑦ 股东转让出资的条件；⑧ 公司的机构及产生办法、职权、议事规则；⑨ 公司的法定代表人；⑩ 公司的解散事由与清算办法；⑪ 股东认为需要规定的其他事项。

(4) 有公司名称。建立符合有限责任公司要求的组织机构(公司名称须向工商行政管理机关申请预先登记)。有限责任公司在设定自己的名称时，必须在公司名称中标明“有限责任公司”或者“有限公司”字样。有限责任公司的组织机构由股东会、董事会(执行董事)、监事会(监事)组成。公司法定代表人依照公司章程的规定，由董事长、执行董事或者经理担任，并依法登记。公司法定代表人变更，应当办理变更登记。

(5) 有公司住所、固定的生产经营场所和必要的生产经营条件。

三、有限责任公司的优势

(1) 有限责任公司的风险较小，股东只以其出资额对公司承担有限责任，与个人的其他财产无关。因而如果公司破产，股东无须以个人财产作为债权清偿。

(2) 企业具有永续性。有限责任公司具有独立的续存时间，除非因破产或注销，否则不会因个别股东的意外而消失。

(3) 经营管理规范。与个人独资企业和合伙企业相比，公司的所有权与经营权分离，可以聘任经理人员管理公司，能更好地适应市场竞争。

(4) 企业信用较高。有限责任公司拥有独立的一定数额的注册资本，其信誉和地位比个人独资企业、合伙企业要高。

有限责任公司由于具有合伙企业的优点和公司所具有的法律保护的特点，所以近年来越来越受到创业者的欢迎，是一种非常有前途的企业组织形式。

四、有限责任公司的劣势

(1) 有限责任公司设立程序比较复杂，注册时要提供比较详细的资料，要有公司章程。

(2) 创办费用和注册资本较高，即便注册资本降低为3万元，这仍然是个硬性要求。

（3）为了规范公司治理结构，政府对公司的限制较多，法律法规的要求也较为严格。例如，有限责任公司必须按照《公司法》的有关规定设立组织机构，依照法律、行政法规、公司章程的规定行使职权。

有限责任公司的开办

企业兼并

企业兼并是企业在市场经济体制下的高级商务活动，是企业迅速扩张或获取优势的有效手段。规范化的企业兼并应是在产权交易市场上完成的，应当遵守一定的兼并程序。

一、企业兼并程序

规范的企业兼并程序包括如下步骤：

（1）申请登记。

具有兼并意愿的企业进入产权交易市场，通过登记介绍自己的资料、兼并要求、被兼并条件等，分别成为兼并企业和被兼并企业。兼并企业进行“买方登记”，被兼并企业进行“卖方登记”。产权交易所将企业的有关资料进行归纳整理，形成信息网络。

（2）挂牌上市。

兼并企业和被兼并企业进入产权交易市场后，将企业概况、企业资产、经营情况、债权、债务等信息输入产权网络后，由主管机构或其他中介机构进行可行性论证，保证兼并行为在经济上可行，并符合国家政策和法律规范。然后通过具有资产评估资格的主管机构或中介机构，对被兼并企业的资产、债权、债务等方面进行公正、有效的资产评估，并在提交资产评估报告后挂牌上市。

（3）查询洽谈。

兼并企业经查询如发现有合适的对象或有意愿将被兼并企业作为对象目标，可以与目标企业进行洽谈。

（4）成交价格的确定。

兼并双方以资产评估机构确定的资产价格为基础，综合其他相关因素，进行平等谈判，以谈判的结果作为成交价。或者经过市场的招标、投标，公开竞争形成。

(5) 签约。

兼并对象和成交价一经确定,兼并双方就可以开始协商、起草正式兼并协议书,并签订兼并协议。通常产权交易所也作为中介机构参与兼并协议的签字。

(6) 审批和公证。

正式的兼并协议应经有关部门审查和公证机关进行法律公证。

(7) 结算交接。

按照兼并协议规定,办理被兼并企业的房产、土地使用权及各种遗留合同的变更手续,办理资产交接手续以及兼并企业转让费的支付手续等。

(8) 发布兼并公告。

二、兼并企业过程中的有关工作

企业兼并是企业的战略动作,其成功与否关系着企业的长远利益,因而兼并过程必须谨慎仔细,每一步骤都有大量的工作需要开展。

1. 兼并前的准备工作

由于兼并涉及很多经济、法律、政策等方面的问题,很多内容不仅专业性强,且工作量大而复杂,所以在企业兼并前应该做好以下几方面工作。

(1) 聘请有关财务公司、律师和会计师等专家组成兼并小组

由于兼并会涉及很多财务、会计和法律方面的问题,在兼并中有财务顾问、会计师和律师的参与,并得到他们的帮助,有利于处理好兼并中可能产生的一些复杂的事务,简化兼并过程。如通过会计师可以为公司查验财务账目,并为其做财务报告,为公司确定和调整兼并价格起到重要的参考作用。通过律师不仅可以处理一些在兼并过程中发生的法律问题,还可以为兼并双方营造一个良好的谈判氛围。通过财务顾问可以为公司的兼并提供咨询和中肯的建议。因此,公司在兼并行动前的首要任务就是聘请专家成立兼并小组。

(2) 确定目标公司并与之初步协商

兼并对象的确定是兼并过程中重要的一环。它对后期兼并工作的开展有着深远的影响。兼并对象初步确立后,如何去了解和掌握对方的有关资料直接关系着兼并成功的可能性。因而在确定了兼并对象后,就要与对方的负责人接触、洽谈兼并的可能性及可能的价格和方式,并达成初步意向。该意向可以通过意向书、备忘录或原则协议的形式记录下来,以作为初步谈判的成果和进一步谈判的基础。

(3) 调查

当兼并双方达成初步意向后,兼并方要对被兼并方进行调查了解,掌握被兼并方的相关事宜。兼并方通过调查来查证、核实目标公司所提供的资料的真实性，并发现现在或将来可能发生的问题。调查内容包括目标企业出售的动机，国家对相关产业的有关规定、标准，目标企业的章程、合同契约，目标企业的业务状况、发展潜力和利润增长点，目标企业的资产负债表、损益表等。

2. 兼并合同的安排

如果是吸收兼并，兼并协议须载明如下内容：

（1）兼并双方的公司名称，谁是兼并方、谁是被兼并方，存续公司的名称；

（2）兼并的条款和条件，把被兼并公司的股份转换为存续公司或其他公司的股份、债务或其他证券，或者全部或部分地转换为现金或其他财产的方式或基础；

（3）由于兼并而引起存续公司的公司章程的任何更改的声明；

（4）选择何种兼并途径。

如果是新设合并，合并协议须载明如下内容：

（1）合并双方的公司名称，新设公司的公司名称；

（2）合并的条款和条件；

（3）把原每个公司的股份转换为新设公司的股份、债务或其他证券，或者全部或部分地转换为现金或其他财产的方式或基础；

（4）新设公司的公司章程和其他条款；

（5）被认为对拟进行合并所必需的或合适的其他条款。

3. 兼并协议的批准

兼并需要通过具有表决权的股东的多数批准方为有效。

4. 兼并各方签订兼并合同

兼并合同一般载明如下事项：

(1) 存续公司合同内容

① 存续公司增加股份总数、种类和数量；

② 存续公司对消失公司的股东任何分配新股的规定；

③ 存续公司应增加的资本额和关于公积金的事项；

④ 存续公司应支付现金给消失公司的股东的具体规定；

⑤ 各方召开股东大会批准该合同的时间；

⑥ 进行兼并的具体时间。

(2) 新设合并合同内容

① 新设公司发行股票的种类和数量；

② 新设公司的总部所在地；

③ 新设公司的资本额和公积金的规定；

④ 合同各方召开股东大会批准该合同的时间及新设公司的成立时间。

5. 兼并合同签约后的事项

兼并合同一经股东大会批准，应在规定的时间内到政府有关部门登记。同时，存续公司要进行变更登记，新设公司进行登记注册，被解散的公司进行解散登记。只有在有关部门登记注册后，兼并才正式生效。兼并合同一经生效，因之而解散或消失的公司的一切资产和债务一概由存续公司或新设公司承担。

企业兼并

企业托管

企业托管是指企业资产所有者将企业的整体或部分资产的经营权、处置权，以契约形式在一定条件和期限内，委托给其他法人或个人进行管理，从而形成所有者、受托方、经营者和生产者之间的相互利益和制约关系。

托管经营通过“外在于”企业的经营者投入一定数量的启动资金，并把有效的经营机制、科学的管理手段、科技成果、优质品牌等引入企业，对企业实施有效管理。同时，托管经营过程中受托方凭借自身的管理和资金优势获取一定的经济回报。托管经营的实质是企业的所有权与经营权分离，通过市场对企业的各种生产要素进行优化组合，提高企业的资本营运效益。托管经营有利于进一步促进企业政企分开；有利于明晰企业产权关系；有助于市场经济的实施。应该说托管经营是企业改造的重要方式。

一、企业托管的形式

(1) 整体托管经营。微利或亏损的小微企业一般可以实行整体托管经营，即将整个企业交给受托方进行经营。

(2) 分层托管经营。大型企业可以对其下属的分厂或车间化整为零、分而治之，实行分层式托管经营。

(3) 部分托管经营。可从企业中划出几条生产线、几个生产车间，对其实行托管经营。

(4) 专项托管经营。对企业中的某项业务，如产品生产组织或产品销售、产品设计等单个环节实行托管经营。

（5）企业的债务、债权托管。

二、托管经营的模式

（1）企业产权的托管经营。托管经营以企业产权为标的物，委托方当事人依据一定的法律法规和政策，通过与受托方签订合同，以一定的条件为前提，以一定的代价作为补偿，将企业的全部财产权让渡给受托方处置。企业产权的托管经营实质上是一种非公开市场的企业产权交易。在产权市场没有得到健全与完善的条件下，这成为产权流通的一种变通方式。

（2）国有资产的托管经营。该种托管是指政府授权的国有资产管理部门，以国有资产所有者代表的身份，将国有企业和公司制企业的国有资产通过合同形式委托给受托方当事人。由于所有制性质决定，在这种托管经营中，托管的标的物只能是企业的经营权，而不是企业的财产权。这是一种以短期产出为运作目标的经济行为，受托方当事人只能在合同约定的范围内，通过对托管企业经营机制的转换以及采取其他手段，使国有资产保值和增值。

（3）国有企业的托管经营。该种模式是由特定的部门或者机构，将一部分亏损的国有中小企业接管，通过全面的改造，改变原有的企业结构和资产结构，从而实现资源的再配置。受托管方对托管企业是全面的接受，包括企业的全部财产、全部职员和债务。

三、企业托管的特点

（1）托管双方当事人是特定的主体。委托方通常是托管企业的所有者，一般指托管企业的开办单位、主管部门或出资者，一般以实际出资者作为托管企业的委托方。当托管企业为股份制企业或者股份合作制企业时，企业的托管经营属于其经营重大事项，其决定权不归企业经营者所有，必须由股东董事会行使。

（2）托管企业具有相对独立性。企业托管之后已经改变了原有的经营方式，在一定程度上企业的财产使用权发生了变化。但是，由于企业并未发生所有权的转移，企业托管与企业兼并不同，企业仍然保留原来企业的名称和经济性质，也不同于企业租赁，即只保留企业财产所有权，不保留原企业职工和独立核算制度。企业被托管之后，托管方与托管企业发生的经济往来，应属一般的经济关系，使用相应的经济法律、法规来调整。

（3）托管合同只是内部合同，只是对托管方和委托方当事人发生相应的法律效力，不具有对抗第三人的法律效力，托管企业的债权债务并不发生转移。因企业托管经营不涉及要办理工商登记手续，因而对托管企业的债权人来讲无法发生公示效力。对于托管前或在托管期间内发生的债务，债权人都只能向托管企业进行追偿。托管方与委托方当事人之间只是一种委托的法律关系，一般情况下托管方当事人不承担连带责任。

四、企业托管的作用

(1) 企业托管是企业产权制度改革方面的一种探索，是企业整顿、重组的重要实现形式。

(2) 企业托管是降低管理成本、提高资本质量、出售与治理并重的重要途径。

(3) 企业托管是参与资本市场融资、筹集企业重组资金的有效渠道，有利于拓宽外资引进。

(4) 企业托管是企业引入有效的经营机制、科学的管理手段、科技成果、优质品牌等的便利模式。

(5) 企业托管是市场对企业的各种生产要素进行优化组合，提高企业的资本营运效益的重要方式。

五、托管经营的操作程序

在我国一般可分为以下五个步骤进行：

(1) 资产评估。国有资产管理部门组织资产评估小组对拟实行托管经营的企业国有资产进行评估，并以评估后的净资产值作为托管资产价值总额和国有资产保值增值的基础。

(2) 组织招标。由被托管企业的主管部门会同国家经济体制改革委员会等政府有关部门组成招标投标评审委员会，向社会公布托管经营招标信息。

(3) 投票评审。由招标评审委员会对各托管经营投标进行资格评审并提出评审意见，资格评审的内容有：经国有资产部门或其委托的社会中介机构认可的可供抵押的资产(一般地，受托方提供的抵押资产价值应高于委托目标值30%；受托方缴纳保证金的，其金额可低于提供抵押资产的价值但不得低于目标委托值)和担保人的资信情况(国家机关、有财政拨款的事业单位和社会团体以及企业法人的分支机构不得作为担任人)；有合理的资产负债比例；有适应市场变化的经营能力和经营效益；有良好的企业形象和信誉。

(4) 签订托管经营合同。委托方和受托方在对托管经营目标、经营方案、风险责任和利益分配等合同条款达成一致意见的情况下，签订托管经营合同。合同期限一般为5年左右。

(5) 取得法定资格。托管经营合同签订和公证后，由委托方向受托方颁发托管经营书，并到相应级别的工商行政管理部门办理企业法定代表人的变更和确认手续。

企业托管

资料链接

李彦宏：给年轻创业者的七条忠告

第一招向前看两年

当年李彦宏在美国抛弃唾手可得的博士帽而艰苦创业的时候，美国IT界最火的是电子商务。无数人拼了老命想要挤上这辆被看好的网络列车，甚至不惜抛掉自己熟悉的行业。

李彦宏没有跟随大流进入电子商务领域，而是悄悄走到了尚少有人问津的网络搜索领域。因为他看到了搜索对网络世界可能产生的巨大影响。

李彦宏告诫跃跃欲试的年轻人：一定要有向前看两年的眼光。跟风、赶潮流，你吃到的很可能只是残羹冷炙。

第二招少许诺多兑现

“这个项目多久可以完成？”“6个月。”“4个月行吗？给你加50%的报酬。”“对不起，我做不到。”

这是在李彦宏创业之初和一个客户的一次对话。后来，这个客户告诉他，对于李彦宏的拒绝，他感到非常满意，因为这反映出李彦宏是一个很真实和稳重的人，这样他的产品在质量上一定会有保证的。

第三招不需要钱的时候借钱

在创业过程中，“有钱走遍天下，无钱寸步难行”是颠扑不破的真理。在美国硅谷里，每天都有公司因为有了风险投资而开山立派，每天也都有公司因为囊中羞涩而关门大吉。李彦宏认为，一定要在不需要钱的时候去向投资人寻求投资。

用一年的时间来做半年的事情，这是李彦宏的风格。他认为，这样可以保证有一半的钱仍然在自己的掌握当中。在这样的情况下去向投资人借钱，你就会立于不败之地。因为“就算借不到，我的公司也不会马上垮掉”。

“不要轻易将主动权交给投资人，在创业的过程中没有人会乐善好施。”李彦宏告诫创业的青年人，“一定要在尚不缺钱的时候借到下一步需要的钱”。

第四招分散客户

在创业的初期,创业者常常会因为有了一两个固定的大用户而偷笑不止。“或许不久就是想哭都哭不出来了。”李彦宏这样说。

他刚回国创业的时候,公司主要是服务于几大门户网站。这几大网站占据了公司收入的10%以上,任何一个客户的流失,都会对公司的效益造成极大的影响。

“命运只能掌握在自己手中,绝不能操纵在别人手中。”

第五招不要过早地追求赢利

过早地实现赢利就是在大量地缩减对技术的投入。

李彦宏认为,一个创新的公司,在技术上一定需要大规模的投入。这样才能使自己在技术上一直处于领先甚至于垄断的地位。而这种领先在今后一定会带给企业大的回报。牺牲企业的长远利益宣布赢利,是不理智的行为。

第六招专注自己的领域

从1999年公司成立到现在,4年的时间里,互联网世界沧海桑田,“网络游戏”“短信平台”纷纷强势登场,不少人捷足先登,赚得盆满钵满;不少人跟风而动,也摔得头破血流。而李彦宏说他只在做一件事:搜索。

他说不少人曾鼓动他向网络游戏、短信等领域涉足,但李彦宏并没有这样做。在他眼里,自己的公司,自己的领域还有很深的潜力可以挖掘,自己目前要做的只是将搜索这一个领域不断翻新。

“在今后的若干年,百度也将只在搜索领域发展。”李彦宏如是说。

第七招保持激情

一个创新的过程,绝对不是一个一帆风顺的过程。如果没有足够的热爱和激情,创业者将是很难坚持下去了。所以,李彦宏对青年创业者们说,先确保你对这个事业的热爱和激情,然后再创业吧。

“我选择放弃博士学位来进行创业,并不是为了钱,而是真的出于对这个行业的热爱。同时,我也并非完全不考虑钱的因素,但我始终坚信:在今天的社会中,只要你给了社会好的产品,社会一定会给你更多的回报。”

〔资料来源:http://www.docin.com/p—1559665655.html〕

中国创业史上十大悲情案例大盘点

昙花一现,注定是一个令人唏嘘的故事。

从备受赞誉的创业明星到万人指责的“霸道女总裁”,神奇百货CEO王凯歆用了不到半年时间。这位刚满18岁的女孩和她一手创办的神奇百货的遭遇,成为中国互联网创业历史中那些曾经红极一时却又匆匆陨落公司的一个缩影。

回顾过去这些年，资本和媒体为风口上的创业者们“摇旗呐喊”，把一大批风口下的创业者们吹到了天上。如今，无论是90后创业者，还是70后80后创业者，一大批创业公司正在迅速跌落创业神坛，令人感慨。

我们不妨把镜头拉得更远。细数下来，从1999年中国第一家大学生创业公司“视美乐”到如今“霸道女总裁”王凯歆和她的神奇百货，互联网创业的火苗在中国大地上燃烧了17年。这期间不少曾经备受追捧的创业者以及明星公司，他们如同一颗彗星，有过璀璨但最终陨落，构成了中国创业史上悲情的一幕。

视美乐：国内第一家大学生创业公司，创始人被“夺权”

视美乐创始人邱虹云有着清华“爱迪生”之称，也曾被誉为“中国大学生创业第一人”。

1999年3月，邱虹云与同学组队参加了清华大学第二届学生创业计划竞赛，之后又参加了全国大学生创业计划竞赛的决赛，获得了金奖。同年5月，视美乐诞生，注册资金50万元。其核心技术为多媒体超大屏幕投影电视，被专家称为“具有革命意义的产品”。

【资本追捧】1999年年底，视美乐拿到了上海第一百货的250万元风险投资，出让了30%股权，需要指出的是，这是国内第一笔风险投资。后来，邱虹云的事迹经众多媒体报道后引发反响，轰动一时。在2000年前后涌起的中国大学生创业第一批浪潮中，邱虹云是必被提到的人物。

然而，备受资本追捧的视美乐最终“栽倒”在资本手里。

2000年4月25日，视美乐公司与青岛澳柯玛集团有限责任公司共同组建北京澳柯玛视美乐信息技术有限公司，注册资金3 000万元，双方各占50%的股份。原视美乐公司的主要技术人员全部进入澳视公司。

【跌落神坛】经过多番折腾之后，青岛澳柯玛集团后来控股澳视70%的股份，三位视美乐创始人只作为小股东存在，相继退出了公司管理层。最终，这次创业以3位创始人陆续离开公司为结尾，邱虹云也渐渐淡出了大众视野。而随着澳柯玛侵占上市公司资金案发，视美乐也从此一蹶不振。

亿唐：国内最早的“O2O”模式，“烧”钱停不下来

1999年，正值第一次互联网泡沫破灭前夕，亿唐诞生。

【资本追捧】被当时舆论捧为中国互联网先驱的亿唐可谓是含着“金钥匙”出生，一出世就从两家著名美国风险投资手中拿到两期共5 000万美元左右的融资，这是当年中国互联网领域数额最大的私募融资案例之一。

亿唐算是国内O2O模式的鼻祖，当时宣称自己不仅仅是互联网公司，还是一个“生活时尚集团”—— 致力于通过网络、零售和无线服务创造和引进国际先进水平的生活时尚产品，全力服务所谓“明黄e代”的18～35岁之间、定义中国经济和文化未来的年轻人。

【快速扩张】随后,亿唐网迅速在各大高校攻城略地,在全国范围快速“烧钱”:除了在北京、广州、深圳三地建立分公司外,亿唐还广招人手,并在各地进行规模浩大的宣传造势活动。当时备受资本追捧的亿唐根本“不差钱”,所以“烧”起钱来毫不手软。

【跌落神坛】可是,过度宣传和缺乏基础的功能拓展,使得亿唐网除了邮箱服务在当时的市场上还略有影响力外,其余服务都不值一提。亿唐网曾试过转型,却依旧找不到出路:合作生产内衣、背包、开发SNS网站……最后,钱烧完,亿唐网还是没有自己的拳头产品,更没有盈利,最终只能匆匆落幕。

港湾网络:华为曾经的“心头之患”

2000年,在华为提出“内部创业”的大背景下,时任副总裁的李一男离开华为,北上创办了港湾网络。

【资本追捧】李一男的“华为背景”以及身上的“天才CEO”标签,让港湾网络在资本市场上备受青睐。2001年5月,国际著名风险投资机构华平和总部在香港的龙科创投一共向新生的港湾公司投资了1 900万美元。

【快速扩张】除了热钱,港湾网络还吸引了不少华为人才。在李一男创办港湾的第一年,也就是2001年,就已有上百号华为研发和市场体系核心骨干加盟港湾。因此当时港湾有着“小华为”之称。

2003年,港湾网络突破了10亿元的销售规模,进入了鼎盛时期,之后更是开始筹划赴美上市的计划。

【跌落神坛】与此同时,港湾网络与华为的竞争也渐趋白热化。早期任正非对港湾网络的态度是支持的,但后来港湾网络越来越威胁到了华为,于是下达了“追杀令”。2004年,华为专门成立了“打港办”,专门针对港湾实施一系列屠杀政策。当年华为区域销售一旦遇到港湾,就必须赢下单子,否则就会被华为扫地出门。以华为强大的资本实力,港湾被打得落花流水。

此后港湾网络几度失利,不仅因销售数据涉嫌造假的匿名举报导致赴美上市搁浅,此前公司从华为挖来的人,也开始被华为挖回。当时港湾网络人力资源部甚至还专门制作了“港湾网络防员工反水教案”的PPT,以防止华为旧将回流。

2006年,李一男和华为之间的纠葛终于以华为收购港湾网络告终。如今,十多年过去了,港湾网络已不复存在。

博客网:中国Web 2.0“先烈”

2002年,有“中国互联网第一人”之称的方兴东创立了“博客中国”,作为曾经Web 2.0时代的一个标杆,这家公司当时一度被吹捧为引领着国内互联网发展的“旗手”

【资本追捧】当年博客风潮正兴起，站在风口的“博客中国”自然也遭到了资本的疯抢。2004 年，“博客中国”获得了盛大创始人陈天桥和软银赛富合伙人羊东的 50 万美元天使投资。时隔一年，“博客中国”又获得软银赛富等多家著名风险投资公司 1 000 万美元的投资，引发了国内 Web 2.0 的投资热潮。

【快速扩张】后来，“博客中国”更名为“博客网”，并宣称要做博客式门户。然而在后来的发展中，这家公司却让公众和投资者大跌眼镜。当时着急上市的博客网不惜进行了疯狂扩张，在短短半年的时间内，员工就从 40 多人扩张至 400 多人，结果导致 60% ～ 70% 的资金都用在人员工资上。此外，博客网还在视频、游戏、购物、社交等众多项目上大把烧钱，千万美元很快就被挥霍殆尽。

【跌落神坛】更致命的是，随着新浪等门户网站推出博客产品线，博客在自媒体领域一枝独秀的风光不再，博客网渐渐被边缘化。当“上市梦”变得遥不可及，博客网人事也开始出现了剧烈动荡，高层几乎整体流失，而方兴东本人的 CEO 职务也被一个决策小组取代。

到 2006 年年底，博客网的员工已经缩减恢复到融资当初的 40 多人。2013 年，这家网站关闭所有免费博客，正式寿终正寝。

Mysee：创始人虚荣“作死”

创办于 2005 年的 Mysee 是国内最早的视频网站之一，这家公司曾联合各大门户网站、电信运营商为国内外 50 余次的大型活动进行了网络直播，一时风头无两。

【资本追捧】2003 年 7 月，生于 1981 年的高燃从清华大学新闻系本科毕业，之后创业做了一家 B2C 电子商务网站，但以失败告终。2005 年 2 月，高燃与同在创业的清华同学邓迪创立 Mysee.com。Mysee 成立初期获得远东集团蒋锡培 100 万元的投资，后又获得北极光和赛伯乐等共 200 万美元的投资，高燃经媒体宣传迅速成为 80 后心目中的创业偶像。

然而接下来的事情，却是所有投资人都没有想到的。

【快速扩张】Mysee 烧钱速度之快，令人咋舌，几十个人的团队每个月要烧掉 100 多万元，办公室光装修就花去 100 多万元，还要花大量的资金购买视频内容，这在十多年前是不可想象的。8 个月时间，200 万美元的投资款消耗殆尽。

【跌落神坛】更为荒唐的是，作为创始人和公司总裁，高燃总是默许媒体夸大事实，融资 200 万美元变成了融资 1 000 万美元。投资人抱怨，高燃最关注的只是自己的知名度和形象，他到处演讲，宣扬创富成就，但只为自己做市场，不为公司做市场。在投资人看来，高燃拿投资人的钱去包装自己，甚至还有其他的用途，并没用真正用心做企业。

2006年,Mysee业绩仍毫无起色,高燃被迫辞职,曾经的京城IT四少,最终留下的是一身骂名。

PPG:沦为国内互联网最大投资笑话

在中国商业史上,PPG绝对称得上是一朵“奇葩”,其从辉煌到陨落的过程有如一出连续剧。

【资本追捧】PPG成立于2005年,业务模式是通过互联网售卖衬衫。轻资产、减少流通环节的概念,加上狂轰滥炸的电视、户外广告,PPG迅速建立起了市场领导者的地位,成为媒体和资本疯狂追捧的对象。

2006年第三季度,PPG获得了TDF和集富亚洲的第一轮600万美元的联合投资。2007年4月,PPG获得了第二轮千万美元的投资,除了第一轮的投资方追加投资之外,还引入了凯鹏华盈。当时电子商务在VC投资圈非常吃香,而PPG算是其中的佼佼者,称得上绝对的明星项目。

然而从2007年底开始,PPG的问题开始浮现,比如拖欠货款、货品质量投诉等,但PPG仍然受到了数家风投机构的追捧,三山投资公司击退其他竞争对手,向PPG投了超过3 000万美元的资金。三山投资宣称选择PPG是因为很看好其市场、模式及团队,并透露PPG已计划于2009年初去美国纳斯达克上市。

【跌落神坛】2009年年末,PPG的商业神话戛然而止。PPG整个商业链条破裂,之前PPG自得的所谓又国际化又本土化的梦幻团队也土崩瓦解,创始人李亮抛下一个去美国发展的谎言就神奇地失踪了。曾有媒体在2009年互联网大会上评选出5年来投资最失败网站,PPG名列榜首,成为近几年来中国互联网最大的投资笑话。

24券:创始人与投资人“反目成仇”

翻开国内团购网站发展史,24券是无法跳过的一页。

创始人杜一楠,麻省理工学院电子工程学士、硕士、经济学学士,哈佛大学MBA(中途休学),曾任美国最大的私募产权基金之一的KKR的投资经理,回国之后进行创业,打造了24券团购网站。

【资本追捧】作为国内最早、规模最大的本地服务团购平台之一,24券头上顶着不少“光环”,也曾备受媒体和资本追捧。从2011年春节到8月份,24券先后拿到了两轮融资,其中第二轮金额高达千万美元,投资方有马来西亚成功集团等机构。

【快速扩张】随后,24券开始了疯狂扩张,结果造成了严重的亏损。由于资金运转严重亏损,而一时间又无法迅速收回账款,无奈之下杜一楠选择了裁员,4 500人团队迅速缩减至300人的规模。

【跌落神坛】后来,杜一楠找到马来西亚投资方,希望对方能继续追加投资,但遭到了拒绝。杜一楠以保障员工利益为由划走了公司账户中的200万美元。作为回击,投资方撤出了已经注入开曼注册公司(24券为VIE结构)的230万美元,最终,双方信任关系彻底破裂。经历漫长的停运后,2013年1月,24券正式关闭。

回过头看,这场悲剧的直接原因在于创始人和资本方的内讧。创始人欲扩大24券的经营规模,而投资人却无法完全信任创始人,最终没有谈拢,结果一拍两散。

泡否:马佳佳红了,项目死了

在王凯歆之前,马佳佳无疑是90后女生创业者的"代言人",这个1990年出生、毕业于中国传媒大学的女生曾经是云南省的高考语文状元,然而真正让她走红的却不是"学霸"的身份。

【资本追捧】自2012年从中国传媒大学毕业之后,马佳佳就进入成人性用品行业,一年多时间就带着泡否情趣用品店,从北京东五环传媒大学旁的小吃街上二十平方米的小门脸一路"杀"到了三里屯商区。之后,马佳佳成立了北京泡否科技有限公司,上线了情趣用品商城,还获得了600万元天使投资,一举成名。

高考状元、创业、美女、性,凭借着身上极具噱头的标签和大胆的言论,马佳佳一跃成为90后创业者的"先锋代表"。她曾说:"我不想做等待宠幸的妃子,旧女性取悦男人,新女性消费男人。"2014年2月15日,马佳佳受邀万科演讲,放言"房地产迟早被颠覆,90后压根就不买房",在房地产界开炮。

成名之后的马佳佳出席各种场合,四处传授营销学。2015年,马佳佳在TEDxchongqing上进行了一场题为"绝望的大学生"的演讲,迅速引爆舆论,马佳佳和她的创业故事也成为人们讨论的热点话题。

【跌落神坛】马佳佳风光无限,但泡否的生意却不容乐观。在其他互联网企业大肆扩张之时,泡否在北京的实体店只剩下位于三里屯SOHO一家,而网上的销售也未见起色。如今,一年过去了,马佳佳的泡否科技已经关闭,融资状态还停留在2014年年初,爆红一时的马佳佳也渐渐淡出了公众视野。

超级课程表:找不到投资人接盘

"霸道总裁"余佳文成名于央视《青年中国说》节目,因为一句"我们公司只招90后,明年一个亿利润分给他们"而声名大噪。在他的演讲中,"剧情"跌宕起伏:公司破产投资人撤资,自己查出淋巴瘤,然后打动了员工不拿工资陪着他没日没夜地干活。结果是,业绩翻了几倍,淋巴瘤是误诊。此外,他本人公开的教育信息显示,这位CEO一口气考上了5个大学,从2010年到2014年,以一年一所的节奏覆盖了多地区,跨越了一本二本三本及重点名校。

【跌落神坛】然而,质疑之声也随之而来,网友对余佳文的质疑与负面爆料此起彼伏,问题主要集中在“超表用户数据造假”“阿里巴巴数千万美元投资数额可疑”“超表盈利能力不足”,更有甚者以余佳文的行为举止为依据对其展开攻击等等。

2015 年底,余佳文在央视《开讲啦》节目中又放豪言,“年轻人的企业就是玩出来的,不必过于认真。”在之后的一次采访中,余佳文把两次在央视的“口出狂言”都归结为工作的一部分,“想到用一些野路子进行营销”。

经过这几次风波,余佳文已然成了过度包装创业者的代名词,而当初曾被看好的“超级课程表”也受到波及,如今前景未明。

神奇百货:拿到融资后就“得意忘形”

这是一个年仅 18 岁的霸道女总裁的故事。

王凯歆,98 年妹子,16 岁辍学创业。最初她做的是微商,通过“QQ 空间”售卖一些 95 后主题的个性衣饰货品,据称最好的时候月销售额达到 50 万元,每月赚好几万元。2015 年,王凯歆成立了深圳大爆炸科技有限公司,推出了一个专注于青少年细分领域的电商平台——神奇百货。

实际上,王凯歆做的事情是一个类似代购的生意。她定位于 95 后,供应商主要是淘宝店家。用户下单后,他们再通过淘宝将商品拍下,继而由淘宝卖家发货给用户。这与王凯歆过去在 QQ 空间做的代购生意几乎没有差别。

【资本追捧】2016 年 1 月,王凯歆带着神奇百货参加了北京卫视的创业真人秀《我是独角兽》,以一句“让你们赚够 95 后的钱”,引得现场五个资本大佬争抢。一个月后,这家成立不到一年的公司便获得了来自经纬中国领投、真格基金、创新谷跟投的 2 000 万元 A 轮投资。

拿到投资后的王凯歆身价估值上亿,成为 95 后创业者中的一颗闪亮新星。当时,她也对员工说过这样的话:“明年我们要站在纳斯达克交易所敲钟!”

【跌落神坛】然而,质疑往往会跟着赞誉一并袭来。2016 年 5 月,GQ 中国的一篇头条文章《17 岁 CEO 王凯歆:风口少女的神通与孤独》,将这位年轻的霸道女总裁推向了风口浪尖。之后,更有神奇百货的前员工在知乎上爆料,神奇百货搬家、大规模裁员等一系列问题,“霸道女总裁”王凯歆正式跌下神坛。

结语:创业者的“中国式”悲情

对于创业者而言,这是一个最好的时代,也是一个最坏的时代。一方面,创业者有着更为通畅的融资渠道,也更容易获得媒体的关注。但另一方面,当资本和媒体汹涌而来,创业公司也有可能会被高高捧起,狠狠摔下。“眼见他起高楼,眼见他宴宾客,眼见他楼塌了。”这是那些曾经昙花一现创业公司最形象的描述。

至于为何造成了如此虚假的浮华,经纬中国创始人张颖曾一针见血地指出:“盲目乐观,还在追求高估值,还在为自己一点点成绩沾沾自喜,还在扩张补贴,现金低于6个月了还没有凶悍调整，融资还没有当第一大事，还在幻想有投资人巨额支持，都是死翘翘前夕的症状。”

当然，这只是冰山一角，国内创业公司“猝死”的原因远远不止这些。

创业是一场属于孤独者的修行，但与之相伴的也有喧嚣浮躁的“造富梦”。从1999年至今，在这近20年的时间里，中国创业大军中既涌现了马云、马化腾、刘强东、雷军等影响业界的大咖，也曾出现许多红极一时却昙花一现的创业明星。

这些匆匆陨落的创业者用自己惨痛的经历刻画了一幅浮世绘：有的人过于着急、盲目扩张葬送了本来前景不错的公司；有的人在突如其来的财富面前停下了前进的脚步，最终被时代抛弃；有的人不惜作假撒谎搭上了自己一世的清白……万众创业，百态人生，这是属于创业者的“中国式”悲情。但愿以后，这样的悲情不再重演。

〔资料来源：http：//www.askci.com/news/hlw/20160728/16034547783.shtml〕

专题五

经营决策是企业兴衰成败的关键

一、何谓经营决策

企业管理的中心是经营，经营的中心是决策。所谓经营决策，就是对企业的经营目标和实现目标的手段做出最优的抉择。

经营决策的内容主要包括两部分：一是经营分析。就是利用各种科学的方法，对企业的各项生产经营活动的目标、企业内部的资源条件、外在环境和经济效益的大小进行综合分析，列出几个可行的计划方案，并结合企业内在的、非定量化的条件和人的因素，从中选择一个最优方案加以实施。二是决策。就是对经营目标和手段做出最科学的决定。

经营决策贯穿于企业管理过程的始终，是管理的核心和基础，而且具有广泛性，企业各个管理阶层都面临决策的问题。

二、正确经营决策是增强企业竞争能力的关键

工业企业是一个相对独立的商品生产单位，如果没有畅销产品的销售市场，企业就无法生存和发展。而要使企业有销售产品的市场，并有较强的竞争能力，关键是要靠经营决策的正确性。

我国改革开放初期，合肥电冰箱总厂之所以能从一个产值仅有 100 多万元小厂发展成为年销售产值达 10 亿元的大型企业，就是靠主要决策者所做出的每一项正确决策。1988 年，电冰箱市场十分坚挺，只要是冰箱，用户就买。在这种产品畅销的大好形势下，张巨生看到“热”的背后潜伏着“冷”的危机。于是他断然做出一项经营决策：宁可承担暂时经济损失，也要压减 D-145、D-155 小单门和小冷冻室两种型号的产量，组织科技人员开发 BCD-181 大冷冻室新产品。1989 年，“热了”两年多的电冰箱热居然冷了下来，许多冰箱生产厂家手足无措，而合肥电冰箱总厂把在“热”时研制的大冷冻室 BCD 181 冰箱推向市场，一时间形成了“181 热效应”。在众多厂家处于低谷时，合肥电冰箱总厂的 BCD-181 电冰箱却成了下了生产线就装车的畅销产品。试想，合肥电冰箱总厂如果没有棋高一着的经营决策，能在当时电冰箱市场竞争十分激烈的形势下立于不败之地，并发展成为有雄厚经济实力的美菱股份有限公司吗？

三、经营决策的作用

人类进入 20 世纪 50 年代后，科学技术突飞猛进，世界经济出现了三大变化：一是经济国际化；二是技术更新高速化；三是企业规模或工程的大型化、复杂化。为了适应这一新形势的发展，出现了运筹学、系统分析、数理统计、行为科学以及电子计算机在企业管理中的应用等学科。特别是决策学的出现，使企业管理

理论进入了一个更高的阶段。

经营决策在现代化企业管理中起着越来越重要的作用。因为现代化使企业的内外环境发生了变化，而企业的生存和发展，往往取决于环境的适应力和经营决策的效率和合理性。再者，现代化的管理带来了三大变化：一是从传统管理走向科学管理，乃至现代化管理；二是从物的管理转向对人的因素的重视；三是从人脑控制发展到电脑控制。企业为了适应这一变化，以获得较大的经济效益，除了有效地利用有限的资源(包括人、财、物力)外，还必须具有科学的经营决策。

经营决策的重要性体现在：

(1) 在理论上体现了全新的企业管理思想和方法。经营管理系统有一个发展过程，在 20 世纪上半叶，着重研究如何提高人的生产效率。比如，泰勒制的工时研究、作业研究、改进作业方法、实行作业标准化、大力发展机械化和自动化等等，但没有重视经营问题。进入 20 世纪下半叶，由于市场环境激烈变化，经营和经营决策问题愈来愈引人注目。尤其在工业发达国家，运用系统工程，并借助电子计算机等先进技术，从定量的角度，对企业的经营管理进行模式和动态的控制，以求达到最优化的经营目标。

(2) 经营决策正确与否，对企业的成败有决定性影响。在美国，根据不完全统计，新生企业在两年内倒闭者占其半数。企业的倒闭原因很多，情况也错综复杂，但企业倒闭多是由于经营决策的失误。例如，1973 年发生石油危机时，美国有福特、通用和克莱斯勒三家最大的汽车公司。前两家公司为了适应市场环境变化，及时做出决策，改产轻便型省油车，打开销路，渡过难关；克莱斯勒汽车公司，由于思想保守，未能适应环境变化而改变其经营战略，仍然生产大排量汽车，经销惨败。到 1979 年，亏本七亿美元，被迫求贷于政府，数达一亿五千万美元，董事长被迫辞职。日本丰田汽车公司善于经营决策，大量生产节油、轻便、廉价的小汽车，每年销往美国几百万辆，成为美国汽车工业一大威胁。

信息是经营决策的基础

一、信息对经营决策的重要性

决策是人类社会十分普遍的一种综合活动。从日常的生活、工作，到企业的经营管理，再到国家乃至整个世界的政治、军事、经济、科学、文化等各个领域的各个方面，无一不存在决策的问题。决策离不开信息，信息利用是决策的过程。可以说，在当今社会谁优先拥有信息，谁就拥有话语权。

信息是记录社会发展的代表性符号，是人类社会发展的象征。从一万多年前的传说“燧人氏钻木取火”到21世纪互联网巨头谷歌公司对2009年H1N1禽流感的成功预测，无一例外都蕴含着信息的魅力和作用。前者是说，一位圣人忽然看见许多长得像鸮（我国古代对猫头鹰一类鸟的统称）一样的鸟，在大树的枝叶间用嘴啄木，每啄一下，就有火光发出。于是，圣人感悟到了“钻木生火”的道理，并用小树枝钻出了火。后者则是指，谷歌公司的工程师在每天来自全球超过30亿条的搜索指令中，把5 000万条美国人最频繁检索的词条和美国疾控中心在2003～2008年间季节性流感传播数据进行比较而得出的预测结果，有效控制了疫情的蔓延。两者均告诉我们，信息无处不在，永远伴随人类社会的发展。信息的价值在于发现和利用，换句话说，若要实现“事在人为”，必须先掌握信息、学会分析信息，然后再进行有效的决策。

一项决策的正确与否，主要看其是否符合客观实际，看其能否给企业带来利益和效益。要想做到这一点，必须对企业外部环境和企业内部条件有深刻的理解，这种理解来自对大量信息资料的分析。

中小企业无法建立强大的信息机构，但他们可以利用社会上的信息机构来指导决策。如各种形式的咨询公司、情报中心都是不容忽视的。在德国、日本，经济咨询公司的服务已经成为中小企业赖以生存的条件。一条信息救活一个企业的事很多。

广东湛江家用电器工业有限公司就曾经历过这样一件事：正当他们公司的电饭煲出口指标被砍掉，准备停产时，得到了湖南省“以电代柴”会议将召开的信息，他们立即派人去参加。得知中央决定在全国搞100个县的电气化试点，他们立即改变了决策，迅速扩大了电饭煲的生产，年产量达120万只，占领了国内市场，并打入了国际市场。

二、经营决策所需信息的内容

1．一般社会环境的信息

一般社会环境的信息包括社会政治形势、经济形势和文化状况。特别要注重研究党和国家的路线、方针、政策、法律、法规、规划等，特别注重宏观经济的现状和发展趋势，以及社会教育程度、文化水平、宗教信仰、风俗习惯等。这些条件决定着企业经营方向、经营思想和经营目标。当前，我国正处在一个经济体制改革的时期，这些信息尤其重要。它是企业决策的先决和限制条件。

2．相关科学技术发展的信息

每个企业的领导人都应准确无误地知道自己企业的技术水平。科学技术是第一生产力，先进技术会给企业带来巨大的效益。因此，对于与本企业产品、材料、工艺、设备有关的技术信息，都应该及时掌握。从而不失时机地进行技术改造，靠技术来获得效益。意大利的皮鞋世界闻名，这与其制革业的发达是分不开的。在世界各国制革业都逐渐萎缩时，意大利的制革业成了一枝独秀。意大利制革厂一般都很小，平均每厂11.6人。这么小的厂子却能生产出世界第一流的皮革，就是因为其技术先进。这些企业不仅把国内最新科研成果用到了制革工业中，而且把国际上的各种名牌原料用于自己的生产，用技术和管理保证了质量，获得了较大的经济效益。20世纪80年代，江苏乡镇企业能迅速发展的原因就是距离上海近，许多企业重金聘请上海的退休工程技术人员和老工人，及时得到先进的技术信息，使企业不断发展。

3. 资源供应的信息

企业的资源是指企业生产所需的原料、材料和零部件。企业生产不能为无米之炊，必须量入为出。因此，资源信息不灵会使决策失误。企业资源状况是经营决策的重要制约条件。

4. 相关市场的信息

企业的生产基本是由市场决定的。即使指令性计划，也是根据市场需求制定出来的。

不顾市场需求的生产，其结果肯定是一部分产品供过于求，积压在仓库里；一部分产品供小于求，短缺买不到。小微企业的产品一旦卖不出去，就会垮台，所以更要以销定产。对于与本企业相关的市场信息决不能掉以轻心。市场需求受多种因素的影响，包括政治、经济、技术、文化、社会、自然、心理和产品本身状况等。因此，对于购买力、购买动机、潜在市场的需求信息要广泛收集。

5. 竞争对手的信息

竞争是发展商品经济不可缺少的一种手段。其作用是加速技术进步，迅速提高经济效益，淘汰落后产品、技术和企业。在社会主义制度下，竞争的对抗性大大减弱，但仍是促进技术进步、提高经济效益的有力手段。经济体制改革的直接目的之一，就是能使企业在平等的基础上展开竞争。

竞争对手的信息包括资金状况、企业规模、产品结构和成本、技术水平、技术装备情况、产后服务情况和市场占有率等，此外还包括竞争对手开发新产品的动向。对潜在的竞争对手也不可掉以轻心，特别是那些规模大、资金雄厚、技术装备水平高的军工企业，他们一旦转入本企业产品系列，就会对本企业产生巨大的威胁。要使企业立于不败之地，就要及时了解竞争对手的情况，做出正确的决策。著名的石家庄造纸厂厂长马胜利设置了一间“密室”，墙上挂满了图表，仔细一看，竟是全国两千多家造纸厂的设备情况、生产能力、产品结构、产值效益等情况。他根据这些情况做出了“补其所短，投其所好”的决策。“补其所短”就是生产其他厂家所不生产，又有市场需要的品种；“投其所好”就是发现一些小造纸厂的优势，与他们搞联营。结果这个800多人的企业很快就改变了落后面貌。

孙子曰：“知己知彼，百战不殆。”对竞争对手的了解是在竞争中立于不败之地的重要条件。

三、如何收集和使用信息

小微企业怎样来收集和使用来自这五个方面的信息呢？一般地，首先，企业应该专门成立收集、处理信息的机构。如果企业规模太小，可以设专人负责，或由企业领导者亲自负责。信息的来源很广，包括报纸、杂志、书籍、广告、会议、调查、观察、试验等各种途径。其次，将这些信息进行处理，筛选出有效信息，加以分析，得出结论，供决策者参考，如能用电子计算机处理，效果更佳。再次，充分利用社会上的信息咨询和情报机构，从他们那里取得较为完整、系统的信息，甚至直接获得决策方案。其好处是可以减少企业的工作量，精简一部分机构和人员，同时因咨询、情报机构的高度专业化，企业可以获得更高质量的信息和决策方案。最后，企业应充分发动群众，人人收集信息，人人献计献策，这样可以弥补信息收集整理工作的薄弱环节。

信息是经营决策的基础

经营决策的原则

企业的经营决策，是企业在经营管理工作中为了达到某一经营目标，在对企业外部环境和内部条件综合分析后，制定出多个行动方案和措施，然后选择一个最为满意的方案并组织实施的过程。实践证明，决策决定着企业发展的前途与命运。

经营决策要做到科学化，从而取得预期的经济效益，必须遵循一定的原则。这些原则就是处理经营过程各种关系时的基本依据。

一、系统性原则

社会是一个大系统，企业不论大小都是经济系统中的一个子系统。企业本身还可以分解成更小的系统，这些系统从纵向、横向构成了错综复杂的关系。企业经营决策一定要考虑这些关系，否则肯定行不通。例如，一个生产自行车的工厂，处在轻工行业中，与工业系统、经济系统、社会系统组成了纵向关系；又与生产同类产品或不同类产品但相关的企业，如供应钢材、动力、橡胶、油漆等企业形成了横向的关系。因此，这个厂的每一项重要经营决策都不能不考虑这些系统。这就要求企业经营决策务必有全局观点。全局是指国民经济这个大系统。企业经营决策要从这个大系统出发，局部利益服从全局利益，因为全局利益代表了企业的长远利益。从微观上看，也要有全局观点，即各车间、职能科室必须围绕企业的总经营目标来进行工作。对国家经济体制改革的评价必须以宏观经济效益为标准，对企业的经济评价必须以企业总经营目标的实现情况为标准。企业经营决策还必须主动去适应企业外部环境。企业只是国民经济中一个很小的子系统，它无力改变宏观经济环境。因此，它自身的发展是依靠对宏观经济环境的适应。如闭塞耳目，我行我素，必然会使企业遭到灾难性的打击。企业经营决策还务必有协调观点。任何企业在国民经济系统中的地位都决定了其任何一项经营决策都会跟其他系统或本系统内部各子系统之间产生矛盾，都会造成整个系统的不平衡。如一个企业的产量增加了，那么它就需要更多的原材料和能源，由于在市场上的竞争能力加强，对同行业和产品的供需方都会产生影响。这样，一切相关的系统都要随着变化，才能在新的基础上达到新的平衡。解决这些矛盾的一个主要方法就是协调。协调包括企业内部、企业与企业之间、企业与国家之间关系的调整和协调，从而使企业经营变得有序、协调和总体优化。

二、科学化原则

所谓科学化，就是要按客观经济规律办事。要贯彻经营决策的科学化原则，首先要充分掌握情况，这就要求占领大量、翔实的信息，并对其进行传输、加工、使用，对经济形势做出较为科学的预测与分析，使经营决策建立在客观事实的基础之上。其次要尽量采取先进的分析手段，使各种数量关系明确、逻辑性强的因素数量化、模型化，尽可能进行定量分析。对于那些非定量因素，如政治、政策、法规、心理、科学技术等也要用管理科学、社会心理学、行为科学的各种成就来进行定性分析，使“硬”（定量）“软”（定性）结合，取长补短。再次要重视信息反馈，特别是在决策的具体实施阶段更不能忽视这个问题。信息反馈过程是检验、评价决策科学性的过程。一旦发现情况变化或决策有误，应立即采取措施，在下一个生产周期中纠正、调整。遵守科学性原则可以保证决策符合客观实际，增加其正确性。

三、经济性原则

对经营决策方案的评价，不仅要看其有没有经济效益，而且要看其有没有最大的经济效益。技术评价只是手段，经济评价才是目的。企业在进行经营决策时，一定要制定几个方案，进行评价比较，看哪个方案既可行，又能获得最大经济效益。在评价最佳方案时，要考虑多方面的因素，如有的方案效益好，但风险大；有的方案利润虽然少，但占用资金少；有的方案占用资金多，但周转快。因此，决不能只根据某一因素就简单地决定取舍。贯彻经济性原则，要使用现代化的预测计算方法，如边际效益分析法、成本效益分析法或用线性规划法做出投入产出表，来确定不同方案的经济效益。同时还要顾及产品品种、质量、设备、工艺、厂房及市场情况、投资金额、投资回收期、货币时间价值、产品成本和利润等各个方面，把企业的长、中、短期经济效益结合起来，使方案真正最优化。

四、可行性原则

我们制定经营决策方案的目的是为了执行。一个最优方案不一定是可行性方案。企业面向社会、市场和用户，又受自身条件的制约，因此，选择的方案一定要能维持这二者之间的动态平衡。例如对一个企业来说，在一定规模内，产量越大，经济性越好。但是，如果市场容纳不下，生产出来的产品积压，既会造成浪费，又降低经济性。结果产量大的方案还不如产量小的方案经济性好。因此，这个产量大的方案就是不可行的。另外，企业限于本身的技术、经济条件，对一些市场需求最大的产品难以生产，选择这样的方案也是错误的，错就错在其是不可行的。归根到底，可行性是由经济性决定的。所谓不可行，主要是指经济上的不可行，包括间接的、通过技术等形式表现出来的经济上的不可行。我们要求经营方案在技术上先进性和可行性相结合，在经济上赢利性和合理性相结合，才能通过技术经济分析论证来优选出真正可行的最优方案。

五、时效性原则

企业外部环境是千变万化的，企业决策必须捕捉时机，当机立断，迅速做出反应。许多决策者在决策时有两个坏习惯：一个是追求十全十美，总在修改方案，修了又修，改了又改，生怕方案有缺点，结果耽误了时机；另一个是怕担风险，犹豫不决，对方案中的不确定因素战战兢兢，该断而不断，结果时过境迁，错失良机。任何方案都是有时间性的，特别是在科学技术高度发达的今天，这种时间性更强。一个方案在本月是最优方案，一个月后可能就是不可行方案。所以经营决策一定要遵守时效性原则。

六、措施性原则

确定经营决策方案后的主要工作是执行方案。因此，在制定经营方案时就要考虑这些方案的组织实施办法，从组织、技术、设备、原材料、资金等各方面为实施新方案创造条件。如在组织上调整机构，配备必要的行政、技术人员，委托支持新方案的人去执行，说服或撤换反对新方案的人员，以减少阻力；在技术上弄清新方案的技术水平、工艺流程，配备必要的技术人员和设备；在财务上给予必要的资金支持；在物资供应上开辟新的原材料和燃料的来源；在销售上建立新的销售渠道，及时对新产品进行广告宣传。只有采取以上措施，新方案才能尽快地贯彻执行。

七、灵活性原则

实现同一个经营目标可以有不同的方法，每个经营方案中又都有着不能确定的因素。如一个电视机厂要实现预计的利润指标，可以生产大屏幕的电视机，也可以生产小屏幕的电视机。这要根据市场需求和自身的技术、装备能力而定。而市场需求就是一个不确定因素，受到社会、政治、经济、技术、文化、自然、产品、心理等多种因素的影响，其中许多因素的变化都带有偶然性，是不可预测的。因此，在经营决策时必须留有余地，贯彻灵活性原则，以便对突然发生的变化作随机处理。这包括要有灵活、快速的信息收集、传递系统，要有后备方案，越是风险型决策，留的余地应越大，以防不测事件的发生。

以上原则在企业经营决策时，时而交替起作用，时而共同起作用。决策者要根据企业的实际情况，灵活地运用这些原则，使经营决策更符合实际，从而取得更大的经营效益。

经营决策的原则

经营决策的程序

经营决策是一个严密的过程，是一个发现问题、分析问题、解决问题的过程。在这个完整统一的过程中，先通过深入的调查研究，了解到各种信息，发现问题，然后对这些问题进行深入的分析研究，找出解决办法，制定出决策方案。最后还要将这些办法付诸实践，并将实践结果反馈回来，进一步调整方案。在这个过程中，一环扣一环，首尾相连，紧密衔接，只要其中一个环节出了问题，或前后顺序颠倒，都会使决策失败。也就是说，经营决策必须按一定的步骤和次序进行。这就是经营决策的程序。

早些年，在一些小微企业中流行一种"边设计、边施工、边生产"的"三边"建设方式，就是典型违背科学决策程序的做法。它是在经营决策方案尚未确定的情况下，就开始施工，结果因施工的盲目性很大，不仅建设速度慢，浪费大而且常常因情况的变化造成返工，或企业建成后因原料、燃料、产品销路等问题无法投产，给企业造成重大损失。

那么，经营决策应该遵循一个什么样的程序呢？

一、确定经营问题和经营目标

经营问题是指企业在经营上实际达到的状况与应当达到或希望达到的状况之间的差距。经营目标是指在一定时期内，企业要达到或希望达到的具体指标。它包括：利润、销售、生产等技术经济指标；企业适应能力、竞争能力提高的程度；职工科技文化提高的程度，职工物质文化生活改善目标等。对各种经营问题要客观地、全面地、有定性定量分析地说明它的状况、产生原因、性质、严重程度、发展趋势、解决的迫切程度和条件，找出问题产生的根本原因，以便对症下药，有针对性地制定决策方案。

确定经营决策目标要把决策目标建立在需要与可能的基础上，把握住决策的条件，使其符合企业内外环境。在条件尚不具备时，目标就无法实现。经营决策目标要明确具体，不能含混不清，最好将决策目标进行分解，用数量指标表示。实在不能用数量指标表示的，也要用恰当语言表述清楚，或用间接指标使其数量化，如使用指数法、强行打分法等。决策目标要层层落实，就是每一级的目标都符合本级要解决的问题，既符合上一级目标的要求，又能分解为下一级目标，达到对上弄清上一级决策目标的实质和要求，对下明确本级目标是否是下一级决策目标的目的。确定经营目标还要处理好多个目标之间的关系。因为经营决策的多个目标之间往往有矛盾，互相影响。所以在确定目标时，应尽量减少目标的个数，具体做法是取消一些难以达到的目标，放弃相互矛盾目标中的一方，合并内容差不多或次要的目标。在目标实在不能减少时，要分清目标的主次，次服从主，但次要目标也是必需的，在决策时也不应放弃。

确定经营问题和经营决策目标就是要求对企业内外部环境进行深入的调查分析，并组织企业内和社会上的有关人员进行充分研究后，找出经营问题，再针对经营问题确定经营目标。

二、制定经营决策方案

经营决策方案就是指能够解决某一经营问题，保证决策目标实现并具备实施条件的一系列方法和措施。制定经营决策方案的一大特点就是要制定若干个方案，供决策者选择。如果只有一个方案，就无所谓决策了。对经营方案的要求是一新、二多、三可行。即首先要有创新精神，代表企业的发展方向，而不是简单照抄别人的方法；其次是方案的数量要尽量多，使决策者有较大的选择余地；第三是要可行，即便于企业实施。

经营决策所解决的问题有两种情况：一种是已经发生的问题，一种是可能发生或将要发生的问题。已经发生的问题，其原因可能已查明，也可能尚未查明，还可能虽然查明，但企业要采取临时性方案，待原因查明后，再制定正常方案。如发生重大事故，又未查明原因，只好停工待查；在原因已查明，但企业本身无力消除时，应采取适应性方案，以减轻损失，如原材料价格上涨，而产品价格国家又不允许上涨，企业只好想办法在企业内部吸收掉涨价的部分，以提高经济效益来弥补损失；在原因已查明，企业又有能力消除这些原因时，应采取治本的矫正性方案，如某企业产品质量下降，经调查，是因设备精度下降引起的，则应立即进行大修或更新有关设备，彻底解决问题。对可能和将要发生的问题，也要制定不同的方案来解决。当这种将要和可能发生的问题为确定型时，即必然发生、原因清楚、企业又有能力防止时，应及时制定预防性方案。如煤矿的瓦斯爆炸，只要瓦斯聚积到了一定浓度，一见火星就会爆炸，所以必须采取适当的通风和防火措施；当这种可能和将要发生问题的产生原因企业无法消除时，就应制定应急性方案，在问题发生时用来减轻损失。如运输企业的安全问题，企业必须设一个安全部门，专人负责安全教育和处理事故。

制定经营方案一般从提出改进设想开始，然后对提出的各种改进设想进行收集、整理和归类，组成各种不同的初步方案。再对这些方案进行概略评价和选择，删掉那些不能达到经营目标和不具备实施条件的方案，并再补充、修改一些方案，最终形成供决策使用的经营方案。

三、选择经营方案

经营决策的最后一道程序是选择经营方案。选择过程是一个对方案的评价过程。一般说来，决策者选择的应该是满意方案，而不是最优方案。因为选择最优方案要具备四个条件：① 必须考虑全部可行方案；② 决策目标应能数量化，有绝对的择优标准；③ 可以预先知道每个方案的执行结果；④ 决策不受时间限制。显然，绝大多数决策都不具备以上四个条件，因此，选择最优方案便成为不可行的了。所以选择工作实际上是从多方案中选择决策者自己认为满意的方案。

选择方案的方法有三种：① 经验判断法。它是以决策者的经验作为选择的依据，是选择方案的基本方法。但这种方法局限性很大，不能用于多目标、多问题、多变量的方案选择，而且受决策者本人水平影响太大。现代决策单纯用经验判断法的已经很少。有人称经验判断法为“拍脑壳法”。② 数学方法。即将影响目标的各种因素的数量变化做成数学模型，通过电子计算机进行计算和模拟，将每个方案的执行过程与结果再现出来，然后根据这些计算结果进行选择。这种方法是现代决策方法的一种，使选择工作数量化，从而更加科学化。但该法也有局限性，方案中的许多因素往往不能数量化，只能定性分析，这种方法便无能为力；数学模型的建立十分不易，很可能有考虑不到的因素起作用，所以准确性欠佳。③ 试验法。当问题重大而又无法用数学方法时，就只好通过试验来解决。如我国的经济体制改革十分复杂，难以用经验判断法和数学方法进行决策，于是在一些城市进行了试点，以摸索经验，再全面推广。

选择方案时要特别注意各种资料的可靠性，同时要充分考虑各种方案的后果，特别是不良后果。有时这些不良后果比方案的积极作用影响还大，如对森林的过度采伐，其收益远远抵不了由于生态破坏而带来的损失。因此在选择方案时，要认真研究，尤其要考虑到间接的不良后果，并制定相应的预防措施。

小微企业的经营决策大多数不需要这么复杂，特别是在评价选择时，可多用经验判断法，但程序是不能变的。即使按这个程序办，决策中的许多不可测因素仍给决策带来一定的风险，仍需要留有余地。科学决策程序只不过可以使经营决策工作秩序井然，从而增加决策的可靠性。

经营决策的程序

经营决策的方法

现代决策法分两大类：一类是计量决策法，一类是主观决策法。决策最初是完全靠个人经验和工作习惯进行的。企业经营决策于 20 世纪初伴随着泰勒的科学管理理论的产生而进入科学阶段，但直到第二次世界大战后，计量决策法才得到了迅速发展。特别是大型高速电子计算机的出现，使计量决策法进入了一个崭新的时期。但是，由于计量决策法的局限性，如对复杂的非程序决策，或计算过于复杂的程序性决策无能为力，因此，非计量决策法，即主观决策法得到了迅速发展，进入了科学的时期，创建了一系列新的决策理论如系统论、信息论、控制论、行为科学等。这两种方法在很大程度上已结合起来，密不可分，形成了现代经营决策的主要方法。

计量决策法是建立在数学工具基础上的决策方法。其核心是把决策的变量与不变量以及变量与目标之间的关系，用数学关系表示出来，即建立数学模型。然后根据决策条件，通过计算求得决策答案。

主观决策法是决策中充分发挥人的智慧的方法。其核心是直接利用人们的知识、经验和能力，在管理决策的各个阶段，根据已知的情况和现有的资料，提出决策目标、方案、参数，并作出相应的评价和选择。这是经营决策的主要方法。在使用主观决策法时，要注意选择参加决策的专家，为他们提供充分的信息，并组成适当的机构，保证专家们畅所欲言。

小微企业的大部分经营决策是可以采取主观决策法的。主观决策法灵活简便，省时省力，时间性强，适应性强，所需费用低，而且因参加决策者多为本企业在某一方面具有丰富经验者，所作决策一般都要考虑职工的因素，带有感情色彩，有利于调动全体职工的积极性。在使用主观决策法时要注意客观性，同时由于此方法严格论证差，传统观点易左右决策，使决策偏于保守。因此，在采用主观决策法时，也要尽可能使用计量决策法计算各种参数，以增强决策的科学性。

下面具体介绍几种简单实用的选择方案的方法。

一、标准值选择法

一个成功的决策必须符合多种目标。先将这些经营目标排列出来，然后用打分的方法计算每一方案与目标相符的程度。这是主观决策法的一种。例如某企业选择海外经销商，可以用四个目标标准打分，然后择优选取。

二、最大最大收益值标准法

当企业产品在未来的决策期内市场情况非常乐观时，决策者常把每个可行方案中的最大收益值挑出来进行比较，最大的入选，即大中选大。

三、最大最小收益值标准法

当企业产品市场日渐缩小、前途不乐观时，经营只求保本，略有收益即可。此时应将各种方案中的最小收益值挑出来进行比较，最大的入选。

例如，某工厂在未来三年生产某种产品有三种方案：一是新建一个车间；二是扩建现有的车间；三是维持现状。

当对市场预测比较乐观时，则大中选大，选新建方案；当对市场预测比较悲观时，则应小中取大，维持原规模的生产。前者可获得最大的收益，后者可冒最小的风险。

四、决策树法

决策树是一种树形结构，其中每个内部节点表示一个属性上的测试，每个分支代表一个测试输出，每个叶节点代表一种类别。

决策树法是一种运用概率与图论中的树对决策中的不同方案进行比较，从而获得最优方案的风险型决策方法。

例如，某企业准备生产一种新产品，预计该产品的销售有两种可能：好的概率为 0.7；差的概率为 0.3。可采取的方案有三个：方案一，新建一个车间，使用期 10 年；方案二，对现有车间进行改造，再使用 10 年；方案三，先按方案二进行，如产品销路好，三年后再进行扩建，扩建部分使用 7 年。

其他一些计算比较复杂的方法，如盈亏平衡分析法、临界收益法等都不介绍了。小微企业经营决策，尽可能采取较为简单的计量决策方法，可以提高决策的速度。要记住的是，时机往往比精确更重要。

经营决策的方法

警惕诱导企业经营决策失误的陷阱

在目前的市场经济条件下，企业之间竞争激烈，险象丛生，要使企业立于不败之地，一个重要的问题就是如何做出正确的决策，衡量和控制各种商业风险。特别是警惕经营决策失误的陷阱。

运筹帷幄，决胜千里，刻画了战略决策对战争胜负举足轻重的作用。而这句话，套用到商战上，一点也不为过。尽管没有了战场上的刀光剑影，但商界的竞争同样残酷无情。尤其是在竞争与日俱增的今天，公司决策稍有闪失，便有可能招致灭顶之灾。如何在激烈动荡的市场竞争中，适时做出准确的经营决策，已经成为决定公司能否立于不败之地的关键。

孙子讲："胜兵先胜而后求战。"意思是说先使自己立于不败之地，然后再寻找机会战胜敌人。同样的道理，公司经营者要想决策正确，必须首先要弄清使众多公司马失前蹄的七大经营决策陷阱到底是什么，然后再来寻找公司如何绕过这些暗礁险滩的决策。

陷阱之一:对竞争环境的错误判断

许多公司经营者错误地认识和判断竞争环境中所发生的变化。尽管他们中有不少曾占据行业的领先地位,呼风唤雨,得心应手,但他们忽视或误解了竞争环境中变化的征兆,最后导致自身的竞争优势遭受严重侵蚀。要避免由于误判竞争环境而导致决策失误。首先在分析竞争环境时,必须正确定义自己的竞争空间,不能只局限于现有竞争者,必须将潜在的和新生的竞争者统统纳入视野。其次,必须构建一个行之有效的竞争信息系统,保证相关信息在组织内部的畅通,并使其得到妥善的处置,能为经营决策的正确制定提供可靠有效的信息平台。

陷阱之二:有失偏颇的假设前提

许多公司经营者将自己的决策建立在一系列错误的前提条件之上,或者没有随着环境条件的变化而更新经营决策的前提假设。人们经常说的"好药看错病"指的就是此类现象。公司经营者要想摆脱这种困境。首先,必须时时对自己习以为常的一些假设、前提和理念缜密验证,一些被认作是理所当然的前提条件往往不经推敲便被采用,由此而来的经营决策便潜藏着极大的风险。其次,所有的前提假设应该有很强的一致性,在总体经营框架内彼此能相互印证。再次,可以按照对于公司经营目标重要性的差异,将不同的前提假设分门别类加以区分对待。最后,不要忘记对于各种前提假设,随着时间的推移和环境的演变,一定要重新界定以确保它们的有效性。

陷阱之三:竞争优势的自我削弱

采用一成不变的公司经营目标,或者用静止的观点来看待经营目标,导致公司不能适应外部环境的变化,公司一时的强势不能成功地转化为可持续的竞争优势,在市场竞争中难免落入下风。因此,公司经营者首先必须树立一种全局和动态的意识,把公司的经营活动建立在流程的基础上,注意力集中在公司的价值链上。其次,要拓展公司活动的范畴使它能涵盖客户和供货商。再次,对于公司价值链的每个环节相对于竞争对手的优劣必须洞若观火,并环绕价值链以多种形式创造价值。最后应该设法协调公司的各种增值活动,注重竞争环境的动态进程,以创新方式为公司增添独特价值。只有这样,才能使公司在市场上保有可持续的竞争优势。

陷阱之四:盲目扩张自损价值

公司经营者往往屈从于不顾自身条件而一味追求多元化的冲动,盲目进入一些自己并不擅长的业务领域。结果经常是得不偿失，反而削减了公司的价值基础。要想使多元化经营有所建树，必须时刻紧扣公司的核心竞争能力。公司的核心竞争能力是公司在市场中的立足之本，是公司竞争优势的源泉。所以在公司多元化的进程中，务必使新的业务领域能得到公司核心竞争能力的有力支持，并在市场上转化为相应的竞争优势，这样才能获取多元化经营中的协同效应。从公司价值链的角度出发，新的业务能否成为整个公司现有价值链的自然延伸或有效补充，应该成为多元化经营决策时的重要砝码。

陷阱之五：受制于组织结构

在传统的公司组织中，不同部门间泾渭分明，承担不同的职能和责任。而在公司经营决策的实施过程中，组织结构上的条块分割往往演变为难以逾越的障碍。因此在传统的组织框架下，要想跨越各个不同的职能部门，进而营建有效的协调整体系统，主导核心流程，真好比蜀道之难。而要突破此类困境，需要对传统的组织结构进行脱胎换骨的改造，营造新颖的无边界的组织形态。在这里，同样需要沿用业务流程和价值链的概念和方法。首先要界定经营目标范围，找出经营目标涉及的关键对象以及它们的相互关系。其次设计相对应的组织结构。最后在同一组织内和不同组织间实现协调和整合。只有通过树立明确的目标，有效地沟通，并利用跨职能部门的组织机构，才能使组织的各个部门珠联璧合，运转自如。

陷阱之六：失控

公司失控通常有两个原因：一是公司盲目追求某些主观性很强的目标；二是公司决策控制体系失衡，无法在公司文化、激励系统和行为规范三者之间达成平衡。传统的经营决策监控流程由三部分组成：确定公司具体经营目标并做出相应的经营决策；实施决策；以既定目标为基准评估实际业绩。由此造成在经营决策制定和控制之间的时间延迟。这可以应付一个较为平稳的竞争环境，而在一个多变的环境中就显得捉襟见肘，甚至有失控的可能。要使经营决策实时处于可控状态，必须使用"双环路"的监控体系，对目标本身也要进行实时评估。在经营决策实施和控制之间通过行为来完成整个经营决策的控制体系。并且要营建与公司经营目标一致的公司文化，完善相应的激励机制，建立有效可行的行为准则。同时必须促使它们三者间保持协调一致，并确保它们能随着时间的推移适应外部环境的变化，时刻保持公司组织在变革环境中不可或缺的灵活性。

陷阱之七：领导失效

在公司决策的实施过程中，强有力的公司领导对最终的成功起着至关重要的作用。但我们经常发现不少公司的经营决策者要么刚愎自用，要么优柔寡断，对一些基本原则置若罔闻，无法提供在公司实现经营决策时亟须的那种强有力的领导才干。如此公司往往陷于束手无策的尴尬境地，公司的经营决策也往往成为可望而不可即的空中楼阁。要成功地领导公司达成既定的经营目标，公司经理必须在组织中创造变革的紧迫感，并迅速果断地采取行动；必须制定和传达公司的远景规划，以及达成远景规划的具体行动计划；同时要设定公司的奋斗目标，广泛授权给一线员工，使他们为实现公司经营目标奋力争先；另外，还要不断总结经营决策实施过程中的得失，使已经发生的有益变化制度化。只用这样，才能使公司上下同心同德，朝着既定的经营目标稳步迈进。

为了便于公司经营者真正弄清上述七大陷阱，我们还是用巨人公司的失误来具体分析。赫赫有名的巨人公司的失误，首先在于陷入了第一个陷阱，错误地判断竞争环境，在 20 世纪 90 年代中期经济过热的情况下，盲目乐观，认为房地产有暴利可图，从而不顾自身的核心竞争能力，错误地把公司未来的筹码压在自己一无所长的房地产上。这就是盲目多元化，自损公司价值，这样就掉进了第四个陷阱。而且巨人公司在公司规模急剧膨胀后，没有调整相应的业务流程，仍沿用原来的管理方式，根本无法适应公司发展后接踵而至的管理上的复杂性。整个公司远不在一种正常的受控状态，职能部门和业务部门之间无法协调产生整体效应，而这恰恰是第五和第六个陷阱。当房地产项目导致公司资金短缺时，巨人公司的决策层不是果断下马，而是剜肉补疮，抽调保健品业务的资金来填补房地产的无底洞，而从来没有冷静地评估一下自己到底是否应该涉足其间。这恰好落入了第二个陷阱。结果是非但在房地产上无力回天，保健品业务也从此一蹶不振。如此种种的决策错误缠身，也就注定了巨人公司后来的灭顶之灾。

警惕诱导企业经营
决策失误的陷阱

资料链接

五个经营决策案例给我们的启示

在棋界有句话："一着不慎，满盘皆输；一着占先，全盘皆活。"它喻示一个道理，无论做什么事情，成功与失败取决于决策的正确与否。科学的经营决策能使企业充满活力，兴旺发达，而错误的经营决策会使企业陷入被动，濒临险境。综观世界各国，经营决策失败的有不少，当然，也不乏成功的案例。从以下的案例中我们会得到许多有益的启示。

案例一

1985年，由马来西亚国营重工业公司和日本“三菱”汽车公司合资2.8亿美元生产的新款汽车“沙格型”隆重推出市场。马来西亚政府视之为马来西亚工业的“光荣产品”。产品推出后，销售量很快跌至低潮。经济学家们经过研究，认为“沙格型”汽车的一切配件都从日本运来，由于日元升值，使它的生产成本急涨，再加上马来西亚本身的经济不景气，所以汽车的销售量很少。此外，最重要的因素是政府在决定引进这种车型时，主要考虑到满足国内的需要。因此，技术上未达到先进国家的标准，无法出口。由于在目标市场决策中出现失误，“沙格型”汽车为马来西亚工业带来的好梦，只是昙花一现而已。

此例说明，科学经营决策的前提是确定决策目标。它作为评价和监测整个决策行动的准则，不断地影响、调整和控制着决策活动的过程，一旦目标错了，就会导致决策失败。

案例二

1962年，英、法航空公司开始合作研制“协和”式超音速民航客机，其特点是快速、豪华、舒适。经过10多年的研制，耗资上亿英镑，终于在1975年研制成功。十几年时间的流逝，情况发生了很大变化。能源危机、生态危机威胁着西方世界，乘客和许多航空公司都因此而改变了对在航客机的要求。乘客的要求是票价不要太贵，航空公司的要求是节省能源，多载乘客，噪声小。但“协和”式飞机却不能满足消费者的这些要求。首先是噪声大，飞行时会产生极大的声响，有时甚至会震碎建筑物上的玻璃；其次是由于燃料价格增长快，运行费用也相应大大提高。这些情况表明，消费者对这种飞机需求量不会很大。因此，不应大批量投入生产。但是，由于公司没有决策运行控制计划，也没有重新进行评审，而且，飞机是由两国合作研制的，雇用了大量人员参加这项工作，如果中途下马，就要大量解雇人员。上述情况使得飞机的研制生产决策不易中断。后来两国对是否要继续协作研制生产这种飞机发生了争论，但由于缺乏决策运行控制机制，只能勉强将决策继续实施下去。结果，飞机生产出来后卖不出去，原来的宠儿变成了弃儿。

此例说明，企业决策运行控制与企业的命运息息相关。一项决策在确定后，能否最后取得成功，除了决策本身性质的优劣外，还要依靠对决策运行的控制与调整，包括在决策执行过程中的控制，以及在决策确定过程中各阶段的控制。

案例三

美国国际商业机器公司为了从规模上占领市场，大胆决策购买股权。1982年，其用2.5亿美元从美国英特尔公司手中买下了12%的股权，从而足以应付国内外电脑界的挑战；1983年，又以2.28亿美元购买了美国一家专门生产电讯设备的企业——罗姆公司15%的股权，从而维持了办公室自动化设备方面的“霸主”地位。又如，早在1956年，美国的一家公司发明了盒式电视录像装置。美国公司只用它来生产一种非常昂贵的广播电台专用设备。而日本索尼的经营者通过分析论证，得出电视录像装置一旦大批量生产，其价格势必降低，许多家庭可以购买得起此种录像装置。这样一来，家用电子产品这个市场就会扩大，如果马上研究开发家用电视录像装置，肯定会获得很好的经济效益和社会效益。由于这一决策的成功，家用电视录像装置的市场一度被日本占去了90%多，而美国则长期处于劣势。

此例说明，经营决策正确，可以使企业在风雨变幻的市场上独居领先地位，并可立于不败之地。

案例四

1960年，爱奥库卡升为美国福特公司副总裁兼总经理。他观察到60年代一股以青年人为代表的社会革新力量正式形成，它将对美国社会、经济产生难以估量的影响。爱奥库卡认为，设计新车型时，应该把青年人的需求放在第一位。在他精心组织下，经过多次改进，1962年底这种新车最后定型。它看起来像一部运动车，鼻子长、尾部短，满足了青年人喜欢运动和刺激的心理。更重要的是，这种车的售价相当便宜，只有2 500美元左右，一般青年人都能买得起。最后这种车还取了一个令青年人遐想的名字——“野马”。1964年4月，纽约世界博览会期间，“野马”正式在市场上露面，在此之前，福特公司大造了一番舆论，掀起了一股“野马”热。头一年便销售了41.9万辆“野马”，创下全美汽车制造业的最高纪录。“野马”的问世和巨大成功显示了爱奥库卡杰出的经营决策才能。从此，他便扬名美国企业界，并荣任福特汽车公司总裁。

此例说明，决策成功，可以扩大销售额，降低成本，提高利润，进而占领市场。

案例五

日本尼西奇公司在战后初期，仅有30余名职工，生产雨衣、游泳帽、卫生带、尿布等产品，订货不足，经营不稳，企业有朝不保夕之感。公司董事长多川博从人口普查中得知，日本每年大约出生250万婴儿，如果每个婴儿用两条尿布，一年就需要500万条，这是一个相当可观的尿布市场。多川博决心放弃尿布以外的产品，把尼西奇公司变成尿布专业公司，集中力量，创立名牌，成了“尿布大王”。资本仅1亿日元，年销售额却高达70亿日元。

经营决策成功，还可以使企业避免倒闭的危险，转败为胜。如果企业长期只靠一种产品去打天下，势必潜藏着停产倒闭的危险，因为市场是多变的，人们的需要也是多变的，这就要求企业家经常为了适应市场的需要而决策新产品的开发。这种决策一旦成功，会使处于“山穷水尽”状况的企业顿感“柳暗花明”。

〔以上案例均来源：http：// www. docin. com/p－193093481. html〕

五个经营决策案例
给我们的启示

柳传志：我错看了李书福！现在创业骗子太多疯子太少

这两天汽车产业界最大的新闻是李书福90亿美元成奔驰最大股东，而这两天企业界最大的新闻是传志公开表示，自己看错了李书福。

在昨天“亚布力中国企业家论坛第十八届年会”上，联想控股股份有限公司董事长柳传志在演讲时候说：“2000年前后，在央视《对话》栏目上，李书福说要做汽车，大家觉得太可笑了，觉得不可能。李书福是背着挎包给人照相出身的，后来做了一个摩托车公司就很了不起了。他说要做汽车，底下的人连我在内都绝对不相信。”

当时给李书福起一个外号叫“汽车疯子”，“今天疯子怎么了？买了沃尔沃，今天又成了奔驰大股东，不是给中国企业家长脸吗！”

柳传志说的这期节目是2001年12月23日中央电视台财经频道《对话》一期叫《中国企业家面对变革》的节目，距今已经17年了。

当时只是《对话》一期普通的节目而已，来的企业家现在看来可以说是大腕云集：联想集团董事局主席柳传志、深圳万科股份有限公司董事长王石、四通集团董事长北段永基、中国吉利集团董事长李书福、搜狐公司CEO张朝阳、《中国企业家》杂志社社长刘东华、联合运通投资顾问管理公司董事长张树新、神州数码有限公司总裁郭为等（以上职务都为时任）。

柳传志:李书福很难获得汽车产业的奶酪

当时做这期节目的背景是李书福花费了10亿元研发费用,经过漫长的等待刚刚拿到汽车生产许可证,我们再现一下当时柳传志等大佬是怎么错看李书福的。

主持人陈伟鸿问柳传志,李书福能不能获得汽车产业的奶酪?

柳传志说:我觉得李总现在得到的还不是奶酪,得到的只是寻找奶酪的权利。

主持人插话说,您(柳传志)这句话给他(李书福)打击很大。

柳传志接着补充说,因为有了这个权利以后,你去寻找它,真的能不能分到手还是另外一个问题。有寻找的权利和能分到它是两回事,那个后边有可能还要经过18层地狱的考验还真说不定呢。

李书福:我不是疯子

主持人陈伟鸿问李书福,很多人说你是一个汽车疯子,到底疯到什么程度?

李书福毫不犹豫回答,你说我是疯子我认为我不是疯子,我觉得我们这是生产汽车,我认为这是一个很正常的一件事情。

主持人陈伟鸿追问,那么他们为什么说你是疯子,你觉得你哪一点特别不可理解?

李书福说,世界在变,社会在变,人类在变,什么都在变,如果说你用原来老的思想、传统的观念来看新的世界,这个世界本来就是一个大迷官,你怎样在这个大迷官里边能够走出自己的一道路来。

中国的汽车工业一定要崛起,怎么崛起?在美国,一年的工资收入可以买两辆轿车;而在中国,十年的工资收入还买不到一辆轿车,所以这个轿车普及不了。现在我们要做到中国人一年的收入能买到两辆轿车还做不到,那么我准备争取中国人一年的收入能够买一辆轿车,比如说一年的收入是三万到五万,那我们汽车价格也就是三万到五万,这样的话汽车价格与他的生活水平和收入匹配起来,那他才能买得起用得起。这是一个比较实际的想法,这个你说是疯子,我想不是吧,你说对不对。

李书福:中国要有自己的汽车厂

主持人陈伟鸿问:我在《中国企业家》杂志上面还看到了一句话,可能对你也比较打击,这句话是这么说的,它说国家不给你生产权其实是保护你,如果真的给了你,其实就害了你。

李书福回答说，这说明大部分人都觉得中国不应该有自己的汽车厂，这句话就是这个意思，就是中国的汽车工业必须要全盘由外国人来主宰，谁找到跨国公司合作谁就是赢家，也就是说中国的所有汽车厂赶快去找跨国公司合作，我就不赞成这个观点。

在央视财经频道《对话》这期节目的结尾，主持人让柳传志等预测一下李书福能不能造汽车成功，大家没有一个肯定的回答，只有柳传志说：李书福可能要脱几层皮才能达到目标。

有一本书叫只有《偏执狂才能生存》，有人说李书福是偏执，甚至说是疯子，但是我觉得李书福是自信，是豪气冲天的自信！17年前李书福的回答充满了这种豪气，这就是他为什么能够收购沃尔沃，入股奔驰的真正原因吧。

你想成功就不要轻易相信权威的质疑！

创新有些时候就是发生在大佬看不起、看不上的时候，当所有人都觉得是机会的时候，根本就轮不到李书福。

创新者必须自己要有这种坚定的毅力，要有百折不挠的精神，要能够抵御住各种压力，17年前，李书福“舌战群儒”成就了今日之成就。

“创”和“闯”是同音，没有“闯”哪来的“创”？所以，正是因为有那么多像李书福这样初生牛犊不怕虎的闯劲，才有了我泱泱大国今日之辉煌成就。

权威是在某一个特定的领域是权威，不是在所有的领域都是权威，不要盲目相信权威所有的判断。权威站在过去成功经验的一个纬度上来看待一个项目，这就很容易产生误差，这是权威的认知格局局限决定的。

从小到大，我们无数次被“权威”选择，无数次被“权威”放弃，但是请一定不要气馁！相信自己！成功源自你有一颗强大的内心，哪怕全世界都说你不能，你也要坚定认为——我能！

向柳传志们致敬

柳传志老爷子在这么一个公开的重要场合上来谈17年前自己看错李书福，自爆家丑，可谓是用心良苦，高风亮节，足以看出柳传志老爷子的格局和情怀。

他真心为李书福高兴，更是为中国民族汽车产业自豪。更深层的意思是，柳老希望年轻人能有李书福这种闯劲。

中国改革开放进入到第40个年头，我们取得了令世界瞩目的成就。但是，有些年轻人已经缺少了像李书福这样的创新精神，缺少了这样一种挑战不可能的勇气，缺少了挑战权威的霸气。

柳传志老爷子，用自爆家丑的方式来鼓励大家，实在是可爱、可敬！

今年是改革开放四十年，在此让我们一起像柳传志等改革开放的第一代企业家门致敬！

〔资料来源：http：// 31. toocle. com/detail-7729947. html〕

专题六

企业组织机构设置的科学

企业组织机构设置

一、企业组织的理论与实践

“组织是实现路线的保证”，在企业中也是这样。一项正确的决策，必须通过一定的组织形式才有可能得到实现。20 世纪 20 年代，美国的现代管理之父——泰勒第一次比较系统地提出了企业的组织原则。他将企业划分成若干层次，用有约束力的制度规定了不同层次的权限，同时详细设置了各层次的组织形式与岗位，每个岗位都有明确的职责。

这种组织形式有点类似军队，建立在下级绝对服从上级的基础之上。泰勒第一次把企业组织成一架巨大的机器，使之机械地转动。这种形式的最大特点就是只承认劳动成果不承认劳动者的差别；只承认制度，而不承认人情。这是法治在生产领域中的体现，充分反映了当时社会化大生产的要求，对生产力的发展速度起到巨大的促进作用。但是这种形式有一个致命的缺点，就是不考虑人的主观能动性，把人变成了机器，窒息了人的创造性，加剧了劳资之间的矛盾。卓别林曾在《摩登时代》里对这种制度作了入木三分的描绘。

因此，到了第二次世界大战后，各种新的组织形式纷纷出现，旨在改革泰勒制的缺点。如我国实行的厂长负责制、美国的等级决策制、日本带有浓厚家族色彩的“丰田”“松下”制等，都力图加强组织中的民主性，以最大限度地调动职工的积极性。

二、企业组织与组织任务

组织，是以系统工程学为理论基础的。企业不论大小，都是一个系统，由许多互相联系、互相制约的部分组成。企业又与其他企业构成了一个更大的系统。企业有一个总体目标，要求各个组成部分都为这一目标服务。各个部分都有自己的直接目标，但实现这个直接目标必须为总目标服务。如何使各个部分的直接目标与总体目标相协调，达到最佳化，就是系统分析。

组织，就是对这些部分（包括其最小部分——个人）进行有效的组合，以期建立一个高效率的机构。

组织有三个环节：① 划分任务；② 任务部门化；③ 授权。即先明确总目标及从总目标分解出来的分目标，然后根据任务的需要划分部门，设立机构，最后授权给这些部门，使他们能有足够的权力来完成分给他们的任务。

三、组织的原则

企业的组织是社会组织的一部分，因此必须遵循社会组织的原则。

1. 整分合原则

在整体规划下明确分工，在分工的基础上进行有效的综合，这就是整分合。一个钢铁联合企业由采矿、炼铁、炼钢、轧钢四大部分组成，有分有合，最终产出钢材。现代化分工有四种方式：一是按社会功能进行分工，如第一产业、第二产业、第三产业；二是按自然资源特点进行专业化区域分工，如山西主要产煤，云南大力发展有色金属，充分发挥不同地区的资源优势，尽量减少运输，达到降低完全劳动消耗的目的；三是按产品（学科）及其构成进行专业化生产（研究）分工，如机械、能源、化工、纺织、食品等就是按产品分工的；四是按照生产的作业程序进行专业化分工。我们知道，从全社会讲，产品总是分成最初产品、中间产品和最终产品的，我们可以按加工产品的顺序把工业分成基础工业、加工工业。从一个企业讲，又可以按产品的加工程序分成不同的车间。没有充分的分工，生产就无法专业化、社会化，分工的充分与否标志着一个国家生产力发展的水平。但分工必须在整体需要的基础上进行，为整体服务，否则就会失去协调，产生矛盾。在宏观上，可以造成经济危机，在微观上可以使一个企业倒闭。

2. 封闭原则

任何组织系统都应该是一个首尾相接的圆圈，而不应该是一条直线。就是说，系统中的每一个层次、每一项措施都必须有相应的制约因素。每一项指示发出后，其后果都要能返回发指示的部门。在我国有些企业中，固定资产是国家的，厂长是职工代表大会选出来或上级机关任命的。他代表谁呢？很显然，他既应该代表国家，又应该代表职工。在国家利益与职工利益发生矛盾时应该怎么办呢？就是要通过行政和经济手段，让厂长以国家利益为重，这个组织系统就封闭了，否则就是开放的。而开放的组织形式必然会失控，会使企业家的行为失去合理性，影响企业的长远利益。从另一个意义上讲，封闭还指企业决策的执行过程，这个过程要有头有尾，最后反馈到决策者那里，使他们能随时改变决策中的错误，使决策更靠近预定目标。可见，每个系统、每个层次都需要封闭。封闭是个相对的、动态的概念，封闭是相对开放而言的，今天完成的封闭，明天又变成开放了，一劳永逸的封闭是没有的，因此封闭是要不断进行的。

3. 跨距原则

一个人的领导能力有多大呢？他直接领导多少人工作效果最佳呢？我们把被领导的人数称为跨距。一个人的能力总是有限度的，不可能领导企业的每一个人，被领导的人越多，人事关系就越复杂。二者呈几何倍数增长。如何避免这些麻烦呢?按照跨距原则，建立最有效的领导机构原则就是一个有效的措施。国外一些企业家的经验数字表明，对于最高层的企业管理者，其跨距最多不超过 4 人，对于基层管理者，一般不超过 30 人。

4. 平衡原则

对于一个企业来说，各车间、班组之间生产的平衡是至关重要的。在企业组织建立后，领导者要时时观察其工作情况，一旦出现不平衡因素，应立即采取措施进行调整，将其清除掉。日本丰田汽车公司推行了无库存生产，各分厂生产的零件都要准时到达装配线，对平衡的要求极高，只要有一个部分出了问题，全厂就得停产。因此，每当出现停产事件时，管理人员都要追根寻源，找出不平衡因素并消除掉。丰田的无库存生产以平衡原则为基础，使生产有条不紊地进行，取得了巨大的经济效益，开创了现代企业管理的一条新道路。

5. 效率原则

提高效率是组织的目的。评价一种组织形式的好坏，主要看其效率的高低。科学技术越发达，人们对效率的要求就越高。各级企业管理者都要树立效率观念，并以此来评价组织形式的优劣。

四、小微企业组织机构设置应当考虑的问题

就企业的具体组织机构而言，以上原则只是一般原则。企业的组织机构设置是一件非常复杂的工作，它受生产资料所有制性质、经济体制以及历史条件、干部配备制度、企业规模、专业化协作程度、企业经济目标、地理环境等多种因素的影响，无法确定一个固定的模式。但无论设置什么样的组织机构，都要考虑下列问题。

1. 统一领导，分级管理

这是整分合原则的具体化。一个企业，必须有统一的领导，分级管理，才能围绕最终目标去进行经营。

2. 高效、精干、节约

高效是设置组织机构的标准，要实现企业的经营目标，可采取多种组织形式，才有充分选择的余地。

要做到高效，组织机构必须精干，精干是高效的保证。

节约，指的是尽可能减少管理费用，以降低企业最终产品中的完全劳动消耗。

3. 配合与制约

封闭原则要求企业的各机构之间既互相配合，协调发展，又要互相制约。

4. 既顾生产，又顾经营

小微企业的供销活动因基本上得不到国家计划的保障，比大企业更要依靠市场，其生产活动完全建立在市场需求的基础上，由供销定产。另外，生产资料的来源也不稳定，特别是我国生产资料市场长期处于短缺状态，要有稳定的生产资料以保证生产活动的顺利进行是十分困难的。这就决定小微企业组织机构设置的时候，既要考虑生产的需要，又要兼顾企业经营活动。

5. 建立经济责任制，做好人事安排

我国改革的实践已经证明了经济责任制的强大生命力。最著名的例子是首都钢铁公司，在实行了全面的经济责任制后，经济效益显著提高，利润以每年20％以上的速度增长。

对人事的安排也要十分注意，宁缺毋滥，特别是对企业领导的安排，更要谨慎小心。

小微企业组织机构的设置不是固定不变的。当前世界各国企业的组织机构也是多种多样的，但总体上讲，要遵循上述原则，因企业制宜，才能充分发挥本企业的优势，使企业立于不败之地。

企业组织机构设置

可供参考的企业组织机构模式

企业的组织机构形式因企业规模、行业技术水平的不同而异。主要形式有直线制、职能制、直线 — 职能制、部门化（事业部制）、模拟分散管理制、矩阵制等。这些组织形式都各有其特点，都与某种企业相适应，同时也都各有不足。

一、企业组织机构模式

1. 直线制

这是工业发展初期的一种最简单的组织形式，其特点是企业各级行政单位从上到下实行垂直领导，一个下属单位只接受一个上级的指令，各级主管负责人对所属单位的一切问题负责。厂部不设职能机构，一切管理职能都由行政主管负责人自己执行，或根据需要给厂长配备少量助手，协助厂长工作。

这种组织的优点是：机构简单，指挥管理统一、直接，责权界限明确，办事中间环节少，效率高，便于上级对企业活动进行监督检查。缺点是在企业规模较大、经济活动较复杂时，全部管理职能都由一个人负责是不可能的，因为谁也不是全才，同时精力也有限。所以这种组织形式只适用于规模较小、生产技术比较简单的企业，像小建筑队、小砖厂、小煤窑、小食品厂等。根据跨距原则，这样的企业应在一百人以下。

2. 职能制

职能制也称多线制。它的特点是各级行政单位除主管负责人外，还相应设立一些职能机构，分管技术、财务、生产、销售等各项工作，采用按职能实行专业分工的管理办法来代替全能的管理者。各级职能机构在自己业务范围内可以向下级单位下达指令，下级单位必须执行这些指令。

这种组织形式的优点是比较适应现代化工业生产技术比较复杂的特点，管理分工比较细，能够充分发挥职能机构的专业管理作用，便于吸收各种专家直接参加管理工作，减轻了企业主要领导人的负担。但是，缺点也很突出：由于实行多头领导，妨碍对企业生产经营活动的统一指挥，容易混淆直线领导人和职能机构的职责和权限，造成管理混乱，同时各职能机构往往都从本单位的业务工作出发，乱下指令，造成令出多门，使命令执行起来难度大。这种组织形式显然难以适应日益复杂的经济生活，无法做出及时、准确的决策。因此，在实践中，一般不宜采用，只是一种过渡性组织形式。

3. 直线—职能制

直线—职能制也称直线参谋或生产区域制。这种组织形式的特点是把企业的管理人员分为两类：一类是直线指挥人员，他们具有对下级指挥和命令的权力，并对该组织的工作负全部责任；另一类是职能管理人员，他们是直线指挥人员的参谋，只能对下级机构进行业务指导，而没有直接下达指令的权力。企业的经营决策权集中在企业的最高领导层。

这种组织形式将直线制与职能制的优点集中起来，并避免了它们的缺点。这是因为直线—职能制按照企业的机能和管理职能划分部门和机构，实行专业分工，加强了专业管理，同时又将企业的生产经营活动置于厂长（经理）的统一指挥之下，使各级直线领导者既有指挥权，又有业务参谋和助手。因而能够对本单位的经济活动进行有效的组织指挥，以适应现代工业企业管理工作比较复杂和细致的特点。它也有与现代工业企业管理不相适应的一面，主要是由于各职能部门分管不同的专业管理工作，出于部门的考虑，意见往往不一致，经常因协调不好而贻误工作。另外，由于职能部门无实权，许多问题只能通过直线领导解决，结果事无巨细都要直线领导出面，使他们陷于日常杂事当中，不能集中精力处理企业的重大问题，抵销了职能部门的许多长处，使决策迟缓、工作效率降低。这种组织形式虽然为世界各国企业广泛采用，特别在我国，这种形式在企业组织机构中占主要地位，但是实践证明，只有在企业规模相对比较小，产品品种相对比较简单，工艺比较稳定，市场也比较稳定时，这种组织形式才能发挥出较大的优越性。一旦企业规模过大，或产品品种工艺比较复杂多变，市场不稳定，特别是当企业由单纯生产型转变为生产经营型时，这种组织形式的缺点就充分暴露出来。因此，当前经济体制改革的一个重要任务就是改革企业的组织形式。一般企业采取的措施是设立各种综合委员会（小组），或者建立各种会议制度，以加强各部门之间的横向联系。并在最高层形成一个由企业直线领导和职能部门领导参加的决策集团，对重大经营问题共同拟定方案，分头执行。这只是修修补补的办法，难以彻底解决问题。所以又有一些新的组织形式应运而生。这就是部门化组织机构形式、模拟分散管理组织机构形式和矩阵组织机构形式。

4. 部门化（事业部制）

部门化组织机构形式是美国通用汽车公司总裁斯隆于 1924 年提出来的，但一直到 20 世纪 50 年代后才被普及。目前，国外大企业多采用这种组织机构形式。这种形式的主要特点是化大为小，化集中为分散，简化管理程序，提高管理效率。它按产品或地区的不同建立独立核算、自负盈亏的经营事业部，使之成为一个利润中心。

采取这种组织形式使大公司变得比较灵活，它把制定政策与行政管理分开，总公司只管重大问题的决策，而不管日常具体事务。各事业部在管理方面享有全权，可以充分发挥自己的主动性。事业部的组织机构可以自己按需要制定。

这种组织形式的优点很多。首先，它有利于企业最高领导层摆脱日常琐事，成为真正强有力的决策机构。同时可以充分调动事业部领导的主动性和积极性，加强他们的责任心。其次，它有利于把联合化和专业化结合起来，一个公司可以经营多种产品，形成大型联合企业，每个公司所属工厂都可以高度专业化。第三，由于各事业部实行独立核算，消除了公司内部的“大锅饭”，同时可以明显看出从事哪种产品生产更为有利，便于调整总公司内部的产业结构，提高公司经营的灵活性，以适应社会需求的变化。第四，各事业部之间独立经营，便产生了竞争，给企业增加内在动力，而事业部内部的供、产、销又由于共同的利益而易于协调。第五，它有利于培养管理人才和考核各级职工的工作。

这种组织形式的缺点主要表现在各事业部之间的协调较差，因为各事业部的利益都是独立的。另外，公司和各事业部职能机构重叠，用人较多，管理费用开支较大。

可见这种形式只适用于规模较大、产品种类较多、各产品之间的工艺差别也较大的企业。中小企业一般不采用这种形式。

5. 模拟分散管理制

这是一种介于直线 — 职能制和部门化两种组织机构形式之间的一种结构形式。它的特点是既不像直线 — 职能制那样集中管理，又不像部门化那样分散管理，而是模拟地独立经营。所谓模拟，就是设置独立经营的组织机构，行使部门化中事业部的管理权，但在独立核算上，只是模拟自负盈亏，实际上仍和其他部门捆在一起。这种形式一般适用于大型钢铁联合企业、化学工业企业、铝业公司等生产过程联系性很强或生产经营活动整体性很强的企业。这种组织机构的优点是便于将大企业分层管理，调动各级管理人员的积极性。但由于很难给模拟的组织单位规定明确任务，因此对其完成任务情况难于考核。比如考核炼钢车间完成任务情况就很困难，因为它受前道工序和辅助工序的影响很大，如生铁供应不足，电力供应不足，运输不及时等，都会影响它的生产。另外，各模拟组织之间的信息交流也较困难。

6. 矩阵制

矩阵是一个数学名词，即把多元素按横行、纵列排成一个矩形。我们常见的各种表格，大都是矩阵。这种组织机构是指在企业中既有按职能划分的垂直领导系统，又有按产品划分的横向领导机构，它们按一定规律排成一个长方形，因此也叫规划 — 目标结构或规划 — 矩阵结构。美国著名的兰德公司就是矩阵制组织机构。

这种形式的特点是为了完成某一项特别任务，如组织某种新产品的开发工作，在研究、设计、试制、制造各个不同阶段，由有关职能部门派人参加，做到条块结合，充分调动各部门的积极性，保证任务的完成。矩阵组织形式是固定的，但是每个专门产品（项目）小组是临时组织起来的，任务完成后就撤销，成员回原单位工作。总体上讲，在一项任务的执行过程中，不是按一般规矩把项目从一个部门转到另一个部门，而是不断按任务需要更换小组人员，每一专门小组都有负责人，直接对企业领导人负责。

这种形式的优点是灵活机动性、适应性强。它把企业上下左右、集权分权实行最优化结合，使有关人员相互沟通、集思广益解决一些难题，同时有利于把企业的垂直联系和水平联系结合起来，加强各职能部门以及各职能部门同任务之间的协作。这种形式的缺点是稳定性差。各小组成员易产生临时观念，影响工作。又由于小组成员受垂直和水平的双重领导，所以，当两个部门意见不一致时，工作就难以进行。可见，这种形式用于设计、创新等工作，如生产飞机、导弹，有着突出的优越性；但用于一般企业，还不够成熟，还有待进一步发展和完善。

以上组织机构形式都不是十全十美的。日本的中小企业几乎没有一个企业的组织机构形式完全相同。这是因为他们总是从企业的需要出发去设置机构的，而不是事先规定好机构再去建立企业。经济过程是一个动态的过程，因此组织机构形式也应随形势发展而变。稳定只是相对的，一个高明的企业家，就在于他能审时度势，充分调动其企业员工的积极性，为一个共同的目标而努力。这就是企业组织机构形式的最终目的。

二、组织机构设计中的几点建议

组织机构设计，目前主要基于三个方面：一是以工作和任务为中心来设计组织机构模式；二是以成果为中心来设计组织机构模式；三是以关系为中心来设计组织机构模式。在进行组织机构设计时，应注意以下几个方面。

1．稳定性和适应性相结合

一个企业的组织机构应保持相对的固定，随着内外部环境变化进行微调。组织应具有相对的稳定性，同时还需要具有一定的弹性。需要在组织中建立明确的指挥系统、责权关系和规章制度，同时组织还需要具有内在的自动调节机制。

2．保证组织的有效管理幅度

企业应根据自己的经营范围和企业规模，充分考虑领导人的有效管理幅度，既不能出现机构臃肿、人浮于事的现象，也不能出现领导每天焦头烂额、疲于应付的局面。应该因需设岗，因岗选人，将合格的人员放到合适的岗位上，按照有效管理幅度的原则进行组织机构设计。

3．重视组织机构设计评价环节

企业完成了组织机构设计后，应选取一定的时间，从管理流程、员工绩效、沟通效率、管理幅度等多个方面对企业组织机构进行评价，以检验组织机构模式的适应性，并及时发现问题，为今后的组织机构调整和变革做好信息收集。

可供参考的企业组织机构模式

企业组织机构的变革

一、企业组织机构变革的必然性

企业组织机构的设计和变革，既要考虑其相对的稳定性，又要考虑其调整和变革的必然性。企业组织机构之所以要不断调整和变革主要有以下几方面原因。

1. 企业环境的不断变化

任何企业的生产经营都不是孤立的，而是与其所处的外界环境密切相关。企业所处的外界环境，包括经济环境、政治环境、社会环境、技术环境、文化环境等总是在不断发展变化的。企业的组织机构为适应这种变化，必然要不断地调整和变革，否则很难生存和发展。以我国国有企业为例，过去这些企业所面临的政治、经济环境是计划经济体制。在这一体制下，企业只是国家政府部门的附属物。如今，这些企业所面临的是市场经济体制。在这一体制下，企业必须成为自主经营、自负盈亏的法人实体。如果在这一体制转变时期，企业的组织机构不作相应的调整和变革，就很难适应新的环境变化。

2. 企业自身的不断发展

一个经营得好的企业，总是要不断发展的。其主要表现为：生产规模不断扩大、产品品种不断增多、职工人数不断增加等。所有这些都会引起企业生产和管理的复杂化，从而促使企业组织机构的不断调整和变革。加之在社会主义市场经济条件下，企业在竞争中不可避免地要出现分化、兼并、联合、重组的情况，也必然会引起企业组织机构的调整和变革。

3. 企业职工素质的不断提高

随着经济和科学技术的不断发展，企业职工的思想、文化、技术素质也在不断提高，同时也引起了企业中劳动性质及劳动力构成的不断变化。由于企业中“知识型”职工的显著增加，原来旧的管理方式不适应了。随着管理方式的改变，企业的组织机构也必然随之变革。

二、企业组织机构变革的方式和步骤

1. 企业组织机构变革的方式

企业组织机构变革大体有三种方式：

(1) 改良式变革。即日常修修补补。如局部改革某个科室的职能，新设一个职位等。

(2) 爆破式变革。短期内完成组织机构的重大的以至根本性变革。如两家企业合并，从职能制改为事业部制等。

(3) 计划式变革。对改革方案经过系统研究，制定全面规划，然后有计划、分阶段地实施。

2. 企业组织机构变革的步骤

组织机构变革是一项复杂的、涉及面广的系统工程，因此必须慎重，不能草率从事。组织机构变革的方案要经过仔细研究和充分酝酿，尽可能地先进行试点，再逐步推广；要配套改革，组织机构变动应同时调整有关的职责范围、工作标准、业务流程、岗位责任制等规章制度，并要同加强人员培训、改进管理制度和方法结合进行。

在解决上述思想方法的基础上，组织机构变革一般要按以下步骤进行：

(1) 确定问题。提出组织机构需要改革的目标和问题。

(2) 组织诊断。收集资料和情况，进行组织机构分析。

(3) 提出改革方案。制定若干可行的方案，以供比较和选择。

(4) 制定改革方针。确定改革的指导原则、方式和策略。

(5) 制定改革计划。制定改革的步骤，组织力量，做好试点工作。

(6) 实施改革计划。统一领导，系统考虑，克服阻力，分步实施。

(7) 评价效果。检查、分析、评价改革的效果和存在的问题。

(8) 信息反馈。发现偏差，及时反馈，对原定改革方案作进一步修正。

三、尽量优化企业的组织机构

美国管理学家麦格雷戈指出：集体的输出通常不是组织中个人能力的“最小公分母”，而是比每个成员单独行动时的力量总和要大得多、产生的决策优秀得多、问题的解决效率也要高得多。随着技术革命特别是信息网络化，简单而有效的组织机构，有利于创造最短的信息流，提高企业的反应速度，充分发挥管理的优势。小微企业规模小，职工人数少，组织机构设置简单且变动灵活，因而可以通过调整组织内部各要素的比例和次序，从而达到信息沟通有效、组织机构优化的目的，提高参与国际国内竞争的能力。

1. 关于中小企业组织机构优化问题的影响因素

(1) 创新是中小企业组织机构优化的核心。中小企业组织机构优化需要做多方面的配套工作，但必须围绕创新这一核心因素。在21世纪，企业之间的竞争已不仅局限于资本、技术和市场的竞争，归根结底是知识的生产、占有和创新能力的竞争。这对企业的组织机构提出了新要求。小微企业要在激烈的国内、外竞争中生存和发展，必须通过改变经营思想、调整部门结构、完善运行机制、提高管理技巧等，使组织内各要素在质和量上发生新的重组，从而推动企业向更深层次发展。为此，小微企业在设置组织机构时要重视创新领导小组、技术开发部等部门的建立。

(2) 组织机构简单化是小微企业组织机构优化的基础平台。组织机构简单化，是指企业内部各部门的设置要尽可能简单，实现纵向的扁平化和横向的合并精简。纵向的扁平化要求小微企业在设置组织机构时应尽可能压缩层次，上下级指挥权限的划分清晰明了。如某磷肥厂在组织机构的纵向上压缩层次，将车间的工段级组织取消，改为按“生产单元”划分生产班组，实行车间、班组两级管理，使该厂的生产效率明显提高。横向的合并精简要求企业组织系统的构成，在横向联系的层次上应尽可能少，部门职责明确。

(3) 信息管理、人本管理、知识管理是小微企业组织机构优化的辅助手段。信息管理是通过对信息的收集、加工、存储、使用和反馈过程来为决策服务的。小微企业要利用组织机构简单、信息传递快的优势，建立快速、先进、智能化的信息传输和处理系统，努力缩短信息收集、整理、沟通、反馈及更新的时间。人本管理是指通过企业管理活动，使人的积极性、主动性和创造性得到充分发挥，从而使个性化的人得到全面发展。小微企业要设置和完善人力资源开发部门，并建立起完整的衡量职工绩效的激励约束机制和职工培训机制，给员工提供发展的机会和获利的空间。知识管理就是对企业生产和经营所依赖的知识通过收集、加工、利用和开发等一系列过程的管理。

2. 小微企业组织机构优化系统模型的构建

(1) 系统动力学的基本原理。系统动力学是以复杂的大系统为研究对象，从系统的整体出发，研究系统内子系统之间的因果关系以及信息反馈环的动态行为特征。它认为：系统的结构决定系统的功能。系统的行为模式是由系统的结构决定的，环境要对系统行为模式产生影响，通过系统内部结构起作用；信息反馈回路是动态系统的基本结构。任何系统都存在着一个或几个主要因果反馈回路，它们决定着系统的主要结构和动态趋势。

(2) 系统模型的构建。该系统模型包括两个因果反馈回路：因果反馈回路 A 与因果反馈回路 B。其中 A 是主要因果反馈回路。主要因果反馈回路 A 指的是：小微企业在进行组织机构创新时，要以创新为核心，在组织机构的设置更加简单化的基础上借助于信息管理、人本管理、知识管理等辅助手段，只有这样才能达到组织机构优化的效果。因果反馈回路B指的是：小微企业在因果反馈回路A的作用下实现了组织机构的优化，在此基础上，通过运用正确的市场战略，从而使得企业竞争力提高，并为企业的下一步创新奠定物质基础。从整体上看，通过因果反馈回路A的动力推动作用，带动了因果反馈回路B起作用，从而整体上形成了小微企业组织机构优化系统。

(3) 系统模型的功能。其功能在于为小微企业优化组织机构、提高企业竞争力做理论意义上的指导。小微企业在优化组织机构时，必须以创新为核心。一是指组织机构设置方面的创新，即企业内部各部门的设置要尽可能简单，实现纵向的扁平化和横向的合并精简，这是小微企业组织机构优化的基础平台；二是指企业在进行组织机构创新的过程中要辅助于信息管理、人本管理、知识管理，也就是要做到管理思路和管理方法的创新。通过这两方面的创新，小微企业组织机构就会达到优化，使得企业内部信息畅通，能够迅速有效地制定市场战略。有了正确的市场战略，通过新产品的开发、营销，就会使得企业竞争力提高，为企业的下一步创新提供物质保证。在这个反馈回路的作用下，小微企业的组织机构将达到优化，并显示出比大型企业在管理方面的优势。

由于大型企业规模大，管理复杂，组织机构不可能设置得很简单，信息流通速度不可能很快；同时，由于路径依赖的作用，大型企业在管理方面容易形成固定模式，要在组织机构方面进行创新有一定的困难。而小微企业由于组织机构简单、管理灵活的特点，因而在组织机构创新方面具有优势。因此，该系统模型为小微企业组织机构优化提供了基本思路，可以将此运用于实践从而提高自身的竞争力，并在实践中进一步修正。

资料链接

海尔集团部门化的组织结构

海尔集团创立于1984年，经过30多年的持续稳定发展，现已成为世界第四大白色家电制造商、中国最具价值品牌。海尔集团旗下现拥有240多家法人单位，并在全球30多个国家建立了本土化的设计中心、制造基地和贸易公司，全球员工总数超过5万人，重点发展科技、工业、贸易、金融四大支柱产业，现已发展成为全球营业额超过1 000亿元规模的跨国企业集团。

一、海尔集团组织结构概况

关注海尔集团的人都知道，为了应对网络经济和加入WTO带来的挑战，海尔集团从1998年就开始实施以市场链为纽带的业务流程再造。在第一个五年中，海尔集团主要实现了组织结构的再造：变传统企业金字塔式的直线—职能结构，为扁平化、信息化和网络化的市场链流程；以订单信息流为中心，带动物流、资金流的运动，加快了用户零距离、产品零库存和营运零资本的“三零”目标的实现。

二、海尔集团组织结构分析

从海尔集团的组织结构图中我们可以看到，海尔集团现行超事业部制的组织结构。事业部制，又称部门化结构或分权组织，它是在公司统一领导下，按产品、地区或市场不同建立事业部或分公司。各事业部分别进行产品设计、采购、生产和销售活动。事业部既是在总公司控制下的利润中心，又是产品生产责任单位和市场销售责任单位，具有自己的产品和独立的市场。由于各事业部均设置相应的职能部门，造成管理层次和管理人员较多，管理机构重叠，管理成本较高。

所以，海尔集团在此基础上，按照规模经济及专业化分工的原则，将各产品事业部的采购职能、仓储职能、运输职能整合为一个新的部门——物流推进本部，由物流推进本部统一行使各产品事业部的上述3种职能；将各产品事业部的国内营销功能整合为一个新的部门——商流推进本部；将国外营销部门整合为海外流（海外推进本部）；将财务部门整合为资金流。于是，原有的各产品事业部就演变成为独立的生产及研发部门，而不再具有其他功能。这样，就实现了全集团范围内的统一营销、统一采购和统一结算。此外，海尔集团还从各事业部分离出了所有支持业务资源，如人力资源开发、技术质量管理、信息管理、设备管理等，形成一个独立经营的服务公司。上述几大部门在集团组织结构中的地位是平等的，如今扁平化的组织结构，把企业与市场结合在了一起，流程运转全以用户为中心，满足了创新的需求。

海尔集团这种先进理念的确立经历了两个阶段，即从传统的职能管理下的业务流程，发展到矩阵型结构的项目流程；然后从解决基于矩阵结构所构建的业务流程，在运作过程中所出现的问题，发展到新流程的确立和业务流程的重组。

企业的组织结构是实现企业经营战略目标的基础和保证，是管理系统的载体，也是企业获取利润的工具。在当今"市场唯一不变的法则就是永远在变"（"海尔"理念）的形势下，企业内部的组织结构必须得以不断创新。

（1）海尔集团的组织结构是随着企业战略目标的转移和市场环境的变化而改变的。从实现"海尔"名牌战略的职能型结构，到实现"海尔"多元化战略的事业本部结构，再到实现"海尔"国际化战略的流程型网络结构，海尔集团走过了一条组织创新之路。

（2）以海尔集团为代表的企业组织结构的"横向革命"，标志着企业组织结构中传统的纵向"官僚机制"开始崩溃。这是因为，以知识、技术为基础的信息技术的迅猛发展与广泛应用，直接导致了企业内部信息交流成本的极大降低。

（3）海尔集团坚持全面实施国际化战略，已经建立起了具有国际竞争力的全球设计网络、制造网络、营销与服务网络。海尔集团现有设计中心18个，工业园10个（其中国外2个，分别位于美国和巴基斯坦；国内8个，其中5个在青岛，合肥、大连、武汉各有1个），海外工厂13个，营销网点58 800个，服务网点11 976个。这种大规模的国际化战略必将促使海尔集团组织结构的变革。

综上所述，把相互关联的管理组织加以整合，已成为现代大型企业集团组织结构发展的大趋势。海尔集团未来将逐渐建立趋于扁平化、小型化、个性化、综合化和以顾客为导向的水平组织，以适应经济发展的需要。

而这个巨大的矩阵组织结构也是动态的，是随着战略的变化而调整的。当企业遭遇外部环境挑战时，这个网络就会收缩并进行叠加，即会进行岗位、人员的精简；而环境向好需要扩张时，这个网络就会打开，并进行岗位与人员的扩张。但其基本的业务流程却会保持相对稳定。

正所谓战略决定结构，结构也在反作用于战略，华为三十年的发展历程，也是非常好地诠释了这一理念。华为在进行阶段性战略调整的同时，为了支撑公司战略的实施与达成，也同步进行了一系列的流程再造、组织结构变革，从最初的直线—职能制的组织结构，逐渐演变成现在的产品线的矩阵式组织结构。

没有最好的模式，只有最合适的模式，企业应该根据行业和自己的实际情况，探索和建立最适合自己的模式与道路。但通常而言，要走向规范化、专业化、国际化，告别老板"一言堂"，合理的分权与授权是必然要走的道路。只不过是在不同的场合和情况下，具体的方式方法以及"度"的把握的问题。

企业架构的影响因素

组织结构(Organizational structure)是指对于工作任务如何进行分工、分组和协调合作，是表明组织各部分排列顺序、空间位置、聚散状态、联系方式以及各要素之间相互关系的一种模式，是整个管理系统的"框架"。

1. 企业环境

企业要生存和发展，就必须不断地适应环境的变化、满足环境对组织提出的各种要求。因此，环境是决定管理者采取何种类型组织架构的一个关键因素。

外部环境指企业所处的行业特征、市场特点、经济形势、政府关系及自然环境等。环境因素可以从两个方面影响组织架构的设计，即环境的复杂性和稳定性。外部环境对组织的职能结构、层次结构、部门结构以及职权结构都会产生影响。

环境越复杂多变，组织设计就越要强调适应性，加强非程序化决策能力。这也就是为什么在这种情况下结构简单的小规模企业的适应力反而比大企业强的原因。处于高干扰性环境的组织需要减少管理层级，加强部门间的协调与部门授权，减弱组织内部的控制力。在结构上需维持一定程度的灵活性与弹性，这样才能使企业更具适应性。

当经济环境相对稳定时，企业追求成本效益，往往规模大、组织架构复杂。在稳定的环境中采用机械式组织架构即可应付，组织内部的规章、程序和权力层级较为明显，组织的集权化程度明显增强。

2. 企业战略

企业的组织架构是其实现经营战略的主要工具，不同的战略要求不同的结构。一旦战略形成，组织架构应做出相应的调整，以适应战略实施的要求。著名管理学者钱德勒指出：战略决定结构。

战略选择的不同能在两个层次上影响组织的结构：不同的战略要求开展不

同的业务活动，这会影响管理的职能结构；战略重点的改变，会引起组织的工作重点转变以及各部门在组织中重要程度的改变，因此要求对各管理部门之间的关系作相应的调整。

企业实行多元化战略意味着企业的经营内容涉及多方面业务，高度多元化的战略要求组织架构更加灵活。这就需要分权式的组织架构，这种结构是相对松散的，具有更多的不同步和灵活性。在这种组织架构下，各多元化业务之间联系相对较少，核心流程可以并行管理。这样才能从总体上推进多元化战略的实施，如事业部制。

而单一经营战略或企业推行低成本战略时，就要求组织架构降低运营成本并提高整体运作效率，这时企业可选择集权度较高的组织架构，如直线—职能制，这样的组织架构通常具有更多的机械性。

3. 企业规模

企业规模是影响企业组织设计的重要因素。企业的规模不同，其内部结构也存在明显的差异。随着企业规模的不断扩大，企业活动的内容日趋复杂，人数逐渐增多，专业分工不断细化，部门和职务的数量逐渐增加。这些都会直接导致组织架构复杂性的增加。

企业规模越大，需要协调与决策的事务将会不断增加，管理幅度就会越大。但是，管理者的时间和精力是有限的。这一矛盾将促使企业增加管理层级并进行更多的分权。因此，企业规模的扩大将会使组织的层级结构、部门结构与职能结构都会发生相应的变化。

值得注意的是，企业规模的扩大会相应地增加组织运作的刚性，降低其灵活性。人员与部门不断增多，要求企业进行规范管理。企业将会制定详细的规章制度，并通过严格的程序和书面工作实现标准化对员工和部门进行控制，公司就容易采用机械性的组织架构。

4. 业务特点

如果企业业务种类众多，就要求组织有相应的资源和管理手段与之对应，来满足业务的需要，因此部门或岗位设置上就会更多，所需要的人员就更多，组织相对就复杂一些。一般情况下，业务种类越多，组织内部部门或岗位设置就越多。

企业的各个业务联系越紧密，组织机构设计越需要考虑部门及部门内部业务之间的相互作用，越不能采用分散的组织机构，这种情况下采用直线—职能制或矩阵式组织机构更合适。一般而言，业务相关程度越大，越要进行综合管理。

如果企业业务之间联系不紧密，或业务之间的离散度很高，那么组织各部门或岗位之间的联系就越少，部门或岗位的独立性就越强。这种运作状况下，企业宜采用事业部制组织架构，给下属部门更多的权力。业务相关程度较低时，可以分别对每一个业务采用不同的政策和管理要求，进行分散管理。

5. 技术水平

组织的活动需要利用一定的技术和反映一定技术水平的特殊手段来进行。技术以及技术设备的水平，不仅影响组织活动的效果和效率，还会作用于组织活动的内容划分、职务设置等方面。

有些企业技术力量较强，他们以技术创新和发展作为企业发展的根本，这时候组织机构关键是考虑技术发展问题，组织设计也以技术及其发展创新为主。当技术能够带来高额利润时，技术管理和利用就显得相当重要，技术管理成为企业组织机构设置的核心问题，成为组织机构设置的主线。生产技术越复杂，组织架构垂直分工越复杂，这将导致组织的部门结构增加，从而也增加了企业横向协调的工作量。

在传统企业中，各个企业的技术都差不多，企业的主要利润点不在技术上，那么技术就不会过多地影响企业组织机构的设置，组织机构的设置更多地考虑诸如渠道管理、成本降低等，并以这些因素作为组织机构设计的主线。因此，这类惯性高的工作可考虑采标准化协调与控制结构，组织架构具有较高的正式性和集权性。

6. 人力资源

人力资源是组织架构顺利实施的基础。在组织架构设计中，对人员素质的影响考虑不够会产生较严重的问题。员工素质包括价值观、智力、理解能力、自控能力和工作能力。当员工素质提高时，其本身的工作能力和需求就会发生变化。对于高素质的员工，管理制度应有较大的灵活性，例如弹性的工作时间、灵活的工作场所（如家庭办公）、较多的决策参与权以及有吸引力的薪资福利计划等。

人力资源状况会对企业的层级结构产生影响，管理者的专业水平、领导经验、组织能力较强，就可以适当地扩大管理幅度，相应地，就会导致管理层级的减少。

人力资源状况会对企业的部门结构产生影响，如实行事业部制，就需要有比较全面领导能力的人选担任事业部经理；若实行矩阵式结构，项目经理人选要有较高的威信和良好的人际关系，以适应其责多权少的特点。

人力资源状况还会对企业的职权结构产生影响，企业管理人员管理水平高，管理知识全面，经验丰富，有良好的职业道德，管理权力可较多地下放。

7. 信息化建设

网络技术的普及和发展使企业组织机构的存在基础发生巨大的变化，电子商务技术的发展使信息处理效率大幅提高，企业网络内每一终端都可以同时获得全面的数据与信息，各种计算机辅助手段的应用使中层管理人员的作用日渐势微，网络技术使企业高层管理人员通过网络系统低成本及时过滤各个基层机构形成的原始信息。因此当企业建成高水平的信息系统后，应及时调整其组织架构，采用扁平化的组织架构来适应新兴电子商务经营方式，以减少中层管理人员，提高效率，降低企业内部管理成本。

信息技术使企业的业务流程发生根本性的变化，改革了企业经营所需的资源结构和人们之间劳动组合的关系，信息资源的重要性大大提升。组织架构的设计应该从原来庞大、复杂、刚性的状态中解脱出来，这样的组织更有利于信息的流动并趋于简化。

〔资料来源：https://baike.baidu.com/item/%E4%BC%81%E4%B8%9A%E7%BB%84%E7%BB%87%E6%9E%B6%E6%9E%84/5101083〕

专题七

小微企业的管理与效益

向管理要效益

企业管理作为现代企业的软件，与资金、技术、资源共同成为决定企业发展的关键因素。社会发展总是软硬协调发展的，科学越进步，企业发展越快，对管理的要求也越高。日本近三十年来经济的迅速发展与其管理水平的迅速提高分不开。日本在几乎毫无资源可言、房地产价格昂贵、交通环境限制严格、工资支出高于美国的情况下，取得了令人惊奇的经济成就。在日本，与美国技术装备相同的公司，其劳动生产率平均能相差一倍。这主要是管理水平的不同，是软件的作用。日本的一些著名管理方式，如松下式、丰田式、日立式等，都是卓有成效的管理方式。

管理科学在我国还是一门新兴的科学，因此大有潜力。在经济体制改革中，一些企业向管理要效益，取得了显著的成果，形成了一些具有中国特色的管理方式。像大企业中的首都钢铁公司、中小企业中的浙江海盐衬衫厂、商业中的广州南方大厦、服务业中的广州白天鹅宾馆等，都形成了独特的管理风格。小微企业与大企业相比，在资金来源、技术装备改进、资源状况等方面处于劣势，唯独在提高管理水平上占有优势。这是因为小微企业规模小，易于变革，同时企业受国家直接干预少，自主权大。可以说是需要和可能都具备了，只要有水平较高的企业领导人，管理水平很快就会提高。

一、管理的含义

管理职能的内容是什么？不同的学派有不同的解释：有法国 H. 法约尔的五职能论，即计划、组织、指挥、协调和控制；有美国古利克的七职能论，即计划、组织、人事、指挥、协调、报告、预算等。这些学说并无本质上的区别，只有内容上的增减。企业管理的实质是如何发挥“人”这个生产力中最活跃因素的积极作用，并通过对人的管理来充分发挥技术设备的作用。我们就以法约尔的五职能论来介绍一下企业管理的要素。

计划：管理要能预见未来，因为今天的全部努力都是为了未来。企业经营决策确定了经营方案后，必须把其变为具体的计划。计划就是对未来的具体说明。计划的内容指出了企业经营的长期和短期的目标、要达到这个目标所采取的手段以及企业各部门以至个人所应遵循的路线，要让每一个人、每一个部门都事先知道自己应该干什么、怎么干。一个好的企业计划，不管是长期的还是短期的，是简单的还是复杂的，是全局的还是某一业务部门的，都应具备下列特征：

(1) 统一性。企业一次只能执行一个计划。一个计划可以分几个部分，由不同部门执行，这些分计划不能喧宾夺主，一定要是从总计划分解而来的计划，与总计划是整体和部分的关系。如企业除了年度计划外，还有生产计划、财务计划、技术计划、销售计划等。这些计划从横的方向构成一个相关的系统。

(2) 持续性。从纵的方向看，计划应该是连续不断的，一年接一年的，因为企业经营活动本身是连续不断的。长期计划与短期计划也应该衔接。

(3) 灵活性。企业内外部环境总是在不断变化的，计划总不可能是完全准确的，因此有必要在制订计划时就留有弹性，以便随时修改或启用备用计划，加强计划的适应性。

(4) 准确性。计划要尽可能准确，对于那些影响企业发展的重大因素，一定要预测准确。人们在做近期计划时，总是拟定得十分详细精确，而拟定长期计划时，只规定一些简单的方针，原因就是为了获得更多情况，对未来做出更准确的预测。

制订一个符合实际的计划是十分不易的，它不仅需要有全面准确的信息来源，还需要有一批有勇气、敢于开拓、善于管理、有一定专业能力的领导人。

组织：组织一个企业，广义上讲就是为企业的经营提供必要的资源、设备、资金和人员；狭义上讲，只是社会组织，即对人的组织。对组织问题本书另有专题论述，这里只强调组织就是把企业全体人员有机地组织成一个整体，以发挥最大的群体效益。建立一个强有力的指挥机构、协调有效的职能机构、符合生产流程的生产机构是达到上述目的保证。

指挥：指挥就是让已建立的组织充分发挥作用。各级领导都有指挥权，对他们来说，指挥的目的就是让他们的下属做出最好的贡献。这些领导人必备的素质在前面的专题中已有叙述。在这里，我们只强调企业具有指挥权的人应遵守的原则：以身作则；深入了解自己的下级，明确企业经营目标，善于团结人；赏罚分明；学会授权；工作有序；不在工作细节上浪费时间。只有做到了这些，他才有指挥上的主动权。

协调：协调就是使企业各职能机构和物资设备之间保持一定的比例，以保证每个机构都能很好地完成自己的任务。协调过程就是使企业各部门之间、人和物之间、各道工序之间能保持动态平衡。

协调的标准是：① 各部门步调一致，生产均衡，资金流动速度平稳，资源供应及时，产品销售迅速，技术装备完好。整个企业的活动有条不紊，给人一种安全感。② 各部门内部分工精密，工序上下衔接紧密，半成品供应及时且没有积压，不同部门互相提供方便。③ 各部门及其所属分部的计划安排总能随情况的变化而及时调整，使生产的适应性加强，经常性地处于最佳状态。

进行协调的方法有：① 设立定期例会制度，如班前会、班后会、周例会等。其好处是可以及时得到经营活动中的各种信息，发现不协调之处，及时采取措施并贯彻下去。同时还便于主管领导检查各部门的工作，促进各部门领导的责任心。一般一个企业的协调会一周开一次就够了，车间的协调会可以多开一些，如班前会，就是每天一次。② 设立协调机构。如企业的生产计划科，专门负责企业的生产协调。他们把计划分解成具体指标，落实到每个部门，再通过反馈的信息不断进行调整。③ 设立专门的联络人员，负责收集、传递信息，及时上情下达或下情上传，以解决例会中发现的问题。

控制：控制就是企业各级领导人与自己所管辖人、财物之间的一种联系。指挥的实质是授权，让部下按自己的意图去工作。控制的实质是否决，是不让下级的工作违背企业目标。可见控制的主要任务是指出工作中的缺点和错误，以便纠正和避免重犯。

从管理角度看，控制是为了确保企业计划的完成、企业组织的完整、指挥工作符合原则。从商业角度看，控制可以确保资源采购和产品销售的数量、质量、价格遵守合同。从财务角度看，控制要确定资金使用的合理和账目的清晰。从安全角度看，控制要确保财产和人身的安全。这些工作都属于监督性的工作。当控制工作太复杂、涉及面太大时，就应该设专人（检查员或监督员）负责这项工作。

企业与企业之间也存在着控制，主要体现在互相提供产品时的出厂检验和进厂检验上，也包括资金、技术的协作和联合。

要让控制有效，首先，控制应及时。一旦发现问题，立即纠正，才能尽量减少损失。其次，控制要以奖惩为后盾。控制切忌过度宽容和越权控制。过度宽容会使一些明显的错误保留下来，形成隐患。如质量检查员一放松标准，产品质量立即就会下降，企业的声誉就会受到影响。越权控制则会产生实际上的双重领导（行政的领导和控制人员的领导），造成许多人为的矛盾，影响生产的进行。如检验人员擅自提高了检验标准，对产品过于吹毛求疵，就会使生产人员无法容忍，他们就会想方设法反对这种过度的控制，结果使企业蒙受损失。

控制人员必须大公无私，有强烈的事业心，敢于坚持真理，向不良倾向做斗争。控制人员还要有必要的能力，即对指挥行为的评比，对企业产品质量标准的掌握，对账目的判断等。

控制适用于各种性质的工作和各级工作人员，所以形式很多，但目的与管理的其他职能一样，是为了实现企业的经营目标。

二、企业管理的目标是追求高效益

今天，世界上无论发达国家，还是发展中国家，都从自己的社会经济发展的实践中认识到，管理具有极其重要的作用。“向管理要效益”、“管理出效益”、“管理也是生产力”，已经成为人们的共识。如果说过去国内外的许多企业注重设备、技术方面的投资，那么现在为了求得自身的生存和发展，增强竞争能力，则更注重开发智力，网罗优秀人才特别是高级管理人才和强化经营管理方面的投资。现代企业的领导者，必须是一个善于开创新局面的企业家，必须是一个管理内行，一个能驾驭企业内外环境的变化、在激烈的市场竞争中引导企业不断向前发展的领路人。

有人把管理、科学和技术看成是当今发展经济的三根支柱，而管理居于首位。没有管理，就没有现代生产力。1961 年，美国组织了震惊世界的“阿波罗登月计划”，参加这项科技事业的有 200 多家公司、120 所大学、400 万人，前后开支了 300 亿美元。1969 年人类终于第一次登上了月球，开始向宇宙挺进。“阿波罗计划”的总负责人韦伯博士说：“我们没有使用一项别人没有的技术，我们的技术就是科学的组织管理。”

随着人类社会的进步和经济的发展，管理所起的作用越来越大。决定管理作用不断提高的首要因素是现代化生产的性质和规模。现代化生产是社会化大生产，分工细密，专业化水平高，广泛采用现代科学技术。每一件产品可能要经过几百人甚至几千人的共同努力才能完成。这要求企业技术管理者必须具有系统管理思想。美国一家信息咨询公司在对破产企业进行大量调查研究后指出，在破产企业中，几乎 90% 是由于系统管理不善所致。我国的亏损企业也是类似的情况，根据有关部门对 2 000 多家亏损国有企业的调查研究后得出，因政策原因造成亏损的占 9.9%，因宏观因素导致亏损的占 9.2%，因系统经营管理不善造成亏损的比例高达 80.9%。这就说明了企业系统管理在企业效益提高过程中的重要作用。综上所述，企业管理活动应该在法律和政策允许的条件下以追求较高的效益为中心，企业的系统管理工作都要服从和服务于这个中心。制定好效益目标（或目标体系）是管理者（尤其是领导者）的首要职责，也是能否实现管理所追求的效益目标的决定因素。

向管理要效益

案　例

三株神话的消失

20 世纪 90 年代中期，中国几乎家喻户晓的济南三株集团，是 1993 年创立的医药保健品企业，注册资本 30 万元，当年销售收入 1 600 万元。

很快进入快速成长阶段的三株集团，1994 年销售额达到 1.25 亿元，创造了一年增长 780% 的奇迹。1995 年，三株集团公布第一个“五年计划”：销售额 1995 年达到 16 亿元～20 亿元；1996 年达到 100 亿元；1997 年达到 300 亿元；1998 年达到 600 亿元；1999 年达到 900 亿元。仅 1997 年上半年，三株集团一口气就收购了 20 多家制药厂，投资超过 5 亿元。鼎盛时期在全国注册了 600 个子公司，另设有 2 000 个办事处，各级销售人员达到 15 万人。

1998 年，三株公司在一次质量问题引发的危机中倒闭。从风靡一时的民营“帝国”到最后悄无声息，从辉煌到失败，大起大落的过程也就仅仅 5 年的时间。

三株集团失败的根本原因有两点：一是大规模扩张，对被收购企业缺乏全面的了解和科学的评估，最后掉进财务“无底洞”中；二是管理薄弱，一味追求规模扩张，并购后无法对并购来的企业适时进行资源整合。

以北京三株公司为例，为了实现迅速扩张，以便“在中药市场开放前占据全国市场”，大资金的支持，三株集团的大规模且无回报的收购必然最终将其套牢。如此空前规模的迅速扩张，如同在海滩上盖高楼，即使没有海浪或暴风雨，也难免自然倒塌。

〔案例来源：http：// m. 9512. net. /read/81d0fe4aecf74cbbc5e6b11f. html.〕

小微企业的产品质量管理

小微企业与大企业竞争的一条法宝就是创名牌。所谓创名牌就是以产品质量赢得消费者的信任。德国著名的奔驰牌汽车，产量并不高，价格比同型的日本汽车高一倍，但竟然供不应求。它靠的就是质量和名气。大企业可得大批量专业化生产之利，小微企业只有在品种质量和服务上下功夫，才能与之抗衡。所以质量管理在某种意义上决定着企业的命运。

一、产品质量的含义

产品必须具有一定的使用价值，质量就是体现产品使用价值的标准。可以从以下五个方面来表述产品质量。

(1) 性能:指产品为适合一定使用目的所具有的物理、化学或技术属性。

(2) 寿命:指产品的最大使用期限。

(3) 可靠性:指产品在规定时间内和条件下,完成任务的能力。

(4) 经济性:指产品的价格和使用过程中的费用。

(5) 外观:指产品在外形上满足消费者的能力。

最典型的产品之一就是汽车,要从五个方面去鉴定其质量:汽车的外壳要坚固、耐腐蚀;大修间隔里程要长;工作时故障要少,操纵灵便,运载能力达到技术要求;要节能和便于维修保养;外观要能符合社会新潮流。

二、对产品质量进行管理的四个要点

(1) 指导思想明确,就是“一切为了用户”。日本企业称顾客为“衣食父母”,是很有道理的。我们社会主义国家的企业生产目的是为了满足社会的需要,更应该重视质量,不论是处于卖方市场阶段,还是买方市场阶段,不能有“皇帝的女儿不愁嫁”的想法,一旦忽视了质量,结果一定会受到惩罚。曾获国家银质奖的某钢铁厂,因盲目追求产量,放松了质量管理,生产了大量残次品积压在仓库中,由盈利变为亏损,连发工资都要靠贷款,最后被迫停产整顿。一个好端端的先进企业,因忽视质量而走向了绝境。企业欺骗用户,到头来,却是企业垮台。

(2) 管理的内容全面,要包括生产和流通的全过程。一项优质产品,必须有先进的设计、合格的原材料、合理的工艺装备、技术熟练的操作人员以及适当的仓储和运输条件。其中,只要有一个环节出了问题,产品质量就不能得到保证。上述某钢铁厂为了保证不停产,一年内竟由主管签字接收了86批不合格的原料钢材;在加工中又擅自改变工艺,结果使钢齿达不到要求,淬火温度过高,出现裂纹;在最后的检验工序也有章不循,搞“一摸、二看、三通过”。像这样在各个环节上都出现问题,怎么能够保证质量呢?其实只要一个环节出问题,质量就会下降,其他各环节的努力都会前功尽弃。所以质量管理一定要全面,不能忽略任何一个环节。

(3) 管理方法科学。要采用质量控制、优选法、价值分析、相关分析等科学方法,同时运用电子计算机和各种先进的检测设备,而不能仅仅凭经验。特别是那些技术性较强的产品,像电子产品、精密机械产品、化工产品等,离开先进的测试手段,根本无法保证质量。

(4) 充分发动群众,人人关心质量,抓质量,监督质量,才能真正保证产品质量。企业管理是民主化的管理,企业的每一个职工都是企业的主人,企业的经济效益与每个职工的利益都紧紧联系在一起。这个特点决定了发动群众来进行质量管理是可行的，也是有效的。管理层抓质量固然重要，但如果企业的员工采取应付的态度，质量也很难保证。

小微企业的
产品质量管理

小微企业的财务管理

随着经济全球化和知识经济的加速发展，企业的理财环境也发生了很大的变化，动荡不定的环境状况对企业的经营活动既蕴藏着极大的生机，也潜伏着很大的危机，使企业探索成功的道路变得异常艰难。在这种充满机会和风险的条件下，小微企业财务管理将受到重大冲击。

如何创造性地适应环境并向环境挑战，保持竞争优势，是每一个小微企业必须考虑的问题。

一、当前困扰小微企业发展的主要财务问题

1. 内部管理基础普遍较弱，财务管理的有效性差

一方面，受生产资源和人才资源等方面的限制，小微企业的管理资源相对短缺，管理机制简单，专业性不强，内部控制制度不健全。很多小微企业不设财务机构，没有专职财务管理人员，财务管理职能由会计或其他部门兼管，或由企业主管人员一手包办。先进、科学的财务决策难以得到规范操作，影响了企业财务管理的有效性。另一方面，许多小微企业仍经营在盈亏平衡的边缘，这使其无暇全面系统地考虑内部管理的有效性。作为企业内部管理的重要组成部分的财务管理，其有效性自然更无从谈起。

2. 初始资本投入不足，资金积累能力较弱

企业创立时的初始资本投入主要取决于发起人的资本力量和所规划的企业规模。在我国，小微企业多为“生存型”民营企业以及大学生创立的企业等。在这些企业中，许多企业的初始资本投入不足，还有一些企业“白手起家”，搞假出资，有关金融、验资、工商部门审查不严，致使这些企业实际收到的资金远远小于其在工商行政管理部门登记的注册资本。从前些年开始，我国又降低了对设立私营企业注册资金的要求，出现了一元钱可以注册公司的现象。凡此等等，造成了我国的小微企业在创办之初就处于先天性资金贫血的状态。在企业创立之后，由于

小微企业总体来说利润水平比大型企业低，加之初始资本规模较小，故资本增值无论是速度还是绝对数来讲都受到了限制，资金的积累能力较弱。

3. 企业经营发展过程中的严重资金短缺

在间接融资上，由于小微企业经营风险高、信用等级低等原因，往往难以满足银行等金融机构的贷款条件；再加上银行贷款政策倾斜，手续繁杂，收费高，而财产拍卖、信用融资担保、资产评估、信用评估等机制建设的滞后，更使小微企业实际上很难得到银行的贷款。有的小微企业在进行固定资产投资时，因内部积累的有限性和外部筹资的困难性造成财力不足，就大量挪用生产经营活动所不可少的流动资金，导致资金结构失衡，流动资金不足，正常生产经营活动无法进行。因此，资金不足成为困扰中小企业发展的主要问题。

4. 投资决策失误，资金使用效益差

不少小微企业看到自己的产品滞销，技术落后，设备老化，越来越深切地认识到新产品试制、技术开发是决定企业生存的重要环节，开始自觉地加快技术改造、设备更新和新产品开发的速度。但其中一些企业由于决策失误等原因导致投资巨大而报酬率很低，并没有达到预期的效果，反而背上了更加沉重的包袱，以至于陷入破产的边缘，造成投资失败。

二、制定小微企业财务战略的程序

小微企业的管理者必须充分认识到财务管理对企业经营与发展的重要意义，从而采取切实措施制定并实施配套的财务战略。制定财务战略是财务管理的首要环节，是实施财务管理的基础和先决条件。制定财务战略主要应做好以下几个方面的工作。

1. 进行财务战略环境分析

分析、预测环境因素变化对财务战略的影响，是制定财务战略的出发点和重要依据，同时也是财务管理的重点和难点。

财务战略环境可分为外部环境和内部环境两个方面。

外部环境是指存在于企业外部的对企业制定和实施财务战略有影响作用的各种因素和条件，如产业环境、竞争环境、金融环境、政治环境、法律环境、经济环境、社会文化环境、科技教育环境及自然环境等。

内部环境是指存在于企业内部的影响企业财务管理的各种因素和条件。主要包括：企业管理体制、企业组织形式、生产经营规模及特点、管理水平及管理状况、财务组织结构及财务人员素质等。

分析外部财务战略环境主要是为了找出外部环境中存在的机会和威胁，以便充分利用有利的发展机会，避免外部环境变化带来的威胁；分析内部财务战略环境主要是为了弄清本企业的财务优势和劣势，以便扬长避短，充分发挥企业自身优势，增强企业的竞争能力和应变能力。

通过对企业内外财务战略环境的分析，可以在尊重客观可能性的前提下，充分发挥主观能动性，实现企业内外财务战略环境的动态平衡，从而制定出最佳的财务战略。

2. 确定财务战略的内容与使命

即要明确在未来相当长的战略时期内，企业准备实现哪些财务战略目标。财务战略的内容与使命反映了企业最高管理当局的理财思想和观点，表明了企业的理财哲学与宗旨。

企业财务战略的内容应包括四个方面：

第一，通过筹资谋划来确定战略期间企业筹资的规模、筹资渠道和筹资工具，确定合理的筹资结构，使筹资成本、风险与收益相匹配。

第二，资金投入战略。确定战略期间企业资金投入的方向、规模、时机等重要问题，保持企业的竞争优势及持续发展。

第三，收益分配战略。确定对企业的收益进行分配的原则，特别是企业的股利分配政策问题。

第四，风险管理战略。应重视风险管理，树立风险意识，加强对风险的预测，权衡开发项目的未来风险与收益，建立风险防范机制，强化对风险的控制。

3. 确立财务战略目标

财务战略目标是财务战略的核心。确立财务战略目标既是制定财务战略的主要工作内容，也是制定财务战略的关键环节。有了明确的财务战略目标，才能界定财务战略方案选择的边界，从而排除那些偏离企业发展方向和财务目标要求的战略方案。

4. 制定财务战略方案

根据企业内外环境和财务战略目标的要求，拟定若干个实现目标的备选方案。通过分析论证，在权衡利弊得失的基础上，选择实现财务战略目标的最优方案。企业通过科学的程序制定好财务战略后，接着就是通过一定的程序，采取一定的方式和手段，实现财务战略。

财务战略是小微企业
经营制胜的关键

小微企业财务管理现状及对策

小微企业财务管理是小微企业管理的重要组成部分，与小微企业各方面具有广泛联系。它是小微企业根据相关法律法规制度，按照财务管理的原则，组织小微企业资金活动，反映小微企业的生产经营状况，处理小微企业同各方财务关系的一项综合性管理工作。处理好各方财务关系，理顺财务与企业管理的思路，保持良好的财务状况，对于促进小微企业生产经营的顺利进行和小微企业的做大做强，提高经济乃至社会效益，意义重大。

一、小微企业财务管理的现状

1. 组织结构简单，家族色彩浓厚

出资人既是董事长，又是总经理，所有权与经营权高度的“两权合一”是小微企业非常典型的一种状况。企业内部人员数量较少，组织结构简单，一个人往往身兼数职，前台的接待人员有可能同时还负责办公室的清洁、搬运和整理货物等工作，在法律允许的范围内，需要做什么就做什么。另外，企业员工的工作时间也比较有弹性，机动性比较强。同时，员工大多是老板的亲属、朋友、老乡或同学，担任要职的基本都是“自己人”，家族色彩浓厚。

2. 财务制度不健全，风险防范观念缺乏

由于权力的高度集中，组织结构简单，工作人员较少，财务人员就更少，很多小微企业对会计工作最现实的选择是找代理记账公司，把会计工作外包出去。这样一方面可以解决企业的实际问题，另一方面可以节约成本。同时，小微企业领导财务管理意识淡薄，财务管理人员缺乏，财务制度不健全。往往更多地注重生产经营，关心企业利润，但是在投资、融资、资金管理等方面重视不够。资金的来源除自有资金外，多是民间借贷，从银行融资的比例较小，资金成本较高，风险较大。而小微企业领导的风险防范意识缺乏，很容易对市场过度乐观而盲目举债，甚至过度举债，而过度举债会导致小微企业的资本结构不合理，出现财务危机。

3. 创新能力不足，发展缺乏后劲

小微企业虽然有经营灵活、“船小好掉头”的优势，但是在其行业分布上，多集中在传统的劳动密集型产业。这些小微企业，由于资金、技术、人员等的限制，要从传统中突破创新，是非常难的，大多数小微企业只能在产品数量和质量上下

功夫。转变思路、开发新产品、获取风险投资是解决财务危机的好办法。但是,大多数风险投资也不青睐这些传统行业的小虾米们,小微企业创新能力严重不足,后续发展能力堪忧。

4. 竞争能力较差,经营风险较大

与大企业相比,小微企业无论是从管理理念、人员素质、产品质量、产品的推广力度、市场份额等方面,还是从资金持有量、投融资成本、创新能力、发展能力等方面来说,都处于绝对的弱势,竞争能力不强。加之,小微企业因高度的集权、领导个人经营素质参差不齐、财务决策制度不透明、内部控制制度不完善、信息不对称等因素的影响,难以得到充足的资金与技术支持;再加上市场的不断变化要求小微企业不断做出调整与之相适应,小微企业经营风险在增大。

5. 基础相对薄弱,难以实现规模化发展

首先,家族色彩浓厚的小微企业大多沿用家庭作坊式的经营管理模式。在竞争如此激烈的今天,生存是这些小微企业的第一要义。因此,小微企业大多以利润为导向,在员工的管理和培养、小微企业文化建设、用人留人制度建设等方面基础相对薄弱,难以实现规模化发展。其次,受小微企业本身资金、技术、人员方面的限制,难以靠小微企业自身的发展实现规模化。最后,由于小微企业之间的竞争普遍存在,较为激烈,小微企业间的交流合作较少,甚至没有,阻断了小微企业抱团发展壮大、实现规模化的可能。

二、改善小微企业财务管理现状的措施

1. 引入公司治理机制,淡化家族色彩

这里需要说明的是,能够引入公司治理机制的小微企业是小微企业中规模较大的那一部分,并不是所有的小微企业都需要引入公司治理机制。引入公司治理机制,有助于小微企业改善其权力高度集中的现状,增强了小微企业决策的透明度,减少由于"自己人"利益过于统一而决策失误带来的经营风险。引入"外人",形成了利益机制的相互制衡,避免了由于内部人员相互竞争而带来的利益分裂,淡化了家族色彩,增强了企业的竞争能力。

2. 健全财务制度,增强风险防范意识

健全的财务制度,无论是对大企业也好,还是对中小企业也好,还是对小微企业也罢,都是非常重要的。健全财务制度,首先要做到的是要有自己的财务会计人员。虽然代理记账公司可以以较低的成本完成会计核算,减轻小微企业同工商、税务等部门打交道的压力,但是,这只能是权宜之计。我们应当看到,在现阶段,代理记账公司也有其自身的缺点:首先,从业人员的业务素质良莠不齐,流动

性较强。由于有可能只是短期代账，在会计处理和会计政策的选择上也倾向于短期效益，容易短视而给小微企业的长远发展带来隐患。其次，代理记账公司只是定期做账，不能深入小微企业内部及时沟通，所作账目有可能会有错漏。而专职专业的会计人员则可以对经济业务及时进行账务处理，在会计政策变化时，根据企业自身实际，及时做出调整，也更了解行业和企业的特征，从小微企业长远发展来看，好处多多。因此，小微企业在发展到一定程度时一定要有自己的财务会计人员。完善的财务制度，有助于增强小微企业领导的财务管理意识，增强其风险防范意识，提高财务人员的业务素质、业务水平和业务能力，增强小微企业财务决策的科学性和有效性，减少投、融资的盲目性和短视性，增强银企间的沟通，减少由于信息不对称造成的财务信息不透明，提高小微企业在银行融资的能力，降低资金成本和经营成本，促进小微企业资本结构的合理化，从而降低小微企业发生风险的可能性。

3. 加强创新能力，努力发展壮大

小微企业要想获得长足的发展，最重要的是要加强自身建设，提高自身的创造创新能力。这就要求小微企业的领导要有新思路，小微企业自身要在新产品与新技术的研究与开发上多下功夫。推陈出新，不断增强自身的各方面能力，具体包括生产经营的能力、管理能力、市场开拓和维护能力、获利能力、投融资能力、企业文化建设能力、稳定发展能力等方面，加强自身的综合素质，实现小微企业自身的发展壮大。

4. 降低经营风险，增强竞争能力

小微企业要稳定、健康地发展，离不开小微企业管理者在发展方向上的正确引导、经营管理方面的高超水平、识人用人留人的高级能力和个人较高的综合素质。在小微企业管理者的日常管理工作中，通过更新管理理念、提高自身素质、培养自身的管理素质，提高自身的管理能力等途径，不断完善小微企业财务制度和内控制度，增加管理的透明度，增强小微企业本身的投融资能力、创新能力和发展能力，减少由于个人局限而造成的决策失败，降低经营风险，增强小微企业的竞争能力。

5. 加强企业间的合作，努力实现规模化发展

这里所说的企业间的合作，不仅包括小微企业之间的合作，也包括小微企业与小企业和大中型企业之间的合作，还包括小微企业与银行之间的合作等。在市场经济高度发展的今天，小微企业之间的竞争十分激烈，所要面对的竞争者不仅仅来自国内，更可能是来自国外。单打独斗已经不能适应小微企业发展的需要了。在这种背景下，利用各种政策优惠，加强企业间的合作，在资金、技术、人员等方面给予彼此最需要的帮助，抱团发展，一起做大做强，加强深度融

合，努力实现规模化发展，增强整体的竞争实力，抵抗风险，是更加明智的选择。

小微企业财务管理
现状及对策

小微企业的人力资源管理

小微企业是我国经济的重要组成部分，在提供就业机会、增加财政税收以及促进进出口和国内生产总值增长方面发挥了巨大的作用。同时，小微企业的人力资源管理也面临着诸多严峻的挑战，严重制约着小微企业的可持续发展。

一、小微企业的人力资源管理问题

小微企业在灵活性、创新性方面有着显著的发展优势，但是由于规模小、平台有限、受财力物力的制约，对人才的吸引具有一定的局限性。

根据市场调研，总结出小微企业的人力资源管理主要面临以下几个方面的问题。

1. 人力资源投入不充分

小微企业聘用的员工通常是掌握某一技能的专业化人才，能够胜任某一特定的工作岗位。小微企业更强调对人才的直接使用，而不重视人力资源的开发和培养。在人力资源开发的问题上存在远见不足的问题。几乎没有正式的员工培训，只使用而不培训的现象在小微企业里极为常见。

2. 员工激励措施较为单一化

大中型企业拥有更加形式化的和较为丰富的人力资源管理实践，通常会采取多种类、多层次的员工激励措施，采用精神激励和物质激励双管齐下的方法，充分挖掘员工的内在潜力和核心驱动力，调动员工的积极性。与之相比，小微企业的员工激励措施相对单一化，大部分采取物质激励的措施。

3. 员工关系缺乏法律保障

很多小微企业负责人和员工只有口头协议，而不愿意签订劳动合同，目的是可以随时解聘不合格员工。由于没有劳动合同的有力保障，很多员工没有安全感，不能全身心地投入到工作中，一旦有好的机会就会跳槽。如果遇到生产旺季，公司需要人手，却面临人力不足的问题，这将严重影响生产进度。

4．人力资源管理规范化不足

大中型企业由于经营规模较大，员工人数较多，管理体系比较健全，人力资源管理制度相对完善，比较容易实现人力资源管理的规范化和柔性化。小微企业则不同，企业规模和经营实力的有限性使得小微企业不可能像大中型企业那样，建立起规范化的职能管理部门，聘用专业化的人力资源管理人才，制定健全的人力资源管理制度，实现人力资源管理的规范化。

二、小微企业的人力资源管理问题解决对策

现有的人力资源管理理论很少适合中小型企业，尤其是小微企业的人力资源管理问题带有自身的特殊性，不能简单照搬大企业人力资源管理的成功经验。为此，针对小微企业的人力资源管理问题，提出以下解决对策。

1．多渠道促进小微企业专业化人才的持续专业发展

小微企业的专业化人才通常不愿意身兼多职，并倾向于通过组织的计划性、系统性的学习过程，更新和开发其应具备的专业知识技能，从而完成持续专业竞争力的终身学习。小微企业在促进专业化人才持续专业发展的过程中，知识分享扮演着重要的角色，通过知识分享促使小微企业内部各种有形知识和无形知识在专业化人才间的连接与交换，创造专业化人才有力的智力资本，达成维持小微企业竞争优势的目的。

2．通过外包建立规范化的人力资源管理体系

小微企业的人力资源管理体系建设是一项科学性、操作性很强的实践工作，需要掌握人力资源管理知识的专业化人才才能够胜任。小微企业资源有限，为了获得低成本的人力资源管理模式和高质量的人力资源管理水平，可以采用人力资源外包的方式，聘请专门的人力资源管理机构，帮助小微企业建立规范化的人力资源管理体系。小微企业的人力资源外包具有丰富的内涵，包括制定人力资源管理制度、人力资源管理战略规划、员工招聘、绩效考核、薪酬管理、员工培训与开发、组织学习等。

3．完善对员工关系的法律保障

签订劳动合同是对劳动双方法律权益的有效保障。小微企业虽然面临着人力资源部门不够完善，但是可以通过劳务派遣或者人力资源外包的模式来有效地调节小微企业人才的供需问题。员工有了一定的保障，有助于改善“公司小，不稳定”的思维定式，小微企业能够集中力量发挥自己的灵活优势，增加就业机会，丰富市场产品和服务。

4．综合运用多种激励措施激励员工

小微企业要改变单一化的人员激励现状，充分调动专业化人才的工作积极

性、主动性和创造性，必须综合运用多种人员激励措施。

鼓励员工持有公司股份，成为公司的股东。鼓励员工参与小微企业的管理决策。这不但有助于提高小微企业员工的劳动生产率，改善员工的工作态度，而且能够缩小小微企业的老板（或总经理）与员工之间的差距，在两者之间建立良好的劳动关系，促进小微企业的良性发展。最后要体现以人为本的人力资源管理理念，给予小微企业员工更多的人文关怀，对其进行有效的精神激励。

总之，小微企业的人力资源管理关系到小微企业的生存和发展，只有多渠道促进小微企业专业化人才的持续专业发展，通过外包建立规范化的人力资源管理体系，综合运用多种激励措施激励员工，才能解决当前小微企业所面临的各种典型的人力资源管理问题，促进小微企业的可持续发展。

小微企业的人力资源管理问题及对策

大学生自主创业视角下小微企业人力资源管理问题

随着我国宏观经济逐步进入"增长速度换挡期"，高校毕业生就业形势日趋严峻，而大学生自主创业由于能够有效缓解就业压力，充分实现个人价值，切实培养创新精神，正受到社会越来越多的关注和扶持。这也反映了"大众创业、万众创新"的时代要求。

目前，大学生自主创立的小微企业多处于初创期。相较于其他创业主体所创立的小微企业，面临着资金匮乏、经验欠缺等更多发展瓶颈。其中不合理的人力资源管理体系，成为制约其健康、可持续发展的重要因素之一。

大学生作为一类较为特殊的创业主体，在具有进取心强、知识水平高、创新意识足等创业特点的同时，也存在着社会经验少、缺乏社会人际关系网络、缺乏吃苦耐劳的韧性、心理承受能力差等特有的不足。这也就导致在大学生进行小微企业创业时，有着与其他小微企业业主创业类似而又有所区别的问题与障碍。

一、大学生创立小微企业人力资源管理问题分析

1. 缺乏科学的人力资源管理理念

一方面，大学生创立的小微企业多处于企业初创和发展期，为了维持生计，创业者关注更多的是资金供给、产品研发与销售、市场拓展等关乎企业生存发展

的所谓核心业务。人力资源管理在他们眼中更多的是以一种辅助管理的角色出现的。在片面追求经济利益的同时忽视了企业内部管理尤其是人力资源管理所能带来的管理效益。另一方面。由于大学生创业者缺乏经营经验,在创业初期往往专注于眼前面临的经营问题,无暇顾及长远的发展规划,特别是缺乏具有前瞻性和先导性的人力资源规划。致使无法对企业内部的人员进行合理配置、有效培训、恰当激励。在企业刚刚建立且人数较少时还可以维持,但当企业进入发展期人员增加后就会显现出缺乏长远规划的弊端。

2. 缺乏系统有效的人员引进及培训体系

大学生创业者长期生活在校园,社会关系相对狭窄。这也导致他们在初期引进人员时多从同学和朋友中选择,带有很大的主观性和随意性。而当公司业务进入扩展阶段,由于大学生创业团队所能提供的薪酬、福利较低,创业前景缺乏保障,也没有足够的社会影响力,大学生创业团队很难找到合适的、优秀的人才,“一人多用”“人不对岗”的现象比较突出。这也成为阻碍企业发展壮大的一个重要原因。

大学生创立的小微企业除了在人员引进方面存在困难,在培训体系建设方面同样也面临着挑战。多数小微企业不愿意在员工培训方面投入资源和资金。企业高层管理人员都缺乏必要的管理知识和管理技能的培训,对于员工的培训更是少之又少。有一些企业进行的培训,主要集中在技术培训方面,而不注重员工素质提升,更谈不上企业文化建设。这导致企业员工对企业的忠诚度较低,流失现象比较严重。

3. 缺乏合理且有针对性的评价与激励机制

小微企业激励机制存在的问题主要表现在以下几个方面:大多数的小微企业缺乏有竞争性的薪酬,偏重于物质激励,忽视精神激励;分配方式不公平;缺乏规范的晋升机制,仅凭小微企业主的个人意志决定;激励措施相对单一。对于大学生创立的小微企业来说,由于创业者是刚从校门走出的学生,严重缺乏管理一个组织的经验,上述问题又进一步被放大。很多时候薪资和福利都是管理者个人意愿的体现,而没有形成完整而有针对性的评价与激励体系。

二、对大学生自主创立小微企业人力资源管理问题的建议

大学生在自主创业中所遇到的种种人力资源管理难题,无疑是一系列需要整合政府、社会、学校、企业自身等各个方面资源和措施才可以解决的系统工程。仅从企业自身来讲,想要做好人力资源管理工作,可以采取下列措施。

1. 提升人力资源管理工作重视程度,建立规范化体系

大学生创业者首先要树立“人才是公司发展核心竞争力”的管理理念,制定

前瞻性和先导性的整体人力资源管理规划。小微企业一方面要对其人力资源结构、规模、需求进行整体预测、方案制定和宏观策略布局；另一方面还要对人力资源的开发和培养、岗位管理、绩效管理和薪酬管理进行统筹安排，形成规范化的人力资源管理制度和工作流程，从而促进小微企业专业化人才的持续发展。

2. 做好非核心人力资源管理职能外包

小微企业人力资源管理体系的构建是一项专业性和实践性都较强的工作。对于创业者本身来说可能很难掌握，因此需要掌握人力资源管理知识的专业人员操作。对于大学生创业者有限的资金来说，聘请专业人员是一笔很难承受的成本支出。同时，人力资源管理中既有事务层面的内容，也有战略层面的内容，人力资源必须在传统的事务服务与提供高附加值的战略服务两种角色上表现优秀，才能满足企业对人力资源管理的需求。对于小微企业来说，战略性规划较少的原因就在于人力资源管理人员被大量的事务性工作束缚住手脚，而无法思考战略层次的问题。

因此，为了获得低成本且有效的人力资源管理效果，可以采取非核心人力资源管理职能外包的模式。对于大学生创业者来说。人力资源工作主要包括人力资源管理规划、招聘与配置、培训、绩效管理、薪酬和劳动关系六大方面的内容。其中的很多方面都是人力资源的基础性事务工作，完全可以外包出去。譬如目前很多企业都已经把人才招聘外包出去，而档案管理、考勤记录、工资发放、薪酬福利的外包也呈现高速增长的趋势；而企业文化、员工关系、绩效考核等关系到企业核心竞争力的事务，即战略性工作，则选择自己处理。这也是大学生管理小微企业现实考量的合理选择。

3. 转变人才引进和培训观念，做到引得来、留得住

对于人才引进，应当根据企业不同的发展时期进行有针对性的计划。在企业初创时期，由于资源有限，高质量的人才很难引进。这种情况下更多的是依靠同学或家族的力量，利用亲情和友情将人员凝聚到一起。而等到企业规模不断扩大，进入到发展阶段以后，应当建立严格的人员招聘制度，利用有吸引力的发展前景和薪资待遇来吸引人才，既要注重从内部选拔培养人才，也要注意从外部引贤纳士。

对于大学生创业者来说，培训不是可有可无的东西，也不是浪费资金的"鸡肋"。良好的培训可以使员工获得和提升自身的专业知识和技能，改善工作态度和行为，进而提高整个企业的工作绩效。特别是大学生创立的小微企业，分工不像一些大公司那样具体和细致，许多员工都是一身多职，对于业务培训的需求更为迫切。同时，培训也是增强员工向心力和忠诚度的重要方式，许多员工都将企业是否有完善的培训计划视为企业福利的重要组成部分。进行员工培训要因地

制宜、量力而为，小微企业可以采用内训为主、内训与外训相结合的方式，在控制成本的同时，将员工培训落到实处。

4. 建立合理而有效的评价与激励机制

大学生创立的小微企业在进行员工评价方面有着固有的难度，因为同学或朋友的关系，很多时候都是流于形式，起不到真正的激励和约束作用。因此，必须建立长期的、规范化的评价和激励制度。

同时，针对小微企业管理的人员构成特征，要有目的性地设计相关制度。大学生创业者大多数文化程度较高，有着较强的自我效能感。在工作动机中，物质刺激较自我价值的实现显得并不是那么重要。针对这样的情况，可以进行差异化的激励措施，将物质激励与非物质激励相结合，列出福利菜单由员工自己选择和搭配，如定额奖金、带薪休假、外出培训等。让员工真正体会到自己的付出在薪酬和福利上有回报，这也在一定程度上能够弥补大学生创业者在薪酬方面的相对弱势。

大学生自主创业视角下
小微企业人力资源管理问题

小微企业的科学技术管理

科学技术是第一生产力，它在很大程度上决定着企业的命运。科学技术管理主要指企业的新产品开发，老产品改进，采用新技术、新工艺提高企业生产技术水平、技术标准、技术革新以及日常的工艺和技术档案的管理工作。小微企业技术力量和科研经费都有限，它的科学技术管理，与大企业有很大的差别。首先，大企业是开拓型的，重点在新产品的开发和新技术的研究。它所能依赖的只是国内外的科学技术水平，它必须靠自己的力量把这些技术变成产品。当然大企业也可以购买专利、技术诀窍；利用社会专门研究机构的研究成果，引进国外的先进技术，但都是为了新产品的开发。我国一些大企业就有“生产一代、改进一代、研究一代”的方针。小微企业拿不出太多的经费去搞技术开发，所以在技术开发方面是“跟随者”型的，主要通过购买专利、技术诀窍或与大企业联营来进行技术开发。这样就很难得到新产品的超额利润，没有“先手之利”只好后发制人，在质量、成本、服务上下功夫，与大企业竞争。在有机会时，也可以推出新产品独占鳌头。许多新兴产业都是由小企业发展起来的，如王安电脑公司就是从几个人的小企业靠开发新产品发展起来的。这种机会较少，大多数小微企业还应该把注意力放在寻找大企业鞭长莫及的地方，以发挥自己的优势。其次，大企业工艺装备的更新比较困难，所以十分重视产品的寿命周期，重视社会需求量大、寿命周期长的产品。中小企业则应及时更换、改进落后的工艺、设备，开发那些寿命周期短、市场需求小的产品。再次，在技术人才的引进和使用上，大中小企业都强调配好第一把手。大企业需要的是专业管理人才，其主要任务是决策和立法，小微企业领导则应该是全才，连踢带打，十八般武艺全会，技术人才也要知识面宽一些，以适应产品的经常变换。也就是说，中小企业在管理和技术上更需要“通才”。

以上特点决定了小微企业的科学技术管理特点，这就是：

(1) 在产品开发上要注意“量力而行”，不仅要看市场需要，而且要看本企业的条件，尽量采用“拿来主义”，即技术引进、购买专利及技术诀窍。产品寿命周期不一定很长，但要尽快进入成熟期。世界上中小企业占优势的行业有服装业、食品加工业、手工业和其他一些生产小商品或技术不太复杂、社会需求不很大的行业。

(2) 在设备改造上要坚持“土洋结合”，重视小发明、小创造。以对现有设备改造为主，更新为辅。在必须更新设备时，要以更新关键设备为主。其目的是避企业资金不足之短，扬企业经营灵活之长，少花钱、多办事、办大事。

(3) 在技术软件上下功夫。企业更新设备，是需要很多资金的。中小企业经常变换产品，设备需要不断更新，显然不符合中小企业的特点。所以企业应该在软件上多下功夫。例如服装行业，就可以靠花样多、新颖取胜。

(4) 技术开发要针对性强，实用化强。每开发一项技术，都要事先安排好用途。如企业因排出的污物污染了环境，受到环境保护部门的警告和处罚，企业就必须进行处理工业废物的技术开发。中小企业的大部分技术开发都应该针对原材料供应、能源供应、产品质量、关键技术等问题进行，以战术性技术开发为主。

著名的“香雪海”牌电冰箱的生产厂——苏州电冰箱厂，原先只是中型的、技术落后的企业。从 1982 年起，有针对性地进行了一年半的技术设备改造，经过了三次大的变革，终于使企业产品质量和生产能力达到了全国同行业一流水平。他们量力而行，循序渐进，先安装了一条简易滑道式生产线，摆脱了手工劳动，使装配效率提高了两倍。在积累了足够的资金和在技术条件成熟后，建立了一条多用总装线，并配备了测试电冰箱制冷率等多种数据的恒温测试室，使技术水平大大提高。之后，他们又把环形发泡、定量灌注制冷剂等工序与各种测试室及两条总装线配套，实现了流水作业。在技术装备上达到一定水平后，就在软件上下功夫。在规格、外观、耗电、耐用等方面都取得成效，受到用户的欢迎，实现了当年施工、当年投产、当年见效、当年还清贷款等目标。

小微企业还应该十分注重社会科学技术的发展。对那些较为容易且实用化的技术，要捷足先登，以求先手之利。对于本企业内部的发明创造甚至是小革新，都应采取鼓励措施，以图集腋成裘。总之，中小企业科学技术管理的要诀就是实际、实用、实惠。

小微企业的
科学技术管理

小微企业的生产管理

这里讲的生产管理是狭义的生产管理，主要指生产过程组织、生产计划和生产作业计划工作以及生产控制和在制品管理等。生产过程是从向仓库领取原材料开始，直到新产品入库为止。这是企业管理最重要的一个过程，是创造价值的过程。

对整个生产过程进行管理，就要做到以下几点。

一、科学地划分生产类型

生产类型是指生产中按专业化程度划分的生产组织类型，一般分为大批量生产、小批量生产和单件生产三种类型。划分生产类型的作用在于可以根据不同类型的产品配置不同的技术装备，采用不同的生产组织形式和管理方法，使整个生产工艺合理化。同时可以提高同种产品生产的专业水平，推动企业产品系列化、标准化、通用化的工作，从而大大提高经济效益。当然对于生产单一产品的企业，划分生产类型并不重要，但是对小微企业来说，即使生产单一产品也往往要经常增加品种花色和改产其他产品，因此也要重视划分生产类型。我国大多数汽车修理厂规模都不大，一般都承修各种汽车（也有专修一种汽车的）。企业必须对承修的汽车进行分类，例如对于修理量最大的解放牌汽车，应采取流水作业的方式，配置专用设备和工具；对于小批量修理的南京跃进牌汽车，可专设一些修理车间。凡可与解放牌汽车通用的设备与工艺，就不单设了，对于临时收进来的一些外国车，修理量极小，完全没有必要设置专门人员和设备，可临时组织一部分人用通用设备进行作业。实在困难的，可以拒不承修。

二、坚持均衡生产

企业在生产时，每单位时间的工作量或递增的工作量应该是相等的；避免会战、突击和加班。均衡生产是生产管理高水平的标志，只有在生产各个环节紧密衔接，原材料、燃料采购以及销售渠道均畅通，设备保养修理及时，职工情绪稳定，各种意外事故减少到计划数以下时才能达到。均衡生产的好处有以下四点：

(1) 保证产品质量，避免因赶进度而质量降低、废品增加。

(2) 投高设备利用率，保证设备不闲置，避免因突击造成设备超负荷运转或失保失修而早期损坏。

(3) 有利于劳动力的合理使用，提高劳动生产率，避免因前松后紧造成松时劳动力闲置，企业还要照付工资；紧时又安排加班，企业又要承担加班费，使产品费用增加。

(4) 有助于建立良好的生产秩序，使生产有条不紊地进行，便于进行管理。

可见均衡生产是现代管理的基础。中小企业受市场需求的影响较大，做到均衡生产十分不易，特别是那些以劳务为主的企业，像建筑业就更难做到。因为建筑业，特别是乡镇建筑业，是靠突击来承包工程的，而人的劳动能力伸缩性比设备大得多。只要有合理的付酬方式，就会有人超定额地干。这也是中小企业各种意外事故比较多的原因之一。我们并不否认突击是生产管理的一种必要方式，在有些情况下，会起很好的作用，如在企业发生危机时，突击往往会使企业起死回生。但是，这是以牺牲企业中长期利益为代价的，只能在迫不得已的时候才采用。企业的正常生产状态永远应该是均衡加速的。

三、制定符合实际的高效益指标

般来说，某产品的生产批量越大，经济效益就越高。但由于市场需求的制约，每种产品批量都是有限的，往往要生产小批量、多品种的产品。这便加深了管理的难度。如何制定既合理又高效的生产指标呢？这要依据两个原则：一是要以销定产，坚持生产适销对路的产品，否则生产出来的产品卖不出去，积压在仓库里，不仅其价值得不到实现，而且挤占了流动资金；二是要搞好企业生产经营中的综合平衡。将品种、产量与销售收入、成本、利润等指标进行平衡，及时改进这些环节中的薄弱部分，尽可能地增加生产批量来提高经济效益。

四、生产作业计划的注意点

生产作业计划应详尽、具体、可行。生产作业计划是企业总体计划的最后分解，代表着企业的经营目标，其最大特点是直接性，要全体职工身体力行，贯彻落实。它是职工工作的指南和标准，因此越详尽、越具体越好。如一个生产电风扇的企业规定了年产量，各车间就要把这个指标分散为车间计划，班组又要分散成生产作业计划。如总装车间要规定装配线的运转速度、工位的个数、每个工位的操作时间等等，越详尽越易于执行。详尽、具体的生产作业计划有以下几个优点：

（1）使生产总指标层层落实，把全企业纳入一个有机的系统中，避免各自为政的现象。各子系统的临时处置权也被计划固定下来，便于调动各级人员的积极性。

（2）具体安排了各部门的生产日程，有利于协调各个生产环节的工作，领导检查下级工作也有了具体的标准，便于监督控制。

（3）生产的各个环节在各段时间内都得到充分而又合理的负荷，避免了劳动力和物资资源的浪费，有利于组织均衡生产。

制订生产作业计划要注意其可行性，不要对下级提出过分的要求。1985 年，轰动一时的“万宝”电冰箱质量问题，很大程度上就是因为下达了不切实际的作业计划而造成的。上级为了增加产量将原计划每个工位 62 秒的操作时间减为 55 秒，大大加强了总装线上的密度，结果萝卜快了不洗泥，质量根本无法保证。没有可行性的计划，只会对生产起破坏作用。

小微企业的生产管理与大企业的主要不同点就在于“不正规”。需要用多种灵活的办法来进行管理，不拘一格，着重于小配套。像均衡生产就可以是周期性的、节奏式的。从短期看，似乎是突击式、跳跃式的，但从较长的时期看，还是均衡的。制订计划时间要短，弹性要大，便于随时修改。在选择类型时，以小批量生产为标准型，在与大企业联合时，则以大批量生产为标准制。总之，中小企业生产管理要从实际出发，尽可能运用现代管理方法和手段，使“乱中有治”“散中有律”，万变不离科学管理之宗。

小微企业的生产管理

海尔老总张瑞敏的十二种励志理念

1984 年，张瑞敏临危受命，接任当时已经资不抵债、濒临倒闭的青岛电冰箱总厂厂长。30 多年以来，张瑞敏始终以创新的企业家精神和顺应时代潮流的超前战略决策引航海尔，持续发展，将海尔推向了全球家电第一品牌的宝座。这与张瑞敏的十二种励志理念不无关系。

一、有缺陷的产品就是废品

1984 年，张瑞敏刚到海尔（时称青岛电冰箱总厂）。一天，一位朋友要买一台冰箱，结果挑了很多台都有毛病，最后勉强拉走一台。朋友走后，张瑞敏派人把库房里的400多台冰箱全部检查了一遍，发现共有76台存在各种各样的缺陷。

张瑞敏把职工们叫到车间，问大家怎么办。多数人提出，也不影响使用，便宜点儿处理给职工算了。当时一台冰箱的价格800多元，相当于一名职工两年的收入。

张瑞敏说："我要是允许把这76台冰箱卖了，就等于允许你们明天再生产760台这样的冰箱。"他宣布，这些冰箱要全部砸掉，谁干的谁来砸，并抡起大锤亲手砸了第一锤！很多职工砸冰箱时流下了眼泪。然后，张瑞敏告诉大家——有缺陷的产品就是废品。三年以后，海尔人捧回了我国冰箱行业的第一块国家质量金奖。

二、"东方亮了再亮西方"

"东方不亮西方亮"是国内不少企业多元化经营的美好初衷。从1984年到1991年，张瑞敏把这7年叫作海尔的"名牌战略阶段"。7年时间里，海尔只做了冰箱一个产品。到1991年，海尔冰箱产量突破30万台，产值突破5个亿。全国100多家冰箱企业，海尔是唯一一家产品无积压、销售无降价、企业无三角债的冰箱企业。海尔商标在全国家电唯一入选"中国十大驰名商标"。

1992年起，海尔开始"多元化发展阶段"。如今海尔产品有58个系列，9 200多种，既有白色家电，又有黑色家电和米色家电。其中，冰箱、冷柜、洗衣机、空调等的市场占有率在全国名列前茅。张瑞敏把海尔的这种多元化战略概括为"东方亮了再亮西方"。

三、海尔精神不能走

在海尔兼并的18家企业中，有1家是1997年12月兼并的4 000人的国营黄山电视机厂。1998年6月2日，该厂部分员工罢工上街，原因是接受不了海尔的管理，并把海尔派去的孙部长也打了。张瑞敏一看闹到这种地步，"不是你愿不愿意干的问题，而是我让不让你干的问题"，下令无限期停产整顿。也没有无限期，两天，大家就想明白了：海尔不这么做，企业在市场上就站不住脚；企业站不住脚，员工也就没地方开工资了。

孙部长正给职工代表开会，宣布"明天可以复工了"，手机突然响了，老婆要来合肥接"卖力不讨好"的丈夫回去。孙部长气道："看你们把事情闹的！"这时，一位职工代表喊了三句口号："孙部长不能走！海尔不能走！海尔精神不能走！"到1999年，该厂一个月电视机的产量相当于过去一年半的产量。

四、只有淡季的思想，没有淡季的市场

一般来讲，每年的6至8月是洗衣机销售的淡季。每到这段时间，很多厂家

就把商场里的促销员撤回去了。张瑞敏纳闷儿:难道天气越热,出汗越多,老百姓越不洗衣裳?调查发现,不是老百姓不洗衣裳,而是夏天里 5 kg 的洗衣机不实用,既浪费水又浪费电。

于是,海尔的科研人员很快设计出一种洗衣量只有 1.5 kg 的洗衣机 —— 小神童。小神童投产后先在上海试销,因为张瑞敏认为上海人消费水平高又爱挑剔。结果,上海人马上认可了这种世界上最小的洗衣机。

上海热销之后,很快又风靡全国。张瑞敏告诫员工说:"只有淡季的思想,没有淡季的市场。"

五、用户的难题就是我们的课题

1997 年 10 月,张瑞敏到四川出差。有用户跟他抱怨说,海尔的洗衣机不好,下水管老堵。一了解,原来是有些农民朋友用洗衣机来洗地瓜(北方叫红薯),有时泥沙堵塞了下水管。回来后,张瑞敏把这事讲给大家听,一些人觉得像是笑话,说重要的问题是教育农民"怎么使用洗衣机"。但张瑞敏不这么看。他说:"用户的难题就是我们的课题。"后来,海尔专门开发出一种下水管加粗的可以用来洗地瓜的"大地瓜"洗衣机。这事见诸报端后,有人不以为然,说我们的农民富裕到用洗衣机洗地瓜了吗。张瑞敏的想法是,既然用户有需求,我们就该去满足。"这块蛋糕也许不大,但却是我自己享用。"1998 年底,在一次经济工作会议上,江泽民总书记还提到了海尔"大地瓜"洗衣机的事。

六、下道工序就是用户

一件电器产品,从设计、生产到销售,要经过若干道工序最终到达用户的手里。但张瑞敏告诉每一道工序"你的下道工序就是用户。"什么意思?就是说什么问题都得在这儿解决好,留给后边人家不饶你。为此,海尔提出:人人都有上个市场,人人都是一个市场 —— 下道工序是你的市场,你又是上道工序的市场。如果你为上道工序遗留的问题付出了劳动,你有权利向他索酬;同样,如果你把问题留给了下道工序,人家也有权利向你索赔。张瑞敏把这叫作"市场链",就是一道一道工序像锁链一样咬合在一起,谁"掉链子",谁就得从兜儿里掏钱。

此招一出,各种问题立即大幅减少,企业效益大幅提高,这事被一位叫菲希尔的外国教授(中欧国际工商学院前教务长)知道了,到海尔跟张瑞敏谈了 8 个小时,拿回去做了个 MBA 的教学案例。

七、企业就像斜坡上的球

张瑞敏有一个著名的"斜坡球体论",是说企业好比斜坡上的球体,向下滑落是它的本性；要想使它往上移动，需要两个作用力——一个是止动力，保证它不向下滑，这好比企业的基础工作；一个是拉力，促使它往上移动，这好比企业的创新力。这两个力缺一不可。

就海尔而言，其快速增长，首先得益于创业初期长达7年的一门心思就造一个冰箱。拿一个冰箱夯实企业的基础工作，锻炼一支队伍，建立一种机制，培养一种文化。其“止动力”如“日事日毕，日清日高”，“拉动力”如“在市场否定你之前先自己否定自己”，已被证明是非常行之有效的管理方法。

八、赛马不相马

人才缺乏，是国内企业的共同呼声。但张瑞敏认为，我们最缺乏的不是人才，而是出人才的机制。海尔在人力资源方面的一个基本做法是“赛马”而非传统的“相马”。海尔的“赛马不相马”的人才机制就是给海尔的每一位员工创造一个发挥才能的机会和公平竞争的环境，从而使企业整体充满活力。

海尔的“赛马不相马”应用于下至普通员工，上至集团副总裁。1999年9月，在海尔全球市场产品交易会上，记者们通过嘉宾介绍得知海尔新任命了两位“见习副总裁”，颇觉新鲜。会后，有记者问张瑞敏“见习副总裁”是怎么回事。张瑞敏道：所谓“见习副总裁”就是把他们放在副总裁的位置上干干看行不行。

九、企业要长第三只眼

按照张瑞敏的说法，计划经济下，企业长一只眼盯住领导就够了。市场经济下，企业要长两只眼，一只盯住员工，达到员工满意度的最大化；一只盯住用户，达到用户满意度的最大化。但在由计划经济向市场经济过渡时期，企业还要再长第三只眼睛，用来盯住国家政策。

张瑞敏举了三个例子：一个是1992年小平同志视察南方谈话后，海尔抓住机遇建了海尔工业园；一个是1997年利用国家优惠政策，一下子兼并了18个企业；再一个是国际方面的，就是在东南亚金融危机，连自己设在那边的生产厂的产量也在收缩时，在那里大做广告，其广告价格是危机前的1/3。结果危机一过，海尔的产品在东南亚销量大增。

十、先有市场，再建工厂

这是一种典型的以市场为导向的经营思路，其不仅适用于进入国际市场也适用于开拓国内市场。这里的“建”字，既包括自己建设，当然也包括兼并、参股等多种方式。如海尔把滚筒洗衣机的40万台项目拆成两期建设；在海尔品牌具有相当辐射力的时候兼并“黄山电子”进入彩电行业；出口美国的冰箱超过当地生产30万台的盈亏平衡点后才在当地建立工厂。反思我们很多企业，不就是因为过于乐观地估计了市场、过于乐观地估计了自己，然后盲目建厂导致设备闲置或生产线开工不足而被拖垮的吗？

十一、国际化就是本土化

面对WTO和网络时代的到来，国内企业的国际化成为一个现实的课题。什么是企业的国际化?张瑞敏认为，国际化就是本土化。本土化可以相对缓解国内企业进入国际市场的两个难题——一是消费者对外来品牌的抵触心理；二是我们国际商务人才的极度匮乏。作为中国企业国际化的先行者，海尔“国际化就是本土化”的做法是，当地设计、当地制造、当地销售以及当地融资、当地融智。比如，海尔在洛杉矶建立了设计中心，在南卡罗来纳州建立了生产工厂，在纽约建立了营销公司，三位一体，以形成本土化的海尔，其雇员也主要是美国人。

张瑞敏说，什么时候，美国人不再认为海尔是中国的海尔，而是美国的海尔，海尔在美国就算成功了。

十二、现金流比利润更重要

企业以赢利为目的，是尽人皆知的道理。但张瑞敏说:“现金流比利润更重要。”这是张瑞敏总结了多年来国内一些名声显赫的企业为什么突然死亡的原因后得出的结论。1999年，上海“财富论坛”上张瑞敏提出这个观点，台下有人问跟张瑞敏对话的宝洁公司的老总“您是否同意张先生的观点”。宝洁公司的老总说:“张先生的观点是对的。过去人们看利润，现在人们看现金流之于企业，犹如氧气之于人体一样。”张瑞敏说:现在的市场竞争，不是说资不抵债才叫破产，你失去了现金支付能力就叫破产!同时，张瑞敏对有可能收不回钱的“赊销”不以为然，“企业账面上看有利润，但实际上没有支付能力”。张瑞敏认为，只有让用户喜欢你的产品，像戴尔那样能够满足用户的个性化需求，才能把实物变回货币，形成资金的良性流动。

〔来自于 http：// lizhi. shangc. net/a/201512/6863. html〕

海尔老总张瑞敏的
十二种励志理念

资料链接

小企业人力资源管理诊断经典案例分析

许多小企业在成立初期均能获得快速的发展，但是随着企业的发展，企业在经营和管理方面都出现了一些问题，严重影响了企业的长远发展。对小企业进行人力资源管理诊断就成为当务之急。那么，如何对小企业进行专业深入的人力资源管理诊断成为小企业管理人员关注的焦点。

下面是人力资源顾问专家——华恒智信对某著名连锁机构的人力资源管理诊断项目纪实。

【客户行业】美容行业

【问题类型】人力资源管理问题诊断

【客户背景】

卡丽（化名）美容纤体顾问有限公司是一个专业女子美容纤体会所，位于深圳市南山区。定位是为深圳本地的白领阶层或消费水平较高的中年女士提供护理、减肥、养生、保养的服务。该会所成立于1994年，除总部之外，还设有四家分店，在职职工300余人。会所拥有东南亚风格的SPA房、日式风格的指压按摩房和多个中式风格的按摩床位。在设计的理念上是以视觉、听觉、嗅觉为基础，使用水光反射的灯光照明，配以烛灯光影、轻松音乐。该会所始终致力于连锁直营发展，打造专业的美容连锁品牌。自成立以来，凭借优良的环境、贴心的服务，会所获得了迅速的发展，在深圳本地已具有一定的声誉。

但是，前些年却逐渐遇到一些发展瓶颈，企业在经营和管理方面都出现了一些问题，比如优秀人才流失率居高不下、利润逐年下降、总部管控力度不够等。面对这些问题，该会所的领导也无所适从，不清楚问题的根源在哪里，更不知道该如何解决这些问题。因此，会所领导力邀人力资源专家——华恒智信进驻企业，帮助企业进行管理问题诊断，并提出解决方案，以实现企业的进一步发展。

【现状问题】

随着企业的不断发展和市场环境的变化，该会所逐渐遇到各种管理难题，有经营上的问题也有管理上的问题。其主要表现有以下几个方面：

（1）同行业的店面逐渐增多，市场竞争环境日益激烈，利润也逐渐摊薄，虽然规模逐渐扩大，但是整体利润反而有所下降。

（2）客户开发不足，新客户的有效转化率很低，为了增加利润，只能对老客户进行反复开发，这就导致老客户的不满，甚至出现老客户频繁流失的现象。有的客户反映，“每次来都让买新的产品，但是试用了也没什么效果，时间长了，耳朵都起茧了”。

(3) 优秀的美容师流失率居高不下。为了留住人才，会所对薪酬水平进行了调整，但是，高薪仍然留不住优秀的人才，该会所成了“训练基地”。

(4) 人员不断流失，会所不得不反复招聘新员工，但是又难以招到合适的人员。即使招来了比较不错的人员，对新人员的培训又成为难题，不知道该培训哪些内容。目前，该会所的员工培训只有新员工培训和产品/设备培训。

(5) 员工的工作积极性不高，服务意识欠缺。

(6) 总部对各分店的管控力度不够，各分店的业绩差异较大。有的分店业绩一直不错，有的分店则反复出现亏损。在访谈中也发现，其中一个分店的顾客特别稀少，与卡丽在深圳的声誉形成了较大的反差，该分店的员工工作状态十分悠闲，其人员流失率在几个分店中居于首位。

访谈过程中，该会所的领导及各层级管理者也提出了自己的管理困惑，反复提到“每天都很忙，但是都忙了一些杂事，不知道自己该做哪些工作，不清楚自己该抓哪些管理”。通过访谈和现场考察，华恒智信顾问专家也发现，该会所的领导实际开展的工作是中层干部的职责，而中层干部开展的工作则是员工的职责。

【问题诊断】

项目开展过程中，华恒智信顾问专家团队走访了卡丽会所的总部、四个分店，与会所领导、各层级管理干部、员工代表及关键岗位的代表人员都进行了深度访谈。在深入考察、访谈及对外部类似单位经营管理情况进行深度分析的基础上，华恒智信顾问专家团队对该会所的管理问题进行了全面、深入的分析诊断，并指出，该会所目前在经营和管理两方面都存在一定问题。

(1) 该会所经营方面的主要问题简述如下：

① 核心竞争优势不明显。面对日益激烈的竞争环境，大多美容会所的市场竞争逐渐沦为产品竞争、价格竞争、服务竞争等高消耗、低利润的竞争方式，该会所也并不例外。长此以往，公司的利润逐渐下降。由于缺乏核心竞争力，对新客户缺乏吸引力，客户有效转化率始终较低，也有部分老客户流失。

② 战略定位不清晰，广告营销效果不佳。自成立以来，该会所的定位较为高端，但是始终缺乏明确的战略定位，没有明晰的目标群体，虽然会所在广告营销上投入了大量的资金，却并未收到应有的营销效果。

③ 欠缺主动营销及差异化的营销方式。目前，该会所对新客户的开发重视程度不够，多为被动营销。大部分情况是等着新客户主动来咨询，但是对上门咨

询的客户也并未采取必要的营销措施，最多只是记录客户的姓名和电话等基本信息，没有后续的跟踪营销。自然，新客户的有效转化率也始终较低。此外，该会所的营销模式及话术等较为单一，对不同的目标群体其营销话术也相差无几，欠缺营销的针对性，取不到应有的营销效果。

④ 营销措施与店面的实际情况脱离，总部起不到必要的指导、把控作用。总部对各分店的实际情况了解不到位，也没有开展必要的监督、指导等工作，任由各分店“自由发挥”。各分店的业绩水平很大程度上取决于各自管理者的管理水平和营销人员的能力大小。因此，其业绩差异较大。有的分店能一直保持较高的利润，而有的分店则顾客非常稀少，处于亏损状态，优秀人员也难以有效保留。

(2) 该会所管理方面的问题简述如下：

① 整体管控模式不清晰，总部对分店的把控不到位。虽然该会所致力于连锁经营，但是，总部自身的管理水平相对较低，领导及管理者不清楚自身的管理角色的职责，不知道哪些事该管、哪些事不该管，不明确总部对分店的关键控制点在哪里，更不用提对关键控制点的监督和控制了，自然对分店的管控有效性比较差，各分店的人员是否履职等也欠缺约束，其经营业绩好坏主要靠自身的管理水平。

② 中层管理干部职业化不够。该会所的中层管理干部大多是技术水平较高或是工作时间较长的优秀员工，管理意识和管理技能都比较欠缺，不清楚在管理上应该担任什么角色、应该管哪些事。其实际开展的工作大多数是在下属工作出现问题时担任“救火”的角色，整天忙于“救火”，每天的工作时间也很长，但是，自身真正有价值的管理职责并未得到开展。

③ 欠缺完善的员工培训体系，培训针对性差。现阶段，该会所对员工的培训只包括新员工入职培训及后期的新产品、新设备培训，培训的内容和模式都比较单一，对有效识别客户的挖掘潜力、针对性分析客户所存在的问题(比如，不同面色的人员代表了哪些肤质、容易出现什么问题、应该怎么护理等)、特殊顾客的服务方式等都没有开展针对性的培训，培训效果差，员工的工作技能得不到提升，也无法有效提升会所经营业绩。

④ 工作流程没有固化，工作质量难以保证，且工作效率较低。该会所各项工作较为烦琐，环节较多，且多涉及客户服务，但是，其具体工作流程并不清晰，同一项工作由不同的人开展就会得到不同的结果，难以保证对客户的服务质量，员工整天处于忙乱的状态，工作效率较为低下。

⑤ 欠缺核心人才激励机制，优秀人才流失严重。目前，该会所的激励机制并不健全，哪些人做得好、哪些人做得不好，在晋升、薪酬等方面都没有明显差异。少数情况下，对优秀员工的激励也仅限于奖金发放，且发放标准全凭领导“拍脑

瓜”，无法真正有效地激励核心人才，其优秀人才的流失率也始终居高不下。

〔资料来源：http：// bbs. pinggu. org/thread-2867760-1-1. html.〕

小企业人力资源管理
诊断经典案例分析

历史人物七个人才管理案例

中国历史悠久，各种人才智慧的学说纷呈，而人才智慧的典范更是数不胜数。中国是一个智慧大成的民族，人才智慧的经典案例让人拍案叫绝，下面精选几例，供大家借鉴。

一、秦昭王五跪得范睢——引才案例

引才纳贤是国家强盛的根本，而人才，尤其是高才，并不那么容易引得到、纳得着。秦昭王雄心勃勃，欲一统天下，在引才纳贤方面显示了非凡的气度。范睢原为一隐士，熟知兵法，颇有远略。秦昭王驱车前往拜访范睢，见到他便屏退左右，跪而请教：“请先生教我？”但范睢支支吾吾，欲言又止。于是，秦昭王“第二次跪地请教”，且态度上更加恭敬，可范睢仍不语。秦昭王又跪，说：“先生不愿意教我吗？”这第三跪打动了范睢，道出自己不愿进言的重重顾虑。秦昭王听后，第四次下跪，说道：“先生不要有什么顾虑，更不要对我怀有疑虑，我是真心向您请教。”范睢还是不放心，就试探道：“大王的用计也有失败的时候。”秦昭王对此并没有发怒，并领悟到范睢可能要进言了，于是，第五次跪下，说：“我愿意听先生详说。”言辞更加恳切，态度更加恭敬。这一次范睢也觉得时机成熟，便答应辅佐秦昭王，帮他统一六国。后来，范睢鞠躬尽瘁地辅佐秦昭王成就霸业，而秦昭王五跪得范睢的典故，千百年来被人们所称誉，成为引才纳贤的楷模。

今天的企业老板做何感想，将如何引才纳贤？秦昭王五跪得范睢的典故，是否有老板们来做续呢？

二、一双筷子放弃了周亚夫——识才案例

如果说引才，只需要态度友好就够了，识才却是很神秘的工作。所谓识才不只是看看谁是人才、谁不是人才这么简单。而要从小的方面推断大的方面，从今天的行为推断以后的行为，得出用人策略。周亚夫是汉景帝的重臣，在平定七国之乱时，立下了赫赫战功，官至丞相，为汉景帝献言献策，忠心耿耿。一天汉景帝宴请周亚夫，给他准备了一块大肉。但是没有切开，也没有准备筷子。周亚夫很不高兴，就向内侍官员要了双筷子。汉景帝笑着说：“丞相，我赏你这么大块肉吃，你还不满足吗?还向内侍要筷子,很讲究啊!”周亚夫闻言,急忙跪下谢罪。汉景帝说:“既然丞相不习惯不用筷子吃肉,也就算了,宴席到此结束。”于是,周亚夫只能告退,但心里很郁闷。这一切汉景帝都看在眼里,叹息道:“周亚夫连我对他的不礼貌都不能忍受,如何能忍受少主年轻气盛呢。”汉景帝通过吃肉这件小事,试探出周亚夫不适合做太子的辅政大臣。汉景帝认为,周亚夫应把赏他的肉,用手拿着吃下去,才是一个臣子安守本分的品德,周亚夫要筷子是非分的做法。汉景帝依此推断,周亚夫如果辅佐太子,肯定会生出些非分的要求,趁早放弃了他做太子辅政大臣的打算。

识才的策略与传说贯穿中国五千年历史,汉景帝只是其中的一个代表。今天的企业老板们是否也要向汉景帝学点什么?识才的奥妙深着呢!

三、神偷请战——用才案例

用人之道,最重要的是要善于发现、发掘、发挥属下的一技之长。用人得当,事半功倍。楚将子发爱结交有一技之长的人,并把他们招揽到麾下。有个人其貌不扬,号称“神偷”,也被子发待若上宾。有一次,齐国进犯楚国,子发率军迎敌。交战三次,楚军三次败北。子发旗下不乏智谋之士、勇悍之将,但在强大的齐军面前,简直无计可施了。这时神偷请战,在夜幕的掩护下,他将齐军主帅的睡帐偷了回来。第二天,子发派使者将睡帐送还给齐军主帅,并对他说:“我们出去打柴的士兵捡到您的帷帐,特地赶来奉还。”当天晚上,神偷又去将齐军主帅的枕头偷来,再由子发派人送还。第三天晚上,神偷连齐军主帅头上的发簪子都偷来了,子发照样派人送还。齐军上下听说此事,甚为恐惧,主帅惊骇地对幕僚们说:“如果再不撤退,恐怕子发要派人来取我的人头了。”于是,齐军不战而退。

人不可能每一方面都出色,但也不可能每一方面都差劲,再逊色的人也有一技之长。企业老板要能很清楚地了解每个下属的优缺点,千万不能夹杂个人喜好,也许你今天看不起的某个人,他日正是你事业转机的干将。

四、纪渻子训鸡喻育才——育才案例

一般情况下,人才到位须进行培训,并且育才是企业永久的工程,用才而不育才,人才便没有持续竞争力。据传,周宣王爱好斗鸡,纪渻子是一个有名的斗鸡专家,被命去负责饲养斗鸡。10天后,宣王催问道:训练成了吗?纪渻子说:还不行,它一看见别的鸡,或听到别的鸡叫,就跃跃欲试。又过了10天,宣王问训练好了没有,纪渻子说:还不行,心神还相当活跃,火气还没有消退。再过了10天,宣王又问道:怎么样?难道还没训练好吗?纪渻子说:现在差不多了,骄气没有了,心神也安定了,虽然别的鸡叫,它也好像没有听到似的,毫无反应,不论遇见什么突然的情况它都不动、不惊,看起来真像木鸡一样。这样的斗鸡,才算训练到家了,别的斗鸡一看见它,准会转身就逃,斗也不敢斗。宣王于是去看鸡的情况,果然呆

若木鸡，不为外面任何声音所动，可是它的精神凝聚在内，别的鸡都不敢和它应战，看见它转身就逃。

今天的企业老板从纪渻子训斗鸡中得到什么启发？我们的育才不正是也遵循这样的规律吗？只有企业自己培育的人才，并且培育到一定火候，才能为企业带来更大的价值。

五、墨子苦心激励耕柱——激才案例

人才并不是天生一定为某人做贡献、一定尽全力做贡献，关键是要适当激励，激才智慧在中国历史上不乏其例。耕柱是一代宗师墨子的得意门生，但他老是挨墨子的责骂。有一次，墨子又责备了耕柱，耕柱觉得非常委屈，因为在许多门生之中，大家都公认耕柱是最优秀的，却偏偏常遭到墨子指责，让他没面子。一天，耕柱愤愤不平地问墨子："老师，难道在这么多学生当中，我竟是如此的差劲，以至于要时常遭您老人家责骂吗？"墨子听后，毫不动肝火："假设我现在要上太行山，依你看，我应该用良马来拉车，还是用老牛来拖车？"耕柱答："再笨的人也知道要用良马来拉车。"墨子又问："那么，为什么不用老牛呢？"耕柱答："理由非常的简单，因为良马足以担负重任，值得驱遣。"墨子说："你答得一点也没错，我之所以时常责骂你，也只因为你能够担负重任，值得我一再地教导与匡正你。"

激励人才是一种艺术，企业家从中得到什么启示？激励无定法，只有合适的激励才能产生期望的效果。墨子的激励措施并不是放之四海而皆准的法则，但可为今天的激才提供借鉴。

六、刘备苦心留住徐庶心——留才案例

分分合合，职场中已司空见惯。因此，引才难，留才难。一个小单位留住高才难，而留住高才心更是难于上青天。刘备被曹操一路追赶，到处奔波，好不容易安居新野小县，又得军师徐庶。这日，曹操派人送来徐母的书信，信中要徐庶速归曹操。徐庶知是曹操用计，但他是孝子，执意要走。刘备顿时大哭，说道："百善孝为先，何况是至亲分离，你放心去吧，等救出你母亲后，有机会我再向先生请教。"徐庶非常感激，想立即上路，刘备劝说徐庶小住一日，明日为先生饯行。第二天，刘备为徐庶摆酒饯行，等到徐庶上马时，刘备又要为他牵马，将徐庶送了一程又一程，不忍分别，感动得徐庶热泪盈眶。为报答刘备的知遇之恩，他不仅举荐了更高的贤士诸葛亮，并发誓终生不为曹操施一计谋。徐庶的人虽然离开了，但心却在刘备这边，故有"身在曹营心在汉"之说。徐庶进曹营果然不为曹设一计，并且在长坂坡还救了刘备的大将赵云之命。古往今来，凡是留才的案例，没有超出刘备的。

留才留心，只要能留得人才之心，他即使在天涯海角依然效命。企业老板在人才震荡的今天，如何借鉴刘备的留才策略呢？会不会留才效果与之相反，人是留下了，可心已不在，可见留才亦有着诸多妙处。

七、曹操借刀杀祢衡——去才案例

引才难，用才难，去才更难，去一个世人皆以为才而不能为己所用的怪才难上加难。东汉名士祢衡，三国著名的狂士，志大才疏，口若悬河，能言善辩，在当时很有名气。建安七子之一的孔融向曹操推荐了祢衡，曹操派人叫来祢衡。见了面之后，曹操故意给祢衡点颜色看看，不让这位大学者落座。祢衡："唉，天地虽阔，却没有一个人才啊！"曹操："我手下有几十位优秀人才，都是当世英雄，怎么能说没有人才呢？"祢衡："荀彧可使吊丧问疾，荀攸可使看坟守墓，程昱可使关门闭户，郭嘉可使白词念赋，张辽可使击鼓鸣金，许褚可使牧牛放马！"曹操："那么你又有什么本领呢？"祢衡："天文地理，无一不通；三教九流，无所不晓。往大里讲，我可以做尧、舜那样的明君，往小里讲，我的道德文章和孔子、颜回可有一比。我怎么能和你手下的那些凡夫俗子相提并论呢？"曹操心里非常恼怒，知道祢衡只会一点耍嘴皮子的功夫，当然不会买他的账。部下张辽想杀掉祢衡，他制止了，却任命他做荆州的使臣，说服刘表归降朝廷。祢衡去见刘表，积习难改，又激怒了刘表。刘表听说过祢衡多次辱骂曹操的事，知道曹操想借自己的手杀掉祢衡，担当"害贤"的恶名，便派他去见江夏的将军黄祖。黄祖是一个小军阀，素质没有达到曹操、刘表那个层次。祢衡见了黄祖，重施故技，没有说几句，便把黄祖得罪了。黄祖勃然大怒，叫人把祢衡拉出去斩掉了。听说祢衡被黄祖杀了，曹操哈哈大笑起来："这个腐儒自己找死，根本用不着脏我的刀。"

尽管三国演义中罗贯中有贬曹操心胸狭窄之意，但曹操去掉这位怪才的策略也的确是高，今天的怪才、狂才也不少，企业老板如何去才呢？想必最佳雇主的名声还是要顾及的吧！

〔以上资料来源：https：// wenku. baidu. com/view/ bb41cc0202020740be1e9b62. html〕

历史人物七个
人才管理案例

专题八

大学生创业项目的选择

大学生选择创业项目的依据

好的项目是成功的一半，选择创业项目是踏上创业之路的第一步，也是最为重要的一步。对于有志于实现心中创业梦想的大学生而言，选对一个合适的创业项目作为自己事业的起步极为关键，极可能会决定创业的成败。

一、选择合适创业项目的重要性

创业项目的选择是创业中最难，也是最关键的一步，选择项目就是选择创业方向，而不少大学生这一步走得并不好。据教育部的一项报告显示，全国 97 家比较早的大学生企业，赢利的仅占 17%，大学生创办的公司，5 年内仅有 30% 能够生存下去，创业失败很大一部分是由于项目选择错误所致。

人们常说，好的项目是成功的一半。其实项目没有好坏之分，只有合适与不合适。大学生在选择项目时往往带有很大的盲目性，常常是人云亦云，挑一些目前最流行、最赚钱的项目，没有经过任何评估，就仓促开业，也不管这些创业项目是不是自己熟悉的行业，适不适合自己的创业兴趣，结果可想而知。

只有选择了合适的创业项目，创业才有了目标和方向，才能激发自己的创业热情。

选择合适项目的重要性还体现在可以充分发挥大学生在专长、资源、人脉等方面的优势，以己之长，攻人之短，在同类型的创业项目中取得竞争优势，减少创业中的阻力，提高创业的成功率。

二、大学生选择创业项目的依据

由于大学生群体的特殊性，适合大学生的创业项目要尽量能够发挥大学生的优势。大学生创业者在选择创业项目时可以参考以下几条标准进行。

1. 首选享受政策优惠的创业项目

为了鼓励大学生创业，各级政府和行政主管部门都出台了一系列的优惠政策。有些是专门针对具体行业的，如大学生创业新办咨询业、信息业、技术服务业的企业，可免征企业所得税两年；创业新办从事交通运输、邮电通信的企业，第一年免征企业所得税，第二年减半征收企业所得税；创业新办从事公用事业、商业、物资业、对外贸易业、旅游业、物流业、仓储业、居民服务业、饮食业、教育文化事业、卫生事业的企业，可免征企业所得税一年。

大学生创业者可以根据自身的实际情况，在这些可享受优惠的项目中找到适合自己创业的项目。

2. 初始投入资金较少、资金周转期短的项目

由于大学生创业的融资渠道较少，70% 以上的创业大学生都是利用父母亲友的资助和自己的一些积蓄作为启动资金开始创业的。加上大部分学生都来自工薪家庭，能够获取的创业资金也有限。因此，大学生在刚开始创业时，应尽量选择初期投入少、资金周转快的项目，这样才能有充足的流动资金维持企业的正常经营。

同时，大学生也要避免选择一些需要大量库存的项目。库存一多，资金周转必然缓慢，这不是大学生的资本所能维持的；如果加上市场不稳定，必然会导致周转不灵，陷入倒闭的困境。

3. 避免技术性过高的项目

大学生如果没有十足的把握，尽量避免一开始创业就进入高科技行业。因为高科技行业需投入大量的研发成本，对于大学生这样资本金较少的创业者是一项很重的负担，所以大学生可以先选择一些相对比较容易做的行业，在积累了一定的资本后再考虑转入高科技行业。

4. 选择处于成长期的项目，避免刚开发的新项目和完全成熟的老项目

大学生创业者一般都是 20 岁出头的年轻人，喜欢新事物，在创业时也往往会去选一些刚开发出来的、毫无市场基础的项目。这样做会有很大的风险。只有当一个项目处于市场已经开发，但是现有的供应能力不足的时候，才应该及时介入，这样成功的概率就会大很多。

选择这些处于成长期的项目，不仅能有效降低风险，而且可以获得相对较大的利润空间。完全成熟的项目，虽然稳当，但缺乏诱人的利润。

5. 选择小众产品的项目需谨慎

小众产品是指能够满足市场上某一类消费人群的特殊需求的产品，虽然打开市场后利润可能非常可观，但开拓市场极为困难。对缺少市场经验的大学生创业者来说，如没有确实的把握，应避免介入。最理想的是选择各阶层的人都需要的日常生活用品的行业，资金才能迅速地收回，例如面包店、文具店、五金店、日常用品店、杂货店等。

6. 有特色的项目应重点考虑

别人没有的、先于人发现的、与别人不同的、比别人强的项目都可以归类为有特色的项目。

特色项目除了可以避免陷入与同类型的竞争者同质化的困境外，还可以提升产品的辨识度和认知度，拥有更高的定价空间。立志于自主创业的大学生，应

该对市场的动态变化保持敏锐的嗅觉，时刻了解市场需求变化的方向，就可以发现一些市场的空白，建立独具特色的创业项目。

7. 雇佣人力较少的项目

大学生创业者普遍缺少实际的管理经验，如果一上手就开始管理很多的员工，往往会使企业内部变得极其混乱。创业初期应该以开拓市场为主导，如果经常被人事工作所拖累，就不可能有大量的精力去完成其他重要的工作。因而没有管理经验的大学生，可以先选择创建几个人的小企业，积累管理经验，随着企业不断壮大，自然有能力管理更多的员工。

大学生选择创业
项目的依据

大学生选择创业项目的主要影响因素

结合对我国大学生创业实际情况的调查和相关文献的研究，我们认为个人性格特征因素、个人背景因素、外部环境因素等直接或间接影响大学生选择创业项目。下面我们就来探讨一下这些影响因素和大学生创业项目选择之间的关系。

一、个人性格特征影响大学生选择创业项目

一个人的性格会决定其行为特征，不同性格的大学生创业者选择的创业项目也不尽相同。为了方便比较分析，我们把创业大学生按性格特征分为 3 类：偏外向型性格、偏内向型性格和复合型性格。

1. 偏外向型性格的大学生

偏外向型性格的大学生一般思维敏捷、活泼开朗、善于交际、待人热情、诚恳，且与人交往时随和，不拘小节，办事灵活，决策果断，适应环境的能力较强。能够快速抓住商机，建立人脉网络并找到适合自己事业的经营模式，但遇事容易冲动、盲目，性子较急，缺乏深入思考。

这种性格的大学生一般不会选择那些需要较强的耐心与忍耐力的生产型和服务型的创业项目，而会选择一些经常与人打交道的项目，如服务行业、教育行业、公关策划、对外贸易、电影电视、健身、娱乐等方面的创业项目。

2. 偏内向型性格的大学生

偏内向型性格的大学生思维活动倾向于内在，感情比较深沉，待人接物小心

谨慎,办事稳妥,注重长效,喜欢单独工作,遇事喜欢思考,有充分的耐心,具有创业者所需的持之以恒的精神,不怕困难和挫折,忍耐力和承受力较好。但容易钻牛角尖,优柔寡断,常因为过分担心而缺乏决断力,不善于人际交往,不善于接受新事物,对新环境的适应不够灵活。

这种性格的大学生在选择创业项目时往往会避开那些经常与人打交道的贸易类项目,对做生产型和服务型的创业项目比较偏爱,以 IT 技术为代表的高技术行业更是这类大学生选择创业项目的主要方向。

3. 复合型性格的大学生

复合型性格的大学生集中了外向型和内向型性格两方面的优势。他们在不同的时期或不同的场合会表现出不同的特征,应该是最适合创业的性格。他们办事认真,周到稳妥,决策果断,善于应变,具有较强的人格魅力,善于维护和扩展人脉资源,不惧挫折和困难,一般具有较强的战略眼光。但因其自身优点较多,容易变得狂妄自大,目空一切,缺少一点亲和力。

这类性格的大学生对创业项目的方向没有明显的偏好,喜欢在一些发展前景较好、处于高速成长期的行业选择创业项目,认准一个方向就做到底,不喜欢频繁地转变创业方向。

二、个人背景影响大学生选择创业项目

影响大学生选择创业项目的个人背景因素主要包括:性别、专业专长、家庭背景、个人的社会网络等。

性别对于大学生选择创业方向的影响还是比较大的。男性大学生选择项目的范围较广,但比较偏向于高新技术类、制造类、批发零售类为主。女性大学生创业项目大多符合生活实际,以生活服务类的项目为主,如服饰店、首饰珠宝店、鞋店、居家用品店、美容护肤店、花店、宠物店、咖啡店等,涉及环保、养生、家居、餐饮等多个领域。

专业特长也是大学生选择创业项目的主要考虑因素之一。大学生创业时如果选择与自己专业相关的创业项目,可以充分发挥自己的专业知识,提高创业的成功率。

家庭背景是影响大学生选择创业项目的另一个因素。大学毕业生创业受其家庭的企业家文化影响较大。根据调查显示,来自“私营企业主”、“企业经理人员”、“个体工商户”等家庭的大学生的自主创业比例最高,同时,大学生在选择创业项目时,会根据父母的工作、社会背景和家庭的经济状况来综合考虑。

三、外部环境影响大学生选择创业项目

对一个刚刚起步的大学生创业者而言，影响和改变外部环境基本不太可能。因此，大学生创业者应对环境进行分析，对现有的市场条件以及不能控制的外部环境因素可能带来的影响有一个深刻的认识，在选择创业项目时尽量顺应环境，利用有利的影响，避开不利的影响。

1. 经济环境

大学生在选择创业项目时，一定会受到外部经济环境方面的影响，如国家的宏微观经济形势、创业所在地区的失业状况、消费者的可支配收入等都是影响市场需求的主要因素。如国家的经济形势较好，居民的收入稳步上升，选择一些可以改善居民生活质量的创业项目就会比较可行；反之，如果失业率不断上升，居民的收入下降，一些费用较低且能满足居民生活必需的创业项目就会受到欢迎。

2. 政策环境

政策环境对大学生选择创业项目的影响也是比较大的，那些政策给予扶持或税收优惠的行业是大学生创业项目的首选，如环保行业、高科技行业等等；相反，像高污染、高能耗这样受到政策限制的行业自然不会有大学生愿意去尝试。

3. 文化环境

文化是指人类活动的模式以及给予这些模式重要性的符号化结构。不同的人对“文化”有不同的定义，文化通常包括文字、语言、地域、音乐、文学、绘画、雕塑、戏剧、电影等。文化环境是一个复杂的总体，它是人们生活的一部分，自然会对创业项目的市场需求产生影响。大学生在选择创业项目时，如果不符合当地的文化，就极可能被排挤出市场。

4. 技术环境

技术是变化剧烈的环境因素，技术的进步难以预测。大学生在选择创业项目时对所涉及行业的技术变化趋势如果没有了解和把握，就极可能还没开业就被市场淘汰了。大学生选择创业项目，不一定要使用最新的技术，但至少要选择那些比较成熟、短时间内不会被取代的技术。

5. 行业环境

这是大学生选择创业项目最重要的影响因素。市场是增长的还是衰退的、供给是否已经饱和以及消费者需求可能的变化等重要问题，对创业项目的好坏至关重要，大学生创业者必须认真加以考虑，才能确定创业项目。

6. 竞争环境

大多数创业企业都会面临潜在竞争者与现有竞争者的威胁。在选择创业项目时，大学生创业者不但要清楚谁是现有竞争者，现有竞争者产品的价格，现有

竞争者的优势与劣势，进入和退出壁垒是什么，还要预见到是否存在潜在竞争者，他们的优势与劣势又是什么。在对竞争对手一无所知的情况下贸然进入一个行业，等待大学生创业者的只可能是失败。

大学生选择创业项目的主要影响因素

大学生选择创业项目影响因素的个案分析

在对影响大学生选择创业项目的因素进行了数据实证分析后，有必要结合一定的案例对大学生选择创业项目进行研究。下面我们将通过3个案例，分析当前大学生选择创业项目时与个人的背景、性格及环境的密切联系。

案例一

从身边入手，挖掘项目

某高校理工科专业的8名应届毕业大学生，于2009年3月注册成立企业，以提供校园服务为主要业务。其中包括校园饮用水供应、地摊销售、代理销售、课程代理报名、设计印刷等服务。组建这个团队是在2008年，当时只是学生自发组织的一个志愿者服务社团，为在校的学生尤其是入校新生提供一些生活和学习上的服务。然而在一年的运作和磨合中，逐渐形成了团队的核心力量，在校园内也具备了一定的知名度，因此也就在那时坚定了他们创业的信心。如今他们早就公司化运作，通过市场化经营逐步拓展业务，走上创业之路。

〔案例来源：http：// www.12333sh.gov.cn/200912333/2009bmfw/dzyls/dzsb/dzbz/wz/200911/t20091104_1100865.shtml〕

【案例分析】

利用熟悉的生活方式，选择熟悉的人，在熟悉的环境中选择创业项目，这样的创业方式在大学生创业者中颇受欢迎。熟悉的环境为大学生创业降低风险。对于刚毕业的大学生来说，他们的社会关系主要集中在学校，校园商机对大学生创业者来说是最直接的资源。同时，由于大学生的生活方式比较类似，大学生创业者对于同龄人的爱好，尤其是大学生的消费观念、消费水平和生活方式，都能感同身受，选择符合大学生习惯或爱好的一些创业项目容易获得成功。

案例二

学以致用，自主创业

季某，女，上海大学艺术设计专业2005级学生，在大二就开始了自己的第一次创业——投资了10 000多元和别人合伙开了一家奶茶店。但由于经验不足，又对奶茶行业不太熟悉，不久就以失败告终。第一次创业的失败对季某的打击很大，身心俱疲，病了一个月。但一段时间后，她调整状态，和同学一起投资办起了一个工作室。主要进行广告板和封面的设计，开始了第二次创业。工作室经营一段时间之后，收回了成本，并且能解决自己的生活费。但最终因为工作室的业务与自己所学课程产生冲突而取消经营。在有了两次创业的经验和教训的基础上，季某投资2 000多元，办起了一家画室。因为季某本人对美术很有激情，而且具有通过美术考试升学的亲身体会和成功经验，画室的经营目前较为顺利，并有一定的盈利。

〔案例来源：http://www.wendangxiazai.com/b-4504420e0975f46526d3e171.html〕

【案例分析】

季某经历了几次创业，由于不熟悉行业而失败，又因发挥了专长优势而成功，可见当个人的专业背景与所选择创业项目相一致时，可以达到事半功倍的效果。

选择与自己专业相近的项目也是大学生创业的特点。他们利用专业知识打造企业的核心竞争力，并大大降低了创业风险，在创业的同时对自身技能又是一种很大的提高。这对于专业能力较强的大学生无疑是一个创业的好方向。

案例三

市场无情，创业须谨慎

谭某、陈某，上海理工大学机械制造2005级学生，拥有一家名为“星星”的碟店，从事影碟的出租和电脑软件及游戏碟的出售。二人于2007年9月盘下一家碟店，开始创业。星星碟店为两间小木屋，店内出租用的碟片大部分是以前经营者留下来的，租金是每月330元，水电费另算，目前经营正常，但经营业绩有下滑的趋势。碟店现阶段面临的困难主要是市场需求饱和，DVD-9类影碟的出售逐渐取代了原有DVD影碟的出租，造成原有碟片的淘汰，损耗了较多成本。

〔案例来源：http://www.wendangxiazai.com/b-4504420e0975f46526d3e171.html〕

【案例分析】

这个案例中的创业大学生的最大问题是在创业之前并没有做好充分的市场调研，选择了一个几近饱和又面临更新淘汰的行业进行创业。大学生在选择创业项目时，一定要对市场、技术等外部环境有清晰的认识，才能找到有发展前景的创业项目。

总结：大学生在选择创业项目时，会受到如个性、背景、环境等诸多因素的影响。这些因素与大学生创业的成功与否密切相关，只有在正确认识个人的性格和背景以及充分了解外部环境的基础上，大学生才能选到适合自己的创业项目，提高创业的成功率。

大学生选择创业项目影响因素的个案分析

如何选择创业项目

创业如同婚姻，没有最好的项目，只有合适的项目。那么，当我们拥有着爱情一般的创业冲动时，究竟该怎么样去选择合适自己的项目呢？

据中国创业招商网统计，90％的人曾经有过创业冲动，其中60％的会付诸实施，但是其中仅有10％的人会成功。那么，为什么会有这么多人失败呢？中国创业招商网最近展开了一次调查，结果发现：98％的失败者是因为没有选准合适的项目。俗话说得好，“万事开头难”，选择了一个好的项目，就成功了一半。

只有合适的，没有最好的。中国创业招商网在对创业者的调查显示：80％的创业者在创业前期都感到确定创业项目“十分头疼”、“很难抉择”；在创业失败的案例中，有60％的人觉得是“创业项目不对头”或“创业项目选择失误”；而在成功创业人群中，70％的人都认为是“良好的创业项目成就事业”。选择项目既然如此重要，那么究竟该如何选择项目呢？中国创业招商网的专家认为，在创业之前，创业者一定要改变一个观点，那就是创业项目没有最好的，只有合适的。

选择创业项目需要把握住以下几个关键：第一是风险；第二是创业项目的真实可靠性；第三是实力；第四是信息渠道的畅通。

一、选择创业项目必须遵循的原则

1. 选项好比搞对象

创业的感觉可以同初恋相比，选择项目的重要可以同搞对象相比。任何项目的本身，都有一个怀胎、孕育、出生、发育的过程，这是一个自然的过程。创业者对一个具体项目，都有一个认识、理解、通透、把握的过程，这是一个历史过程。由此决定了创业的过程是人与项目长期相互融合的过程，也决定了选择项目必须立足长远。

2. 选项首先选自己

选择项目需要四个字："知己知彼"。知己，就是清醒地审视自己的优势、强项、兴趣、知识积累与结构、性格与心理特征等。知彼，就是对社会未来发展趋势的认识。

3. 选项要花工夫

有一个人，曾经当过世界首富，他是软银公司的孙正义。他大学毕业后从美国回到日本，选出了 50 个创业目标，用一年时间逐个进行考察，写出了几尺厚的资料，最后选择了做软件。既然选择目标事关人生，就不可随随便便，必须要经过充分的论证过程。在这个过程中，要舍得花时间、花力气，要能够静下心，认真调查研究，寻找事实根据。

4. 选项要有特色

选择的项目一定要有"根"，就是项目生命的根子、生存的权利、活下去的条件。可以用四句话表达：别人没有的；先人发现的；与人不同的；强人之处的。

比如"别人没有的"，可以是某种资源与某种特定需要的联系，可以是某种公认资源的新商业价值。一个走亲戚的人发现附近的山上有白色的土，可以制作陶器，他进一步了解到附近有铁路。于是他买下这块下面有陶土的地，把土晾干磨成粉 —— 卖起了陶土。

再比如，"强人之处的"。一个项目中不论哪个方面，哪怕是一点高人一筹、优人一档就是根。比方说成本，谁能想到 2014 年"世界 500 强" 排名第一的是一家叫沃尔玛的零售企业。它能够把管理费用控制在销售额的 2%。他们总部的办公室像卡车终点站的司机休息室，可见他们为降低成本而努力的背后是一种什么样的精神。

二、选择创业项目的步骤

1. 排除一大片

应该知道什么事情是可以做的，什么事情是不可以做的。有个地方有 100 户人家，每家有 1 元钱；你有很大本事，把所有人家的所有的钱都赚来了 ——100 元。还有个地方有 100 户人家，每家有 1 万元；你本事不大，只能把 1/10 人家的 1/10 的钱赚来 ——10 000 元。

2. 画出一个圈

应该知道哪些事情是不能长期做的，哪些事情是能长期做的。把社会恒久需要的、已初露端倪的大趋势画进来。例如，由环境保护引发治理江河，导致关闭中小造纸厂，产生纸制品的供求不平衡，腾出了一块市场。如果用再生纸做资源去添补，会怎么样呢？

3. 列出一个序

把可能做的事情排列起来。回头看看过去的 20 年中，做强、做长的企业是生存在哪些行业，很大程度上能够证实行业与发展的联系。比如房地产、医药、保健品、证券、建材、装修、交通、教育、通信等。那么，就把大的范围圈定在这里，选出若干项。

4. 切入一个点

成就事业的公认法则是集中和持续在已经缩小的一定范围内实施行动。这时，比较优势的道理是有用的 —— 认真地审视自己的强项、优势、兴趣何在，可能同时有几个，与他人比较哪个优势是最有利的。这时，机会成本的概念也是有用的 —— 同样的时间，同样的付出，哪个能力所对应的事业会有更大的前景收益，比较中优势会凸显出来。

三、如何选择和确定自己的项目

1. 选择稳妥，也要注意面对竞争

从个人的实际条件出发，选择投资少、风险小、回报快的一般项目，往往是多数创业者的做法。要知道，正因为其较为稳妥，做的人就多了，竞争就激烈了，生意也就更难做了。你必须考虑以什么样的手段与特色去参与竞争。

2. 选择厚利，要考虑自身的条件

从市场提供的机会出发，选择获利丰厚、发展空间较大的项目。但要考虑自己的条件，如资金实力、行业经验、社会关系等，要能与之相适应。

3. 选择跟风，但切勿盲目冲动

看到别人做得好，销售旺盛，自己也跃跃欲试。有现成的热门商机固然好，但须谨慎。要注意自己跟别人条件的差异。如果不作调查分析，盲目跟风，到头来可能会吃亏。

4. 选择配套，要关注“东家”的动机

挂靠在别的大企业之后，为他们做配套，拾遗补阙，比较省心、省力。但上游企业对自己的约束、控制也会较大。尤其是他们的变化，哪怕是风吹草动，都会对自己造成较大的影响。要协调好与“东家”的关系，要注意“东家”的动向。

5. 选择熟悉，要扬长避短

俗话说：“隔行如隔山。”选择项目首先要选自己熟悉的，又要根据自己的能力与素质，扬长避短。如果你去从事一种自己不懂或不太熟悉的新行业，风险太大，不可盲目行事。

总之，选择项目要认真考虑三个方面的情况：一是市场的需要，二是有没有竞争力，三是条件够不够。要做好市场调查与可行性分析，选择一个既有利可图且适合自己的项目，一步一个脚印地往前走，做实、做好、做大自己的事业。

如何选择创业项目

资料链接

青年“创客”的政策扶植清单

比尔·盖茨创立了微软帝国，也成为大学生创业的世界级神话。据统计，美国大学生创业比率高达20%～23%，而铸造这一成绩的正是其适宜的政策环境。近几年来，我国在创业政策环境的建设上做了巨大的努力，推动了创业黄金时代的到来。但为了让更多人加入创业大军，还需将政府、高校等组织释放的支持创新创业的利好政策渗透进社会，为“中国梦”的实现保驾护航。

情景一：如果你是一名在校大学生，想要了解创业，学习创业知识，该怎么办？

【政策链接】

国家政策规定，各高校要广泛开展创新创业教育，将创业教育课程纳入学分管理。另外，人力资源和社会保障部要加强与教育部门和高校的衔接，以有创业意愿的大学生为重点，编制专项培训计划，优先安排培训资源，使每一个有创业愿望和培训需求的大学生都有机会获得创业培训。同时，对符合条件的参训大学生按规定给予培训补贴。

【相应建议】

你可以到所在大学的相关主管部门(有些高校有独立的"就业创业办公室")阐述自己创业的意愿,并要求参加培训。

情景二:如果你已经大学毕业了,该如何获得创业指导或帮助?

【政策链接】

2014～2017年,在全国范围内实施大学生创业引领计划。按照规定,各地要采取措施,确保符合条件的高校毕业生都能得到创业指导、创业培训、工商登记、融资服务、税收优惠、场地扶持等服务和政策优惠。

【相应建议】

如果你刚毕业还未离校,想得到上述优惠,须先获得《就业失业登记证》。办理程序是:注册登录全国大学生创业服务网(网址:http://cy.ncss.org.cn)提交《高校毕业生自主创业证》申请表,教育行政部门核实后,向申请者发放《高校毕业生自主创业证》,然后申请者持证向创业所在地人力资源部门提出申请核发《就业失业登记证》。如果你已经离校了,可凭毕业证,直接向创业所在地县以上人力资源和社会保障部门提出申请,符合条件则可领取标注了"自主创业税收政策"的《就业失业登记证》。

情景三:如果你想开个小网店,能够享受哪些优惠政策?

【政策链接】

国家政策规定,高校毕业生创办的小型微型企业,按规定可减半征收企业所得税。月销售额不超过2万元的企业暂免征收增值税和营业税。同时,对持《就业失业登记证》的个体经营人员,3年内按每年8 000元为限额依次扣减其当年实际应缴纳20%营业税、城市维护建设税、教育附加费、地方教育附加和个人所得税。限额标准最高可上浮20%。

【相应建议】

如果你已经办理了《就业失业登记证》,你可以再去当地的人力资源和社会保障局咨询当地是否出台了更为详细、具体的扶植性政策。

情景四:如果你的创业资金不足,想要申请小额贷款,该怎么办?

【政策链接】

国家政策规定,符合条件的高校毕业生自主创业,可在创业所在地按规定申请小额担保贷款,其中个人申请不超过10万元,合伙申请不超过50万元,对从事微利项目的,据实给予全额贴息。

【相应建议】

要想更全面地享受到国家给予的优惠政策,首先自己不能封闭,要关注新闻,了解时事,更多地涉猎各方面的信息。

情景五：如果你的创业想法还不是很完善，可以通过哪些平台获得帮助、认可和支持？

【政策链接】

国家鼓励各级政府、高校和社会组织举办有价值的创业比赛，或组织创新创业孵化项目，以此为平台帮助大学生实现创业想法。

【相应建议】

带着你的创业想法或创业项目参加各类有价值的创业大赛。获奖并非主要目的，重要的是在这个过程中开拓思路、获取资源。

青年"创客"的
政策扶植清单

小小"发明家"，走上创业路

刘峰，安徽人，2009年入读南京信息职业技术学院。从小爱好科技发明，在校期间获得18项国家发明专利。2009年参加学院举办的创业大赛，力拔头筹，成功入驻学院创业教育中心，开始经营"林风电子"实体店。2010年上半年着手建设电子网站，销售自己设计的电子套件，两个月不到，网店已达两钻信誉。

由于父母经营着一家回收公司，刘峰从小就跟回收的废品打交道，那些别人看起来又脏又破的东西成了他眼里最好的玩具。他把这些玩意拼拼凑凑，组合成一个个新颖的物件，并从中获得了极大的乐趣。上小学后，刘峰积极参加了"电子兴趣班"，不仅学到很多基础电子知识，也培养出对电子领域的强烈热情。从小学到高中，刘峰一直与电子技术打交道，他总有层出不穷的新创意，发明了很多新奇的"杰作"，并借此拿下了大大小小不少奖项。进入大学后，他依然不改初衷，坚持要在电子领域闯出一片天地。

创业契机：大赛夺冠崭露头角

2009年12月，学校举办第二届创业计划竞赛。一开始刘峰对此并不关注，因为他当时忙着做实验、搞项目，觉得生活非常充实。后来有同学告诉他，学校会为获胜的参赛队伍提供很多奖励，如专业的创业指导培训等，刘峰觉得这些对自己梦想的科技创业之路很有帮助，于是动了参赛的念头。

说干就干，刘峰立即和几个同伴一起筹备参赛事宜，经过商量，他们决定申报"林风电子"创业项目。项目主营电子产品的销售和开发，先从简单的电子产品购销开始，逐渐过渡到自主研发电子产品，为日后发展自主创新项目铺平道路。经过激烈的答辩，刘峰的项目最终力拔头筹。

万事开头难：在曲折中前进

店铺开张之初，团队成员个个摩拳擦掌。他们合理分工，各展所长，从调研学生对于电子产品的需求，到了解商品性能、寻找优质的进货渠道，再到制定销售方案、产品价格、促销手段等等，力求做好经营店铺的每一个细节。

然而希望越大，失望越大，开业后的两三个星期内，小店只有屈指可数的几笔入账，这和大家的期待相去甚远。痛定思痛，刘峰通过对周边店面的综合考察和对同学们的咨询调研，总结出了经营失利的原因：首先，学校商业街原有的电子商铺信誉良好，客源稳定；其次，创业大赛中同类性质的参赛者也相继创办实体店，竞争激烈；再次，自己的店铺既没名气也不显眼，很难被学生们注意到。

找到了问题所在，刘峰立刻对症下药。他觉得当务之急在于加大宣传，提升小店在学校的知名度。因此，他通过学校宣传栏和校园 BBS 讨论版等各种途径，极力宣传本店的特色："学生创业，优质服务，正宗进货渠道，售后保障，价格最优！"除此之外，他还开展了秒杀、差价退款、竞猜得奖品等一系列吸引顾客的活动。并且，他的广告词也很有特色，比如，"你听说了吗？他来了！谁？林风电子"，再如，"来林风电子买东西，So·Happy！妈妈再也不用担心我乱花钱啦"！经过一系列宣传策划后，"林风电子"终于在学生中打响了名头。

刘峰关注的另一个重点是提升服务质量。在日常经营中，他和伙伴们怀着满腔热忱，竭尽所能为顾客服务。"顾客来买东西，我们会根据他的需求，介绍几款适合他的，价格、功能、优缺点我们都会一一描述清楚。如果产品出现问题，我们会及时进行修理或更换。"

小店的生意一天天好起来，日收入从最初的十几元上升到上千元，投资也从一开始的几百元增加到几万元。由于经营项目全面、产品价格优惠、服务态度诚恳，林风电子在学生中的声誉越来越好，回头客、新顾客越来越多。

明确方向：走科技创业之路

虽然小店的销售业绩越来越好，但刘峰心中始终明白一点：赢利不是第一位的，目前最重要的是通过经营店铺锻炼自己的能力，然后进行自主研发，将发明创造转化为经济效益。随着店铺经营的逐渐稳定，刘峰开始一步一步规划自己的科技创业之路。

一次偶然的机会，刘峰发现很多学生在自学电子知识，由于没有老师给予指导，他们经常走弯路。于是，刘峰萌生了做电子教学产品的想法。通过市场调查，他得知互联网上有一些店铺专门销售学生电子学习套件，包括新奇好玩的电子电路、一些实用的电子模块和教学视频等，销售业绩相当可观，因此他认定这是一条很有潜力的发展道路，打定主意以此为契机开始科技创业。说起来容易，实际操作起来却困难重重，首要问题就是自主研发电子电路的前期投资。商量之后，大家决定把实体店的收入用来投资电子网店，购买电子元器件，刘峰也逐渐做起电路设计工作。在大家的共同努力下，淘宝网店的经营逐渐走上正轨，短短两个月时间，网店就进行了五百多笔交易，信誉度也从零增加到了两钻。一年下来，刘峰赚取了 15 万元，获得了自己的第一桶金。目前，国内有几家风投公司看好他的创业项目，准备注入资金。刘峰正信心百倍地开创自己的未来！

创业的过程是辛酸、痛苦的，不过刘峰认为："虽然这是一条漫长的道路，但我们每个人都满怀斗志，我相信，科技创业将会迎来更加美好的明天。"

创业点评

兴趣是最好的老师，从刘峰的身上，我们看到了兴趣对人生潜移默化的影响。学生在校创业的关键不在于赚多少钱，而是通过创业遇到的一系列问题，学习相关创业知识，提升素养能力，为以后步入社会做准备。

〔资料来源：江苏省高校招生就业指导服务中心. 激情年华——江苏 75 位大学生创业纪实. 江苏教育出版社 2011 年版.〕

小小"发明家"，
走上创业路

Daxuesheng
Xiaowei Qiye Chuangcheng Shiwu

专题九

大学生创业准备

当下社会，绝大多数大学毕业生认为就业形势严峻，但仍然对未来充满希望，乐观面对自己的前途。据调查，大学生五成以上对创业前景持积极乐观的态度，他们认为最好的就业就是自己创业。这表明，自主创业成了大学生价值取向和择业观念的新动向，有自主创业意愿的大学生显著增加。

大学生创业中面临的困难和问题

一、大学生创业面临的困难和问题

1. 对创业扶持政策知之甚少

由于对大学生创业的宣传不到位，大学生对扶助创业的具体内容不甚了解。据相关调查显示，90％的被调查学生对政府出台的鼓励大学生创业的优惠政策不是很了解；只有10％的学生表示比较了解，专门打听过这方面政策。一些有创业意向的大学生反映，想办理一些相关注册手续，但不知从何下手，也不知哪一项有优惠，感觉是一头雾水。

2. 创业方向上感到迷茫

大学生从小学到大学，他们的活动空间主要局限于家庭和学校，他们的社交圈也仅限于亲朋好友、老师、同学，对社会了解不够。他们想创业，但在创业项目、创业方向的选择上还是感到比较迷茫。即使有同学选择了创业之路，但这条路不一定走得长远。一些创业的学生因感觉自己能力出现了问题而终止创业回到打工的起点。如某高职院校机电磨具设计专业的一名同学，准备开英语培训班，教室地点、老师都到位了，但是报名人数却少之又少，结果办班“流产”。

3. 专业知识难以发挥

据了解，选择自主创业的大学生对与本专业联系密切的相关行业选择较少，愿意从事非专业对口创业的占绝大部分。目前来看，由于大学（尤其是本科）课程设置等原因，毕业生的书本知识与社会实践需求并非完全匹配，大学毕业后创业的行业不对口非常普遍。据抽样调查，有90％的创业学生选择餐饮、营销、代理等服务行业，认为服务行业投资少、投入少、综合素质要求不高、易入行。

4. 经验与胆识不足

创业是一种全面的素质挑战。大学生在处理社会事务时，由于经验不足，眼光有限，难免欠理智。调查中，多数被调查对象认为经验与胆识不足是大学生创业的最大软肋。如有的同学想在为农民服务的方面创业，但苦于实习时间不多，经历不足，不敢轻易涉足。

5. 缺乏创业资金

创业并不是仅凭热情就能完成的社会实践活动，需要雄厚的物质基础作为支撑。资金不足是当前大学生创业者遇到的最头痛的问题。大学生在大学读书的几年，几乎都是家里资助学费，很多大学生都表示毕业后创业，不愿再向家里要钱。虽然国家有小额贷款扶持，但与大学生们的期望值相差甚远，很多有创业念头的大学生因缺乏启动资金停止了创业脚步。

二、促进大学生创业的应对路径

1. 制定各种优惠政策，鼓励大学生创业

应当将大学生创业纳入社会创业的系统中，让大学生在创业方面享受更优惠的待遇。特别是在创业资金方面，政府可联合高校和企业出资设立创业担保基金，为大学生创业贷款提供担保，解决创业资金瓶颈问题；也可设立风险投资基金，对科技含量高、新能源、新材料、环保节能等大学生企业直接投资，与大学生创业共担风险，共享收益，待大学生企业发展壮大后可按所持股份的比例将所享有的权益予以抽回或转让。

2. 帮助树立创业观念，明确创业目标

随着大学生就业压力的不断增加，社会和高校非常重视大学生创业。大学生要转变单纯的就业观念，树立起既要就业又可以创业的新观念。有关单位要积极为大学生创业提供比较务实的创业项目，同时要加强政府、企业和高校的合作，加快对大学生创业成果的转化。

3. 大学生需要主动提高自身创业素质

大学生自主创业在保持饱满的创业精神的同时，更要牢固树立不断创新的意识，要强调以创新带动创业，以创业带动就业，形成创业与就业的良性互动。大学生本人应认真分析自己的综合素质是否适合创业，是否有很强的创业意识和创业动机，而且要分析自己是否做好了创业准备，是否具有创业技能，能否解决项目资金与场地问题等。

社会营造好有助于创业的环境后，创业能否成功最根本点还是取决于创业者的自身素质。

大学生创业的心理准备

随着社会发展的日趋多元化，加之大学生就业的严峻形势，不少大学生毕业后选择创业，得到了国家和社会的广泛关注与大力支持。创业并非易事，对于刚刚走出校门的大学生而言，遇到的困难很多。不少大学生创业激情有余，准备不足，以致在创业过程中走了不少弯路，甚至以失败告终。据《江南时报》报道，全国大学生每年选择创业的比例为5%，创业平均成功率仅占创业总人数的3%。

一些成功的案例告诉我们，创业者与一般求职者的心理素质是有不同的，有志于创业的大学生，除了要注意克服择业时普遍存在的心理问题，还要做好以下方面的心理准备。

一、想当老板的强烈欲望

创业者的付出比打工者多得多，风险也大得多，需要有强烈的想当老板的欲望。这种欲望促使他敢于冒风险、敢于承担各种责任。想当老板的强烈欲望，一方面来自创业者不安于现状，追求更高理想，实现人生抱负的梦想；另一方面，则更来自现实生活的刺激，是在外力的作用下产生的。因为有欲望，所以不甘心、所以行动、所以创业、所以成功，这是多数创业者走过的共同道路。

想当老板的强烈欲望，往往催生出挑战自我、奉献社会的精神。创业者追求享受的是金钱和舒适，而是他的社会价值，是对自己能力的肯定。创业者通过一个个的创业活动，来挑战自己的能力极限，并从中享受乐趣。特别是对一个成功的创业者来说，对社会的贡献越大，自己成就感就越强，这是创业者的高尚品格之一。

二、不怕失败、敢于冒险的心理

创业不管何时都是存在风险的。只要你选择了创业，就一定要准备迎接失败。只要你自认为看准了，就一定坚持走下去！创业需要胆量、需要冒险。这里所说的冒险，不是去“闯红灯”、“闯禁区”，更不是去违反国家法律法规政策、冒“犯法”的险，而是指在不违背法律政策的前提下，勇于突破常规，敢于创业。

创业是一种精神，是一种永不服输的精神。创业的道路上充满了艰难险阻，克服一切不易克服的困难，不达目的誓不罢休，是创业成功的保证。从无到有、从小到大、从弱到强，创业总是艰难而充满风险的。但是有雄心、有抱负的创业者从来不会被失败所吓倒，更不会放弃开创自己追求的事业。

冒险精神是创业者精神的一个重要组成部分。创业与冒险在某种意义上是同义语。创业者们大多不是“三思而后行”，而是奉行“铤而走险”的理念，正是他们“铤而走险”，才赢得了“在刀尖上生活”的名声，才创造了成功的事业。

大凡成功的创业人士都具有天生的冒险精神。一个人敢于冒风险，源于他丰富的知识、超常的想象力和创造性思维的厚积薄发。创业过程中的很多决策具有难度大、风险高的特点。所以，创业者必须培养预言家的想象力和乐观、自信的心态，在对立思想的交锋和不同观点的碰撞中培养及时、果断、慎重的决策能力和风险意识。

三、自信、积极、乐观的内在素质

自信是一种强烈的情感，是对自己的充分信任和肯定。美国《华尔街杂志》在一篇有关企业家的文章中说：“成功的企业家都具有能感染他人的强烈自信。”有了这种强烈的情感，就能够克服重重困难，朝着自己所选的目标坚定地走下去，也才能够深深感染其他人，给周围的人以勇气和决心，从而创造团结、和谐、朝气蓬勃的企业氛围。只有相信自己，大学生才能跃出竞争的海平面，找到属于自己的一片天地，为事业的成功打下基础。

创业的过程是艰辛的，挫折和失败在所难免。有许多人经不起困难的折磨、失败的打击，常常心灰意冷，在悲观中无法自拔，甚至会因恐惧、怀疑、失望而丧失自己的意志，致使自己多年来的计划毁于一旦。所以，只有身处逆境而乐观的人，才最具有获得成功的潜质。其实，只要我们对自己的工作有一个乐观的态度，任何困难和挫折都是可以克服的。

四、坚定的自信心和强烈的进取心

与金钱、势力、出身、亲友相比，自信是更有力量的东西，是人们从事任何事业最可靠的资本。创业者必须具有坚强的心理承受能力，要有坚忍不拔的意志，能承受失败的挫折，特别是要有超越自我的精神素质。只有积极进取的人才可能创业成功。

任何一个成功者心中都有一个伟大的梦想。理想驱动着他们前进，理想让他们不畏艰难，理想让他们敢于挑战权威，理想让他们一意孤行，更是理想让他们在一般人不敢或不能涉足的地方创造一个奇迹。世界上最快乐的事，莫过于为理想而奋斗。

五、创新意识和创业能力

创业者具有求异思维的特点，从来不满足于现状，不迷信权威。因此，创业者普遍具有创新心理。这种心理状态帮助创业者善于从寻常人不容易观察到的地方发现机会，或者在别人被动等待时，他能够主动去思考解决问题的办法。创业能力是指在一定的条件下，人们发现和捕获商机，将各种资源组合起来并创造出更大价值的能力，即潜在的创业者将自己的创业设想成功变为现实的能力。创业成功与否取决于创业者创业能力的高低。同样的环境下，创业能力越强的人抓住机遇、成功创业的可能性就越大。

凡事预则立，不预则废。心怀激情与梦想的大学生创业者应提早做好人生发展规划，从思想、心理、知识、能力等方面全方位武装自己，做好充分准备，以便在创业过程中不断认识自我、挑战自我、提升自我，最终实现自我价值。

大学生创业
的心理准备

大学生创业的知识和能力准备

自主创业作为一种新的就业渠道，正在成为许多大学生实现人生价值的选择之一。大学生能否创业与其个人本身的各方面素质是相辅相成的。前面我们讲了大学生创业心理准备，下面我们来讲大学生创业的知识准备和能力准备。

一、大学生创业的知识准备

决定创业，是个人职业生涯中的一个重要转折点。大学生初次走进市场的浪潮中，是否能够成为弄潮的能手，关键在于大学生自己所具备的知识和能力。作为创业者，应该具有扎实的专业知识、相关的商业知识、一定的管理知识、相关的法律知识。从创业的实际需要来看，创业者应当具备以下方面的知识。

1. 管理知识

一个初创的企业要想早日走上正轨并做大做强，或早或晚都要过"组织架构设计"这道关。组织架构设计中最根本的问题就是决策权限的分配。简单地说，就是首先要解决"谁说了算"的问题。这个问题解决不好，将会给企业的运作带来严重影响。大学生初创企业中有不少是由几个要好同学、朋友共同创办的，还有的带有家族企业色彩。这里就有一个“听谁的、怎么听”的问题。决策权限分配更准确地说是解决“什么事情谁说了算”的问题。没有一个有效的决策权限分配系统，上级不能有效地管理下级，这类企业在规模尚小时问题还不大。达到一定规模后效率则变得极其低下，甚至会危及企业的生存。组织架构设计对于企业经营管理的重要性，正如木桶上的一块木板，虽然不是唯一重要或者最重要的，却是不可或缺的。

根据管理学原理，组织架构设计主要包括3个关键方面，即决策机制、激励机制、评估机制。三者相互联系，互为依存。决策机制需要有相应的激励机制和评估机制加以配合，以有效鼓励拥有决策权的人做出有利于企业的决策，有利于监督和评估决策质量和决策效果；反过来，有了员工激励机制，也要给他们相应的参与决策、参与管理和监督的权利，以便员工按权限采取行动，并有相应的业绩评估体系来为自己的行动做参考。决策权限分配、员工激励机制和业绩评估体系三者相互协调，是理想的组织架构设计，是初创企业在设计组织架构时值得参考的重要原则。

2. 营销知识

营销管理是指分析、规划、执行和控制各种方案，以便与目标市场的顾客建立和保持互惠交易以实现组织的目标。营销管理的实质是要制定一套开发客户、提供服务、到收款及售后服务的企业运作流程。例如，如何选择成本最低、成效又最高的行销方法；如何找到可靠且成本低廉的供货商；如何提供成本最低却又能符合市场需求的产品与服务；怎样的收款流程最顺畅等。创业者可先试着找出同行中谁最赚钱，仔细观察其运作方式，然后根据自己企业的情况去调整这套运作模式，建立属于自己的营运制度。

运用行销方式的巧妙各有不同，创业者应随时思考各种行销方式，找出拓展商机的可能性。要打胜仗，就要靠良好的纪律以及创新的战略战术，创业也是如此。创业者若能建立完善的人事、财务等内部制度，观察环境趋势随时调整行销与市场策略，稳扎稳打克服大小疑难障碍，相信终有机会一尝创业的甜美果实。

3. 资本和财务知识

技术和创新只有与商业和资本结合，完成研发和商品化，产生盈利，才能获得成功，也才能获得经济利益的回报。企业无论在哪个阶段都会遇到缺少资金的艰难境地。因此，启动资金和后续资金的充沛与否已成为创业者成败的关键因素。大学生要想创业就必须具备一定的资本常识。为了筹集到创业所需要的足够资金，在公司创办之初，就要选择技术含量高、市场急需而且前景好、利润高的项目，这样才能引进资本，获得公司的启动资金。企业正式运作后，要了解公司是否上轨道，“让财务报表说话”是最好的方式。此外，创业者充分了解经营状况，最好要掌握一些账目管理的基本知识，翔实记录收入支出、进货销货以及成本核算等。

二、大学生创业的能力准备

能力是指人们顺利完成某种活动所必需的个性心理特征。能力一般包括一般能力和特殊能力。一般能力即智力，是指以思维能力为核心，包括观察力、记忆力、想象力和注意力等多种能力要素的有机结合。特殊能力也叫专业能力，如写作能力、绘画能力、市场营销能力、经营管理能力等。经营管理能力是保证创业获得成功的主要因素，包括开拓进取能力、善于学习能力、团结协作能力、创新能力、把握商机能力等。

1. 开拓进取能力

永不满足、不断突破自我是创业者最基本的也是最核心的人格素质。强烈的进取心，既是创业能力、经营能力形成的基础，也是现代企业家综合素质构成的基本要素。

2. 善于学习能力

知识经济时代，科学技术突飞猛进，企业环境复杂多变。创业者要想把工作做好，就必须有好学的精神。学习经营管理知识，学习科学技术知识，学习社会学、心理学、经济学等一系列相关学科。同时，还要善于从自己及别人的成功和失败中汲取经验教训。这样，才能跟得上时代的步伐，以系统的思路、全新的理念去经营好企业。

3. 团结协作能力

当前市场竞争激烈，自主创业“万事开头难”，靠一个人的力量很难有效地处理各类问题。有了优势互补的创业团队，既能有效进行技术创新与经济管理，又能保证创业团队形成最大的合力，从而在市场竞争中取胜。

另外，员工的职业素养和向心力如何，也是企业成长的关键。创业者应制定一套工作章程，确定员工的权利义务。将福利、升迁、分红、奖惩制度等说明清楚，有助于降低员工流动率，并提升公司对客户的服务品质。

4. 创新能力

创新是知识经济时代保证企业可持续发展的源泉之一。创业者只有保持不断创新才能使企业在未来市场竞争中占有一席之地。这种创新包括：

（1）能及时适应市场变化，调整经营方向，不断推出能满足消费者潜在需求的新产品、新服务项目，使企业在竞争中处于领先地位。

（2）能动员全体员工积极创新，做员工创新的倡导者、激励者、协调者和组织者。

(3) 能将观念创新和理论创新体现在企业组织及管理领域内，以形成一种创新的组织文化，推动企业的全面创新。

5. 把握商机能力

把握商机需要独具慧眼，即看到事物表象之下潜在的需求或市场。创意也能带来商机。创意就是跟需求有关的想法。真正的创意已经不单单是一个对产品本身的创意，而是渗透在满足需求的各个环节，包括产品的产生、行销及产品的完善。创意其实是一种敏锐的感知力和判断力。

把握商机贵在争分夺秒。拿破仑有句名言："我的军队之所以打胜仗，就是因为比敌人早到5分钟。"打仗是这样，商战也如此。创业中抢得先机，获胜的筹码就会增加很多。

大学生创业的
知识和能力准备

大学生创业团队构建

目前，创业的大学生越来越多，但其成功率低的问题却日益凸显。在分析众多失败案例时，发现团队构建往往是导致创业失败的直接原因。组建一支优秀的大学生创业团队成为大学生创业成败的关键。

一、创业者与创业团队

创业者是指通过个人或者组织的力量，运用手中有限的资源发现、评价并利用了创业机会的人。创业者是创业的主体。大学生创业过程单凭个人力量很难完成，需要多人给予帮助并参与到整个过程中去，这就需要组建团队。团队在创业过程中具有重要的意义。美国的一项研究表明，83.3%的高成长企业是由团队建立的，团队创业型企业的成长性明显优于独自创业型企业。对于大学生创业者而言，要推动所创事业快速发展，迫切需要以崭新的团队观念替代传统的独自创业观念。

所谓团队，是为了实现某一目标而由有相互协作意愿的个体组成的一种组织形式。组成团队的个体能力互补、分工明确，并通过共同努力产生积极协同作用，这种作用的结果使得个人所做的贡献形成互补。

二、大学生创业团队组建的主要影响因素

对大学生创业者和创业企业而言，产品、市场、资本、管理、人才、团队、营销等，任何一个环节出错，都可能导致创业失败。因此要建立整体素质水平高的创业团队来应对各环节。

大学生高效高质创业团队的组建受多种因素的影响，其中最重要的因素有以下5个方面。

1. 核心创业者

核心创业者的能力和思想意识从根本上决定了是否要组建创业团队以及团队组建的时间和由哪些人组成团队。核心创业者只有在意识到组建团队可以弥补自身能力与创业目标之间存在的差距，才有可能考虑是否需要组建创业团队，以及对何时需要引进何种人才能和自己形成互补做出准确判断。

2. 商机

不同类型的商机需要不同类型的创业团队与之匹配。应根据创业者与商机间的匹配程度，决定是否要组建团队以及何时、如何组建团队。

3. 团队目标与价值观

共同的价值观、统一的目标是组建创业团队的前提。团队成员若不认可团队目标，就不可能全心全意为此目标的实现而与其他团队成员相互合作、共同奋斗。而不同的价值观将直接导致团队成员在创业过程中脱离团队，进而削弱创业团队作用的发挥。如果没有一致的目标和共同的价值观，创业团队即使组建起来，也无法有效发挥协同作用，缺乏战斗力。

4. 团队成员

团队成员能力的总和决定了创业团队整体能力和发展潜力。创业团队成员的才能互补是组建创业团队的必要条件。而团队成员间的互信是形成团队的基础。互信的缺乏，将直接导致团队成员间协作障碍的出现。

5. 外部环境

创业团队的生存和发展直接受到了制度性环境、基础设施服务、经济环境、社会环境、市场环境、资源环境等多种外部环境要素的影响。这些外部环境要素从宏观上间接地影响着对创业团队组建类型的需求。

三、创业团队组建的基本原则

1. 目标明确合理的原则

创业团队要有一致的创业思路，成员个人的目标要与企业的愿景一致，即认同团队将要努力的目标和方向。然而在现实中，大学生创业团队成员的目标并不

十分清晰和明确。缺乏共同的价值观就无法解决团队中的矛盾、争论和冲突，此时的团队就如同一盘散沙，失去了作为一个整体运作的基础，很难发挥“1＋1＞2”的整合效应。

因此，创业团队成员要拥有共同的价值观，把个人目标整合到组织目标当中，增强团队的凝聚力。在组建创业团队、选拔队员的时候要思考：团队是否有清晰的核心理念和充满感召力的宏伟目标，团队成员是否都明确了解并认可这些核心理念和目标，并愿意为此而奋斗。

2．互补的原则

只有当团队成员相互间在知识、技能、经验等方面实现互补时，才有可能通过相互协作发挥出“1＋1＞2”的协同效应。从人力资源管理的角度来看，建立优势互补的创业团队是保持创业团队稳定的关键。大学生在创建一个团队的时候，不仅要考虑成员相互之间的人际关系、亲情关系，更重要的是考虑成员之间能力上和技术上的互补性。

Sun Microsystems 就是一个非常值得借鉴的例子。创业初始，维诺德·科尔斯勒找来的 3 个人分别是软件专家、硬件专家和管理专家。Sun Microsystems 的创业团队非常稳定，这为 Sun Microsystems 带来了稳定的发展。一般来说，一个创业团队是由其创始人组织的，而创始人不可能对企业经营中的各个方面都精通。因此，在组建创业团队的时候，“主内”与“主外”的不同人才、耐心的“总管”和具有战略眼光的“领袖”、技术与市场等方面的人才都应该尽可能地考虑进来，以保证团队成员的异质性。从创业资源的角度来看，在引进了不同背景的创业成员的同时，也就引进了不同的人际网络。每一家公司只有将各种人际网络引入，才能使公司顺利地运作，这对一个缺乏资源的新创公司是尤其重要的。

3．精简高效的原则

为了减少创业期的运作成本、最大比例地分享成果，创业团队人员构成应在保证企业高效运作的前提下尽量精简。

4．动态开放的原则

创业过程是一个充满不确定性的过程。团队中可能因为能力、观念等多种原因不断有人离开，同时也会有人要求加入。因此，在组建创业团队时，应注意保持团队的动态性和开放性，使真正完美匹配的人员能被吸纳到创业团队中来。

5．权益合理分配的原则

创业团队成员间权益的分配是一个敏感、困难但又十分重要的议题。创业团队权益分配是指依法律文本的形式确定一个清晰的利润分配方案，把基本的责、权、利界定清楚，尤其是股权、期权和分红权，此外还包括增资、扩股、融资、撤资等与团队利益紧密相关的事宜。在团队最初组建的时候，由于各成员在企业中的作用和贡献还无法准确地衡量，可以考虑采用“期股”的方式，即在成员进入创业团队的时候事先签订全体团队成员的内部协定，承诺团队成员在创业企业服务一定年限、做出一定贡献后能得到一定数量的名义股份。此外，应当尽量预留一些股份，一部分用来在一定时间内根据成员贡献大小再作分配，另外一部分预留给未来成员和重要员工。

大学生创业团队构建

资料链接

创业圈里的校友合伙人

创业者的人脉圈子，往往决定了其事业的高度。血缘、地缘、业缘，同乡、校友、同僚、战友等，都是形成人际交往圈子的重要因素。在这些圈子里，校友圈子又显得比较特别，有人说，世界上能够产生最好朋友的地方是学校和战场。

目前，国内商务社交最有效的关系正是校友关系。细数那些成功的创业公司不难发现，这些创始合伙人往往都是校友组合，甚至从大学时代便是最亲密的合作搭档。腾讯开放平台《创业者盘点》，跟随开平君一起来看看那些成功的校友合伙人组合。

腾讯五虎将：4 位是中学到大学同学

学校：深圳大学

创业者：马化腾、张志东、陈一丹、许晨晔

腾讯的 5 位创始人在创业前最主要的关系是同学和同事。其中马化腾、张志东、许晨晔和陈一丹是从中学到大学的校友，前三位在深圳大学里甚至是一个系的，而曾李青则是马化腾姐姐的同事，也是许晨晔的同事。马化腾认为，这样的关系“心态上会好很多，可以相互吵架不记仇，相对在外面萍水相逢的，遇到争执的话很容易出问题”。

新东方三驾马车：真实版“中国合伙人”

学校：北京大学

创业者：俞敏洪、徐小平、王强

新东方昔日“三驾马车”中，俞敏洪和王强 1980 年一同考进北京大学西语系英语专业，两人风格完全不同，王强多才多艺，后来成为新组建的北大艺术团团长，是“绝对的风云人物”；而俞敏洪出身农村，对城市生活充满陌生感。因为都喜欢读书，两个人交往密切。1983年，徐小平来到北京大学团委担任艺术团的指导老师，3人随后产生交集。

携程四君子：交大是连接纽带

学校：上海交通大学

创业者：季琦、沈南鹏、范敏

携程创业四君子中，除CEO梁建章是复旦毕业的，沈南鹏、范敏、季琦均是上海交大校友。早在1982年中学生计算机竞赛上，沈南鹏和梁建章这两个数学"神童"同时获奖，从此产生交集。1999年春节后的一天，梁建章与季琦、沈南鹏等上海交通大学校友聚会，几个年轻人就互联网话题热烈地讨论了一夜。最后的结论是：一起做一个向大众提供旅游服务的电子商务网站。

复旦五虎：白手起家创立百亿基业

学校：复旦大学

创业者：郭广昌、梁信军、汪群斌、范伟、谈剑

有人将"复星"二字拆解成"复旦十牛"，"牛"的背后就是郭广昌、梁信军、汪群斌、范伟、谈剑等复旦校友组成的"复旦五虎"。1992年，"复星"创始资本仅3.8万元人民币，到2012年，净资产已超过516亿元。总结起来他们团队有这几个特点：第一，相互信任；第二，志同道合，能力互补；第三，各尽其才，个人优势得到了最大的发挥。

"酒帮"江湖：典型的"北大创业帮"

学校：北京大学

创业者：邓裕强、张向东、常映明

"大学时，裕强常于熄灯时间23点准时出动，带着我们一帮朋友，去草坪上喝啤酒，胡言乱语，嬉笑怒骂，自呼酒帮。"3G门户前总裁张向东在他的博客里写到，这也是3G门户公司名字"久邦（酒帮）数码"的来历。16年前，邓裕强、张向东、常映明三人从北大信息管理专业毕业各奔前程，4年后，三人聚首创立3G门户，经过9年磨砺在美国上市。

贝贝网：校友"抱团"创业力量大

学校：华中科技大学

创业者：张良伦、柯尊尧

2011年，在阿里前途一片光明的张良伦决定创业。彼时，他的师弟柯尊尧即将研究生毕业，看到张良伦一条"求才"微博后，立刻拿起电话，他当时心中的念头只有一个："跟着张良伦创业，靠谱。"两人在华科跟着同一个导师，在同一个项目组之下两年。2015年1月，两人创立的"贝贝网"获得1亿美元C轮"天价"融资。

饿了么:一起“饿”出来的创业

学校:上海交通大学

创业者:张旭豪、康嘉、汪渊、邓烨

2008年的一个夜晚,正在上海交大读研一的张旭豪和室友一边打游戏一边聊天,突然感到饿了,打电话到餐馆叫外卖,要么打不通,要么不送。创业就这样从不起眼的送外卖服务开始了。张旭豪和同学康嘉、汪渊、曹文学一起,将交大附近的餐馆信息搜罗齐备,在交大校园内做起了送外卖的生意。2015年1月,“饿了么”完成E轮3.5亿美元融资。

蘑菇街里的“大男孩”们

学校:浙江大学

创业者:陈琪、魏一搏

2010年,在淘宝工作了6年的陈琪离职创业,只身一人,没有钱也没有团队,只有一种对于未知的无助感。于是给大学时一起逃课、打游戏的铁哥们魏一搏打了个电话,当时只是想告诉他自己要创业了的消息,没想到几分钟之后魏一搏回电说决定一起创业。两人分别卖掉自己的一套房子,凑到了150万元的创业启动资金。

上下铺兄弟的十年试错之旅

学校:清华大学

创业者:王兴、王慧文

2003年圣诞节前夕,还在读研的王慧文收到了大学寝室上下铺兄弟王兴的电子邮件,邮件里王兴向他介绍了一种叫SNS的新兴互联网应用。此前,两人已经决定一起创业,所欠者只是一个方向。随后王兴回国,两人开始创业,不过此时距离校内网诞生还有两年。王兴创立美团后,王慧文再次回到王兴麾下。

华科合伙人:经营好你的“校友圈”

学校:华中科技大学

创业者:黄承松、夏里峰

注册用户破千万,平台月交易额达数亿元。作为一家定位于“草根”消费群的折扣精选特卖导购网站,卷皮网瞩目的成绩让人惊叹,两位创业者的创业故事更是让人津津乐道。2009年,夏里峰从华为辞职,回到母校华科寻找创业机会。在学校,夏里峰认识了学生创业者黄承松,并决定跟随师弟创业,做“导购网站”。2014年12月,卷皮网完成B轮3 500万美元融资。

上市企业东大造:校园里培养创业默契

学校:东南大学

创业者:于敦德、严海峰

10多年前的大学校园，创业还是个新鲜词。不过那时，东南大学学生于敦德已经开始创建学生社区“先声网”，并且就在那时，他跟现在的COO严海峰相识并成为搭档。2006年，于敦德、严海峰等4名东南大学校友回到母校创业，建立“途牛网”，开启了在母校的第二次“学业”。2014年5月，途牛网在美国挂牌上市。

十年一梦为百纳

学校：华中科技大学

创业者：杨永智、刘铁峰

2000年，华科机械学院大二学生杨永智和刘铁峰等几名痴迷IT的学生，雄心勃勃地创立了联创团队，梦想由此走上创业之路。在他们的带领下，联创走向了全球，在微软“创新杯”等比赛中硕果累累。2010年，杨永智、刘铁峰、米绍君、余宙、汪强兵等联创早期核心成员再聚首创业，推出海豚浏览器，后获得畅游公司1.2亿美元战略投资。

〔资料来源：http：// event. sj998. com/shangjiedongtai/463418. shtml〕

兼职——创业的起点

杨秋兰，女，江苏徐州人，南通大学教育科学学院应用心理学专业2009届毕业生。大一时，她就萌生了创业的想法，2007年8月，办理了工商个体户营业执照——江通商务信息服务部，后来陆续在各个城市开设了分店。2009年1月，她成功注册了江通人力资源有限公司。2010年9月，杨秋兰回到母校，在教育科学学院设立“江通助学金”。

从兼职中发现商机

杨秋兰出生于徐州丰县一户普通的农民家庭，家里兄妹3个。从小到大，杨秋兰一直都是学习成绩优异的班干部。2005年，姐姐结婚，她与弟弟一起考上大学，一笔笔的费用，让这个本就不富裕的家庭更为拮据。在老师的帮助下，杨秋兰顺利申请到了助学贷款，学费问题暂时解决了，新生军训刚刚结束，当别的大学生还沉浸于大学生活新鲜感时，杨秋兰已经在思索如何做兼职，以赚取生活费，减轻家庭负担了。

大二那年国庆，杨秋兰没有回家，她听说学校附近有个“家教桥”，便效仿学长们，写了张小纸条在“家教桥”上等待，向前来寻找家教的家长进行自我推荐。在没有任何成绩和证书的情况下，杨秋兰凭借自己的努力“打败”了众多一起应聘的学长，争取到了生平第一份兼职。此后，杨秋兰还做过发传单、推销超市会员卡、给培训机构跑业务等兼职。

在兼职的过程中，细心的杨秋兰发现周围同学想做兼职的欲望比较强烈，只是许多同学不知道如何去找。善良的杨秋兰便把一些自己认为很好的工作信息，免费推荐给同学。但是，她发现有的同学并不领情，并且怀疑自己是否从中克扣了他们的工资。杨秋兰不得不转变做法，将自己的免费行为改为收费行为，可是问题又来了："你收我们的钱，是不是就为了骗钱啊？"面对同学们这样的质疑，杨秋兰开始意识到问题的根源——自己的"不正规"没有给同学们应有的"安全感"。2007年8月，杨秋兰办理了工商个体户营业执照，就这样，江通商务信息服务部在一个租来的车库中开张了。

身为学生，"副业"的忙碌并没有让杨秋兰就此丢掉自己的"主业"——学习，每学期学校奖学金获得者名单中总会出现她的名字。此外，她还兼任了班级的团支书以及学院的学生会主席，不管多忙，她总会把学习、工作、生活中的各项事务安排得井井有条。

大三时，杨秋兰的工作越来越忙，她不得不经常四处奔波，处理公司相关业务。终于，由于太忙而夜不归宿的她引起了老师的注意，老师开始找杨秋兰谈话，"教训"身为学生干部的她，谈恋爱可以，但是不能在同学中造成不良的影响。杨秋兰听完老师的"训斥"后，笑着跟老师解释了自己夜不归宿的原因。在老师一句"你是不是在创业"的提问下，她才意识到原来自己一直在创业。

目标瞄准学生市场

在拓展市场的过程中，杨秋兰逐渐发觉每座城市都有很多大学生，学生市场的潜力巨大。2007年12月，南通公司的运营已基本趋于成熟，杨秋兰走上了"资本扩张"之路，她先后在苏州、盐城、扬州、无锡、淮安、徐州等城市开设了分公司，主要经营劳务派遣、商务信息项目。2009年1月，她筹集了50万资金，注册成立了江通人力资源有限公司。

"刚开始的时候，有许多学生把我们等同于中介。中介一般只介绍工作，而我们除了给学生们介绍工作之外，还会为他们提供一系列培训，这也是我们和中介的主要区别。第一是职业心态的培训，诸如学校和社会的区别是什么，教他们以一个职业人的姿态去对待兼职或全职；第二是岗前培训，如职业所要求具备的沟通、理财、适应能力等；第三是一对一的培训，比如遇到突发事件，如何处理和应对。我们的理念是希望大学生通过兼职能够更多地接触社会、锻炼自己的能力，而不仅是赚到了多少钱，历练和经验在某种程度上是一笔隐形的财富。"杨秋兰说。

目前，江通人力资源有限公司的运作并不需要太多资金，主要靠管理，7家分店每个月的开支总共在7～8万元。现在每个分店都设有3个部门，宣传部负责到学校开展宣传活动；业务部负责与客户联系和洽谈工作；办公室负责日常办公事务。

"为大学生提供兼职，其实利润很低。每位学生收取200元的费用，我们会给他们提供80次的兼职机会；大三和大四时，会给他们提供实习的机会；毕业时，会给他们介绍工作。之所以选择做这一块，跟我自己的经历密不可分。大学期间，我利用课余时间做兼职，不仅没有耽误学习，而且在能力上得到了很大的锻炼和提升。因此，我希望通过这个平台，让学生获得锻炼自己的机会，以避免出现用人单位因应届毕业生没有工作经验，而不愿录用的尴尬局面。我希望大学生在大学四年里，能够得到系统规范的素质提升服务。”杨秋兰如是阐释自己创业的初衷。

创业在摸索中前行

创业的历程注定是艰苦的。创业伊始，杨秋兰事必躬亲，挨个宿舍发传单宣传，跟商家联系业务……经过四五年人脉和经验的积累，现在已有很多客户会主动跟他们联系，为他们介绍或提供新的业务。

因为行业的特殊性——学生寒暑假的存在，市场也必然面临着“淡旺季”的挑战。为此，杨秋兰经常鼓励员工淡季要坚持、旺季要奋斗，并总结摸索出了一套自己的管理模式——每半年举行全体会议、每月制订工作目标、每周开网络会议、每天制订工作计划。同时，为了充分调动员工的工作积极性，杨秋兰参考国家教师带薪休（寒、暑）假的制度，每年寒暑假按月给员工发放基本工资，并且每半年发放一次分红。

目前，杨秋兰的7家分店经营状况良好，每年的盈利大概在25万元左右。

周末大学承载人生理想

近年来，大学生就业难的问题日益凸显，一些自恃“天之骄子”的大学生们在毕业求职时，眼高手低，难以适应现实与理想的落差。对此，杨秋兰建议在校大学生要充分利用“三八定律”——八小时的上课时间、八小时的休息时间、八小时的课余时间。在毕业之前，要有两手准备，既要学好专业知识，又要接触社会、体验生活，锻炼工作所需的各项综合能力。

“在学生市场，现阶段我们做得还比较低端，只是提供兼职和培训。我的最终理想是成立一所周末大学，学生在不丢掉本专业的前提下，利用周末到这儿来学习，不用考试，也不用修学分，学生觉得自己需要什么就学习什么。”杨秋兰对未来满怀憧憬。

2010年9月，杨秋兰再次回到母校，并在教育科学学院设立“江通助学金”，用来帮助家庭贫困的在校大学生。

创业点评

在校大学生做兼职，除了可以得到一定的经济收入外，还可以增加社会工作经验，学习到校园里学不到的知识。杨秋兰的“三八定律”很好地解决了兼职和学习的矛盾，同时她的就业培训服务和周末大学的梦想，能全面提升大学生以后步入社会的生存素质和能力，是个不错的创意。

〔资料来源：江苏省高校招生就业指导服务中心.激情年华——江苏75位大学生创业纪实.江苏教育出版社2011年版.〕

兼职——创业的起点

永远领先别人一步

房华，男，2000年毕业于淮安信息职业技术学院机电工程系机电一体化专业。毕业后进入江苏圣美精密工业（昆山）有限公司工作，主要从事模具设计及加工项目。2004年10月成立"苏州立众机电有限公司"，主营模具零件、机械零件的数控加工和机电设备配件的贸易销售。2006年，公司更名为"苏州旭日精密机械有限公司"，主营模具等零部件的设计制造工作，主要终端客户有福特汽车、奇瑞汽车、美的电器、三星电子等。公司每年营业额达上千万元，呈持续攀升之势。

创业之前，房华的人生并没什么出奇之处，上学、毕业、工作、结婚，一切按部就班，要说有什么特别的，那就是房华心底一直深埋着创业的愿望。"我觉得自己创业是迟早的事，只要有机会我一定会去试试。"正是凭着这样的信念，房华脱离了上班族的人生轨迹，闯出了自己的一片天地。

从冷门中寻找商机

2000年毕业后，房华在母校的推荐下进入江苏圣美精密工业有限公司工作，之后的四年中又先后在江苏、浙江的几家公司任职。刚走出校门的房华并不在乎工资多少，只要能学到技术他就拼命干活。几年下来，他掌握了扎实的技术，积累了丰富的经验。2004年，房华为了筹办婚礼辞去了高薪职务，而且几乎花光了所有积蓄。蜜月结束后，他不得不思考未来的出路：为了养家一定得赚钱，但他不想再给别人打工，这时候，创业的念头浮现在他脑海中。其实，房华19岁刚到昆山时，工作之余曾跟人合伙经营过两家小网吧，生意还不错，虽然网吧最后因为合伙人的离开而不得不停业，不过这次短暂的尝试却让房华学到一些经营管理方面的知识，更重要的是，让他有了自主创业的底气。

当时，模具设计和加工是比较冷门的行业，但房华认定，其中有巨大的市场空间和良好的发展前景。于是，他决定成立一家专营模具生产加工的公司。拿定主意后，他开始四处筹款，当时他和妻子手头一共只有7 000元钱，好在他平时人缘很好，从亲戚朋友那借到了35万元。2004年10月，房华用这笔钱购置厂房和机器，成立了"苏州立众机电有限公司"。

冲破难关求发展

作为一家没财力、没名气、没后台的小公司，立众机电在成立之初可以说举步维艰。厂房租好了，机器买来了，35 万元花光了，但公司却接不到生意 —— 没有人注意到它的存在，当然也不会有顾客上门。房华意识到，要想拓展市场，就必须主动出击寻找商机。于是他买了一辆二手金鸟助力车，骑着它挨家挨户地拜访客户，宣传自己公司的主营业务和服务特色，渐渐打响了知名度。

当时的模具、零件生产加工行业普遍存在着这样的情况：小厂买不起机器，只好找设备齐全的大厂帮忙加工，而大厂视之为蝇头小利，不愿接单。房华敏锐地觉察到其中的商机，将自己公司的主要服务对象锁定在这些小厂。立众机电是苏州渭塘第一家也是当时唯一一家专为小工厂提供生产加工服务的公司，自然受到了周围众多小工厂的欢迎，许多客户主动找上门来洽谈业务，立众机电红红火火地发展起来。

可房华还没来得及高兴，又遇到了新问题：跟自己有业务往来的这些小客户，常常以各种理由拖欠尾款，有的甚至拖上一年半载才结清；而自己买耗材时，供货商因为公司成立时间短、规模小、知名度不高而不让他赊账。买东西要付现钱，卖东西却被迫赊账，公司收支严重失衡。“明明接了不少业务，机器一直在转，工人一直在忙，手里的钱却越来越少了。”说起那段困窘的日子，房华记忆犹新，最穷的时候，他和妻子甚至付不起不到百元的煤气费。不过很快，房华吸取教训，开始改变交易方式，跟一些小工厂谈生意时，他提出可以按低于市场价的标准收费，唯一的前提是在交工后立即结清尾款；此外，随着立众逐渐发展壮大，房华也越来越注意挑选客户，当初拖欠款项的那些公司大多被他拖进了“黑名单”。欠款问题解决后，资金渐渐收回，第二年，公司走上了正轨。

建设以人为本的团队

谈及自己公司最大的优势，房华只说了一个字：人。他认为，如果自己的员工技术高、流动少，那么工作效率和服务质量自然会提高，公司的营业额也会相应地增长，因此，他非常重视团队的建设，并通过各种方法防止人才流失。

平时，房华在工作中跟员工打成一片，有时还手把手地教他们一些技术和技巧；员工达到一定的技术水平后，房华会明确分工，放手让他们管理一部分公司事务。房华从前给人打过工，知道这一行人才紧缺，有些公司为了防止员工跳槽，每个月只给员工两三千块钱用以维持生活，等年底才结算工资，但他对这种做法嗤之以鼻 —— 他认为，用钱来胁迫员工，不如用真诚来感动员工。他坚持每个月结清工资，在公司最困难的那段时间，他甚至把妻子的工资拿来发员工工资。

房华不赞成员工跳槽，因为跳槽只是一种平行移动，员工本人并不能得到太大的上升空间；但他非常鼓励员工自主创业，对有心创业的员工，他不仅不会心存芥蒂，反而会尽己所能提供支持。他曾多次借钱给员工，帮助他们创业开厂，其中有些人现在已将自己的事业经营得有声有色，还不时与房华的公司有业务往来。对此，房华显得非常高兴："我培养出来的人才事业有成，这说明我的眼光很好。另外，虽然少了一名员工，却多了一个合作伙伴，说起来我还是赚了！"

迈步走向新事业

在房华的努力经营下，公司的业务量和营业额逐年增长，即使在2009年金融危机的大背景下，房华也凭借独到的眼光在汽车零件生意上赚了一笔。如今苏州的模具设计与加工行业迅速发展，仅在渭塘，同类型企业就激增至六十多家。眼看生产加工市场即将饱和，心思活络的房华又将目光投向了资源整合。"主营生产加工的公司其实处于整条产业链的最底层，顶多算是二级供应商，最苦最累赚的钱却最少。如果能跳过中间人，直接跟一级客户接触、交易，我们将获得更大的利润、更广阔的发展空间。"房华说，他在未来一段时间里将把工作重心转移到资源整合方面，即通过在厂商和客户之间牵线搭桥，赚取购销差价，实现公司业务与发展模式的转型。当然，资源整合工作需要更多的资本、更强的管理能力和协调能力，房华将不断自我提升、自我完善。创业之路永无止境，相信房华和他的团队会一直坚定地走下去。

创业点评

房华成功的要诀在于"永远领先别人一步"：从有发展前景的冷门行业着手创业，等冷门变成热门、市场渐趋饱和时，又积极寻找新的"冷门"。想要成功创业，就一定要敏锐把握市场和商机，只有这样，才能统筹全局，占领制高点，做行业的领军者。

〔资料来源：江苏省高校招生就业指导服务中心.激情年华——江苏75位大学生创业纪实.江苏教育出版社2011年版.〕

永远领先别人一步

专题十

大学生创业风险及其应对策略

大学生创业的优势与问题

一、大学生创业的优势

1. 国家政策的大力扶持

大学生就业也是国家关注的问题，大学生创业不仅能解决大学生就业问题，也能提供更多的就业岗位，因此得到政策的大力支持。同时，各大院校、劳动部门均为创业大学生提供免费创业培训等。这些政策及辅助措施助力大学生创业并进一步提升大学生创业成功率。

2. 充满热情与冲劲，敢于尝试

大学生年轻，而且充满热情与干劲。因此，在面对崭新挑战时，敢于尝试新鲜事物。在与新环境、新事物、新人群的探索、交流中，充满活力，具有快速接受的能力。目前，超过 2/3 的大学生都有过一定的社会实践经验，对大学生未来的就业与创业奠定了良好的基础，而越来越多的大学生参与各种社会实践正是源于他们的热情和勇于尝试的精神。通过分析大学生创业案例尤其是创业成功案例，我们明显感受到，那些勇于创业或者在创业的道路中最终取得成功的大学生，几乎都在大学阶段有 2 年以上的社会实践经验，甚至有约 1/4 的创业学生，从高中阶段开始，就尝试了多种类型的工作与实践。

3. 思维活跃，富有想法，勇于创新

大学生思维活跃，反应灵敏，常常想人所未想，做人所未做，因此，总能有新思路、新想法、新做法，善于创新，乐于创新，这反映年轻人特有特征，创新创业的初创时期，这也是取得成功的重要影响因素。

4. 具有一定的知识储备，且能从专业知识合理化角度组建创业团队

大学生在选择创业项目时，都是以自己在大学中学习、掌握的专业知识领域为基础，或从自己的专业知识领域进行延伸。因此，从知识领域、技术创新角度来讲，大学生创业具有较好的理论知识基础。另外，越来越多的大学生意识到单打独斗与团队协作的差距，他们能从专业知识合理化角度有效地整合资源，选择适合的团队伙伴。

5. 家庭负担相对较小，即使失败了也可以重新开始

大部分的大学生毕业时父母还在工作，加之自己没有成家，其家庭负担相对较小，家庭经济情况较好的学生在其创业时很可能获得来自家庭的支持。同时，

由于大学毕业生年纪基本上都较小，即使创业几年后以失败告终，也可以重新再创业或者找工作就业，相对那些过了而立之年、拖家带口的创业者而言，其创业失败的机会成本较低。

二、大学生创业存在的问题

1. 对社会状况缺乏了解，容易理想化

相对一般的创业者而言，大学生更缺乏社会实践的机会与经历。因此，对社会经济状况、需求状况等实际问题缺乏了解。在项目选择和经营管理措施制定等方面，都抱着“想当然”，或者“以为会如何如何”的态度。因此，容易导致创业失败。曾经有个特色新型蔬菜经营项目在运作初期，设想以高端的半成品菜品或者野生野菜作为经营主打项目，针对高端目标人群，但在实际运作中，尝试实体经营后发现，这类人群购买概率极小，市场经营范围很难确定，效果不佳。

2. 缺乏心理准备，遇到困难与问题容易退缩与茫然

在创业过程中，会遇到各种意想不到的问题与困难，这些都不是事先进行周密考虑所能预料到的。大学生在创业前如果没有足够的心理预期和准备，往往会在创业初期或者创业过程中，由于遇到各种各样的困难与问题，而出现沮丧、灰心情绪，甚至最后选择放弃。抗挫折与抗失败能力、应变能力与解决问题的能力都是需要我们在创业前进行训练与提升的。

3. 缺乏企业管理、资金管理的实践经验

大学生创业通常没有足够的人才储备与经验储备，因此，如果没有相应的理论学习与实践经验，就会使原有计划不符合实际情况，导致经营无法进行或者项目选择失败。

4. 创业团队建设是影响创业成功的重要因素

虽然现在大学生在团队建设中越来越重视创业团队的组成，但是往往在团队合作建设方面会出现问题。面对矛盾与问题的发生，调和与解决的能力较差，缺乏一定的牺牲与付出精神。一旦创业团队出现这样的问题，势必影响项目的经营与运作，甚至直接导致项目破产失败。因此，大学生要在团队建设中，加强团队协作、牺牲精神的训练。

5. 眼高手低，缺乏踏实、勤恳、吃苦的精神

现在的大学生由于十几年的寒窗苦读，在一定程度上形成了善动脑、少动手的习惯。而创业中，尤其是中小企业的初创阶段，要求我们必须低下头，具备踏实、勤恳、吃苦的态度与精神。如果还是多想少做，甚至光想不做的话，创业失败是必然结果。另外，大学生在创业中，也会出现好高骛远、好大喜功的情形，钱少不屑于赚，钱多又没能力赚。因此，踏实、务实态度的缺乏也是大学生创业中经常

出现的问题。

6．社会经验不足，人际关系网络较小

由于一直待在学校里，大部分大学生没有真正踏入社会，对于社会的一些规则不甚了解。虽然掌握了一定的理论知识，但终究缺乏必要的实践能力和经营管理经验。同时，大学生的人际关系网络里除了家人、亲戚就是同学，而这些关系对其创业的帮助有限。

7．社会对大学生创业者的信任度较差

由于一部分大学生自认为具备了一定的专业知识和能力，总感觉高人一等，往往给人以眼高手低、好高骛远、喜欢纸上谈兵等负面的印象。加上整个社会文化和商业交往中往往认为大学生年纪太轻，社会阅历太浅，办事不牢靠，不值得信任，也给大学生创业造成了很多的障碍。

大学生作为一个特殊的创业群体，有其自身独有的特点。但无论是优势还是劣势，都不是影响大学生创业者走向成功的关键。只有像火焰一样的创业热情和面对挫折永不服输的勇气，才是引领大学生创业者不断前进的导航明灯。市场不会同情弱者，也不会给任何大学生“补考”的机会，大学生创业者只有依靠这股热情和勇气才能够融入市场经济的大潮，成就自己的创业梦想。在经历了最初的创业冲动和付出之后，越来越多的大学生将走向成熟和冷静，对创业和成功将会有更深的理解。

大学生创业的优势与问题

大学生创业的十大风险

风险一：项目风险

大学生创业时如果缺乏前期市场调研和论证，只是凭自己的兴趣和想象来决定投资方向，甚至仅凭一时心血来潮做决定，一定会碰得头破血流。

大学生创业者在创业初期一定要做好市场调研，在了解市场的基础上创业。一般来说，大学生创业者资金实力较弱，应选择启动资金不多、人手配备要求不高的项目，从小本经营做起比较适宜。

风险二:缺乏创业技能的风险

很多大学生创业者眼高手低,当创业计划转变为实际操作时,才发现自己根本不具备解决问题的能力。因此,创业者创业前可以从以下两方面来提高创业技能:① 去企业打工或实习,积累相关的管理和营销经验;② 积极参加创业培训,积累创业知识,接受专业指导,提高创业成功率。

风险三:资金风险

资金风险在创业初期会一直伴随在创业者的左右。企业创办起来后,就必须考虑是否有足够的资金支持企业的日常运作。对于初创企业来说,如果连续几个月入不敷出或者因为其他原因导致企业的现金流中断,都会给企业带来极大的威胁。相当多的企业会在创办初期因资金紧缺而严重影响业务的拓展,甚至错失商机而不得不破产。

如果没有广阔的融资渠道,创业计划只能是一纸空谈。除了银行贷款、自筹资金、民间借贷等传统方式外,创业者还可以充分利用风险投资、创业基金等融资渠道。

风险四:社会资源贫乏的风险

企业创建、市场开拓、产品推介等工作都需要调动社会资源,很多大学生创业者在这方面会感到非常吃力。因此,大学生平时应多参加各种社会实践活动,扩大自己人际交往的范围。创业前,可以先到相关行业领域工作一段时间,通过这个平台,为自己日后的创业积累人脉。

风险五:管理风险

一些大学生创业者虽然技术出类拔萃,但理财、营销、沟通、管理方面的能力普遍不足。要想创业成功,大学生创业者必须技术、经营两手抓,可从合伙创业、家庭创业或虚拟店铺开始,锻炼创业能力,也可以聘用职业经理人负责企业的日常运作。

创业失败者,基本上都是管理方面出了问题。其中包括:决策随意、信息不通、理念不清、患得患失、用人不当、忽视创新、急功近利、盲目跟风、意志薄弱等。大学生知识单一、经验不足、资金实力和心理素质有待加强,都会增加管理上的风险。

风险六：竞争风险

寻找“蓝海”是创业的良好开端，但并非所有的新创企业都能找到“蓝海”。更何况，蓝海也只是暂时的，所以，竞争是必然的。如何面对竞争是每个企业都要随时考虑的事，而对新创企业更是如此。如果创业者选择的行业是一个竞争非常激烈的领域，那么在创业初期有可能会受到同行的强烈排挤。一些大企业为了把小企业吞并或挤垮，常会采用低价销售的手段。对于大企业来说，由于规模效益或实力雄厚，短时间的降价并不会对它造成致命的伤害，而对初创企业则可能意味着彻底毁灭。因此，考虑好如何应对来自同行的残酷竞争是创业企业生存的必要准备。

风险七：团队分歧的风险

现代企业越来越重视团队的力量。创业企业在诞生或成长过程中最主要的力量来源一般都是创业团队，一个优秀的创业团队能使创业企业迅速地发展起来。但与此同时风险也蕴含在其中，团队的力量越大，产生分歧的风险也就越大。一旦创业团队的核心成员在某些问题上产生分歧不能达到统一时，极有可能会对企业造成强烈的冲击。

事实上，做好团队的协作并非易事。特别是与股权、利益相关联时，很多初创时很好的伙伴都会闹得不欢而散。

风险八：核心竞争力缺乏的风险

对于具有长远发展目标的创业者来说，他们的目标是不断地发展壮大企业，因此，企业是否具有自己的核心竞争力就是最关键的因素。一个依赖别人的产品或市场来打天下的企业是永远不会成长为优秀企业的。核心竞争力在创业之初可能不是最重要的问题，但要谋求长远的发展，就是最不可忽视的问题。没有核心竞争力的企业终究会被淘汰出局。

风险九：人力资源流失风险

一些研发、生产或经营性企业需要面向市场，大量的高素质专业人才或业务队伍是这类企业成长的重要基础。防止专业人才及业务骨干流失应当是创业者时刻要注意的问题，在依靠某种技术或专利创业的企业中，拥有或掌握关键技术的业务骨干的流失是创业失败的最主要风险源。

风险十：意识上的风险

意识上的风险是创业团队最内在的风险。这种风险来自无形，却有强大的毁灭力。风险性较大的意识有：投机的心态、侥幸的心理、试试看的心态、过分依赖他人的心态、回本的心态等。

大学生创业过程中所遇到的阻碍并不仅限于此，在企业发展过程中，随时都将可能遇到更大的困难。保持积极的心态，多学习、多汲取优秀经验，结合大学生既有的特长优势，不断努力，才可使大学生创业的步伐越走越远，越走越稳。

大学生创业的十大风险

大学生创业风险产生的原因

大学生创业作为一种新兴的社会现象，越来越成为社会发展的趋势和潮流。但当前大学生创业现状并不乐观，主要体现在“两低”（低创业率、低成功率）问题的普遍存在，并已成为制约我国当前大学生创业活动持续健康发展的主要瓶颈。“两低”问题的背后折射出的是大学生作为特殊创业群体，与一般创业群体相比具有创业风险大、抗风险能力弱的明显不足。因此，在跟踪研究大学生创业现状、分析风险的基础上，探索建立积极有效的应对策略来降低大学生创业风险、增强创业信心，提高自主创业率和成功率，已成为当务之急。

案例一

陈生毕业于北京大学，十多年前放弃了让人羡慕的公务员工作毅然下海。从白酒到房地产，打造了“天地壹号”苹果醋。悄悄进入养猪行业后，在不到两年的时间在广州开设了近100家猪肉连锁店，营业额达到两个亿，被人称为广州千万富翁级的“猪肉大王”。

案例二

成都某高校食品科学系的6名研究生筹集资金20万元，在成都著名景观——琴台故径边上开起了“六味面馆”。第一家店还未开张的时候，6位股东就把眼光放到了五年之后——先把第一家店搞好，积累经验，5年之内开20家连锁店。而目前，由于面馆长时间处于无人管理和经营欠佳的状况，投资人已准备公开转让。这家当初在成都号称"第一家研究生面馆"的餐馆仅仅经营了4个多月，就不得不草草收场。

综观这两个案例，同样是大学生创业，但结果却是天壤之别。这其中的原因，实在值得人探寻。

案例一中的陈生之所以成功，可以归结为以下几方面原因：首先，陈生在取得骄人成绩前曾多次经历创业实战，积累了丰富的经验；其次，陈生懂得研究市场，抓住机会，"天地壹号"苹果醋就此诞生；最后，精细化营销成为企业经营技高一筹的关键。

而反观案例二中失败的创业者们，情况正好相反。6位股东功课繁忙，店堂内经常无人管理；本就位于非繁华商业区的面馆也因味道不好、分量不足无法吸引顾客；同时，面馆每个月支出庞大，入不敷出。众多原因共同导致了"六味面馆"惨淡的经营状况。

由此可见，大学生创业既是机遇也是挑战。对于随时存在的风险，要时刻保持清醒的头脑，懂得如何面对，积极防范风险。

从外部环境来看，职业精神和道德秩序的缺失是形成创业风险的前提。一个成熟的、健康的竞争生态圈，不是简单地在政府所提供的若干法律、法规的框架内追求利益，它更应该体现为法律与道义传统、社会行为规范的整体协调。目前对中国的创业者们来讲，要想事业成功并成为这个社会和时代的主流，最重要的工作是塑造中国企业家的职业精神和重建中国企业的道德秩序。以道德为约束，以诚信、平等、公正、公开为信条，创造中国特色的商业环境也是我们这一代大学生创业者的责任与义务。

从内部环境来看，创业者决策的独断和无制约、企业盲目的扩张和多元化、创业者一夜暴富的投机性以及内部管理不善、创办人缺少必要的经营企业的经验、财务上没有遵循审慎原则等一系列的问题，使得创业者时时有风险、处处有风险。

从大学生创业者自身来看，大学生创业中容易出现以下情况：

第一，眼高手低，盲目乐观。比尔·盖茨的神话，使IT业、高科技产业成为大学生眼中的创业金矿，以至于不少学生不屑于从事服务业或技术含量较低的行业。大学生如果对自身经验和能力认识不足，对创业的期望值又过高，一开始就起点较高，很容易失败。

第二，纸上谈兵，经验不足。缺乏经验是目前大学生创业中普遍存在的问题。

不少大学生创业者不习惯对其产品或项目做市场调查，而是进行理想化的推断，例如："如果有3亿人需要我们的产品，每件售价100元，我们就有300亿元的销售市场"这种推断方法是站不住脚的，而且常常起着误导作用。

第三，单打独斗，缺乏合作。在强调团队合作的今天，创业者想靠单打独斗获得成功的概率正大大降低。团队精神已成为不可或缺的创业素质。风险投资商在投资时更看重有合作能力的创业团队。大学生一般都有个性，自信心较强，在创业中常常自以为是、刚愎自用，这些都影响了创业的成功率。

最后，大学生创业时资金准备不足、市场应变不灵、法律意识淡薄，同时，对创业项目缺乏深度审视以及对市场前景缺乏理性评估，都是造成创业风险的重要原因。

大学生创业风险
产生的原因

大学生创业风险的预防之策

创业的过程中，风险是必然存在的。而机会和风险是成正比的，所谓风险越大，机会也就越大。只要找到有效的预防风险之道，就能够顺利渡过风险，赢来成功和收获。根据以上对风险及其产生原因的分析，我们认为，应从以下方面进行预防或降低大学生创业的风险。

一、提高心理抗挫折能力

创业是艰辛的，创业的压力也是难以想象的。对于任何一个人来说，要想创业成功，就必须有坚强的抗挫折和抗风险的能力。这种能力并不是与生俱来的，而是在后天的生活、工作以及创业过程中，不断磨炼而成的。毫无疑问，我们大多数大学生自小养尊处优，抗挫折和抗风险的心理承受能力极弱，为此，就要进行专门有针对性的训练。高校要有计划地开设有关于创业风险的课程，通过实际案例理性分析创业活动的复杂性，让大学生能够清醒地认识到创业历程中存在的风险以及如何防范和应对创业过程危机，指导大学生在创业前期、创业当中如何对待和化解创业风险，促进大学生进行创业能力的自我培养和技能的提高。只有经过这种培训，大学生在创业中才敢于面对失败，在逆境中奋起，其风险也就随之而降低。

二、提高自身素质

既然要创业，就必须使自己具备创业的条件和能力。其中，创新能力、策划能力、组织能力、领导能力、管理能力以及公关能力，可以说是创业者必须具备的能力，也是在创业过程中决定创业能否成功的关键。要提高大学生的这六大能力，首先，高校应承担首要责任。毕竟，高校是大学生学习的摇篮，为大学生迈向创业的第一步奠定基础，其在鼓励学生创业的同时，更应该帮助学生提高创业需要的能力。高校在人才培养过程中，尤其要改变重理论而轻实践问题，更应该将重心转移到实践中，让学生在实践中学习和成长。只有如此，才能真正发现问题并找到解决问题的方式方法。比如，高校通过开展各类创业大赛，不仅深化高校的创新创业教育，更为有创业决心的大学生提供一个很好的展示平台。大学生通过参赛，锻炼了综合能力，大大地提高自主创业的信心，有条件的学校可请一些权威的专家或成功的企业家给学生开讲座，与学生们交流创业之艰辛。其次，地方政府机构应尽可能创造创业条件。毕竟，地方政府机构是大学生创业的主要管理部门，其对于大学生创业必须持支持态度。政府机构应充分利用自己对接企业的这种优势，加强大学生与辖区内成功企业的学习对接，用走访、调研、讲座等方式，让大学生向其辖区内优秀的企业学习，获得成长的经验和能力。第三，大学生应发挥主观能动作用。在创业过程中，要加强主动学习，这种学习，是在创业过程中的学习，是一种不懈的努力。

三、提高政策的引导和支持力

政策重视与否和支持力度是决定大学生创业能否成功的外部环境因素。根据大学生创业中遇到的资金、政策、法律法规等外部环境因素，要降低这些风险，政府应从以下方面给予支持：一是在法律支持上，这里的法律支持不仅仅表现在相关扶持政策和法律法规的制定和修改，而是表现为法律应成为大学生创业过程必备的知识。大学生在创业前很少认真了解与创业相关的法律内容，或者虽有所了解，但在实践中的众多环节上却忽视法律，在风险和利益同时存在的情况下，以赌博、投机心理和冒险行为替代理性的法律思维，以致造成一些惨痛的教训。只有懂法、守法，并依据法律保护自己的合法权益，才能确保创业行动稳健与长久。二是在资金的支持上，可从两方面进行：一方面是税收减免，对于大学生创业，应在一定年限内免收行政事业费，并根据其创业的产业性质，实行不同的税收政策；另一方面，则表现在银行的贷款上，既要简化手续，更要降低贷款的门槛，并可以适度扩大贷款的规模，以微利性质助推大学生创业的前进。第三，在创业政策的服务指引上支持。许多大学生对现行的政策、法律法规并不十分了解，这就需要给予创业指导服务，要强化高校毕业生的创业指导服务，提供“一条龙”创业服务。建设完善一批大学生创业园和创业孵化基地，给予相关政策扶持。还应该降低大学生的市场准入条件，减少创办企业的注册资金，简化手续，提供方便快捷优质的服务。

四、做好创业方向的选择

如今创业市场商机无限，但对资金、能力、经验都有限的大学生创业者来说，并非“遍地黄金”。大学生创业者在创业初期一定要做好市场调研，在了解市场的基础上根据自身特点，找准“落脚点”，才能闯出一片真正适合自己的新天地。大学生创业首选四大方向：

一是高科技领域。这主要与大学生的身处环境有密切关系，毕竟，高校是高新技术的前沿阵地，各种新科技、新思想都会先在高校萌芽并迅速推广。这是基础，也是优势。所以，大学生应重视这一领域，并积极参加各种培训和竞赛，获得脱颖而出的机会，吸引住风险投资的眼球。

二是智力领域。智力是大学生创业的资本，在智力服务领域创业，大学生游刃有余。例如，家教领域就非常适合大学生创业，一方面，这是大学生勤工俭学的传统渠道，积累了丰富的经验；另一方面，大学生能够充分利用高校教育资源，更容易赚到“第一桶金”。

三是连锁加盟领域。统计数据显示，在相同的经营领域，个人创业的成功率低于20%，而加盟创业的则高达80%。对创业资源十分有限的大学生来说，借助连锁加盟的品牌、技术、营销、设备优势，可以较少的投资、较低的门槛实现自主创业。

四是开店。大学生开店，一方面可充分利用高校的学生顾客资源；另一方面，由于熟悉同龄人的消费习惯，入门较为容易。正由于走“学生路线”，因此要靠价廉物美来吸引顾客。

总之，创业是有风险的。这对于经验、能力、资金等都十分有限的大学生而言，是极大的考验。如果没有根据自身的特点，充分发挥自己的优势和长处，弥补自己的不足，就有可能在风险的考验下失败。但有风险才有机会，风险越大，机会也就越大。所以，大学生要正视创业中碰到的一些风险，积极寻找预防风险、降低风险的方法，从而在迎战风险中成熟起来，如此，才能推动创业成功。

大学生创业风险的预防之策

资料链接

创业风险——市场变化风险

创业活动在经济社会中发挥着日益重要的作用。因为创业活动不仅促进社会创新，将新的知识与技术转化为商品和服务，还解决了社会就业问题，成为经济发展的原动力。今天学习了小编为大家整理的关于大学生创业失败案例的相关文章，希望对读者有所帮助和启发。

溧水县创业明星、黑莓产业带头人孙建因“借钱”无度，输掉事业输掉人生的全过程。

2007年至2009年间，孙建为缓解企业资金压力惹上高利贷，后失去控制，借下4 000多万元无力偿还，东窗事发后，检方指控他非法吸收公众存款。记者从溧水法院获悉，孙建一审被判有期徒刑五年六个月。

这个结果令很多熟知孙建的人唏嘘不已，曾经造福一方的明星企业家为发展企业沦为阶下囚，是否太冤?承办法官认为，孙建虽有值得同情之处，但毕竟触犯法律，害惨多个家庭，不可能逃脱法律制裁，更何况，量刑已考虑到“情理”因素。

案情回顾：创业明星一夜之间光环尽褪

孙建的人生，成与败皆与黑莓紧密相连。黑莓是溧水县特色产业。2002年，溧水黑莓产业遭遇销售寒冬，鲜果价格畸低，受过大学教育、头脑灵活的孙建嗅出其中的商机，他出资创建了南京某食品公司，专门从事黑莓深加工，黑莓鲜果经他的公司加工成果品、果酱、果汁、果酒等系列产品，在国际市场上一路畅销。孙建因此成了当地创业明星，各种光环和荣誉接踵而来——“十佳青年创业之星”“南京市劳动模范”“优秀企业家”，甚至还当选为当地政协委员。

然而，2009年12月26日，孙建被高利贷逼得“人间蒸发”。“孙建在外面借了几千万，根本还不起，公司要倒闭了。”其实，早在2007年前后，孙建的公司就不景气了，也就在那时，他开始在外面借钱还贷。不料，他借高利贷还贷后，银行却没按承诺及时放贷给他，致使他资金链断裂，从此陷入泥潭。最初是跟亲戚朋友借，借遍认识的人后，再向不认识的人借。妹妹孙兰也帮他借钱。兄妹俩许诺的利息极高，这让他们顺利借到钱，可高额的利息也使得他们陷入恶性循环中。检方指控，2007年底至2009年间，孙建单独或伙同妹妹孙兰，以承诺还本付息的方式，先后向他人借款4 644.89万元，其中孙兰参与借款498.25万元。

一审宣判：罪名成立，获刑五年六个月

6月17日，溧水法院公开审理此案。检方指控孙建、孙兰兄妹犯非法吸收公众财产罪。

律师认为检方认定的涉案金额过高，“非法吸收公众存款的‘公众’必须是不特定的对象，只有向不特定的对象吸收资金，才是构成本罪的一个要件，向诸如家人、亲友、本单位职工等对象吸收资金的，不应构成本罪。本案中，孙建有1 700多万是向朋友、同学和合作伙伴借的，应当予以扣除。”律师同时希望法庭考虑到孙建借款的初衷以及一贯良好的社会口碑，对他从轻量刑处罚。

7月2日，溧水法院对此案做出一审宣判。

法官没有采信律师关于“涉案金额过高”的辩护意见，认为，孙建兄妹当时竭尽所能向他人借款，并没有考虑借款对象的身份，尽管其中部分借款对象与他们有某种特定的关系，但仍不能排除在社会公众之外。对于律师提出的“孙建曾多次受政府嘉奖，此次非法吸收的存款未用于个人挥霍享受，归案后有明显悔罪表现”的辩护意见，法官查证属实，予以采纳。最终，判处孙建有期徒刑五年六个月，罚金人民币四十万元；孙兰有期徒刑一年，罚金人民币五万元。

〔资料来源：http：// www. xuexila. com/chuangye/gushi/779882. html〕

八个典型创业案例分析

如今是个人人创业的时代，有人成功就必然有人失败，创业要想成功，优秀的创业点子非常重要，同时创业者要有敏锐眼光和创新意识，能从平凡的事情当中找出闪亮点。希望以下这几个成功或者失败的创业案例分析能对您有所启发。

案例一：“不安分者”眼中的商机

高中毕业后干起家电维修的小胡和小姜，每天都以修收录机、电视机为生，但前者是一个经营上的“不安分者”，后者则是一个循规蹈矩的“老实人”。不久前，小胡又突发奇想，寻找到新的商机：他发现当地的农民用上了自来水后，将来就有可能使用洗衣机，有洗衣机便会有维修洗衣机的业务。于是，他买回本地市场上常见品牌的洗衣机供周围的人使用，目的之一是让人们尝尝洗衣机的甜头，目的之二是学习洗衣机的结构、保养和维修。果不其然，一年后，一台台洗衣机进入农村，维修业务几乎全被小胡包揽了，而小姜只能眼睁睁看着自己失去一次扩大维修范围的机会。

一般人总是等机会从天降，而不是通过努力工作来创造机会。殊不知，人们遇到的问题和未满足的需要总是不断提供新的商机。优秀创业者的一个基本素质，就是善于从他人的问题中发现机会，主动把握机会。对照一下你自己，又做何感想？

案例二：许小姐能做老板吗？

许小姐一门心思想做老板。经过7年的努力工作和省吃俭用积蓄了一笔资金，其中10万元做了注册资金，5万元用于流动资金。她认为，个人创业必须有丰富的工作经验。所以在过去的工作中，她总是分内分外的事全都抢着干，从不计报酬。尤其是经营方面的事，她更是竖着耳朵听，目的就是为了多学点本事，为自己开公司做准备。另外，她认为个人创业必须有一个好的项目。她选择了一个当时的朝阳项目——房地产租赁咨询。

在办齐所有手续后，她勤勤恳恳努力工作，但她怎么也没想到，最初的3个月几乎没有生意，直到第6个月才稍有收入，可生意很不稳定，半年来，她赔了3万元。她开始动摇了，觉得自己是在靠天吃饭，靠运气吃饭。她认为做生意不应该是赌博，肯定是哪儿弄错了。她不想再这样干下去了，她认为不能等到这15万元都赔光的时候才行动。她要去弄明白问题到底出在哪里。第7个月她关掉了公司。

导致许小姐失败的原因很复杂，但其中一条重要原因就在于没有一个完整的创业计划。小企业抗风险能力很低，不考虑成熟，一厢情愿，自然危机重重。要想创业成功，还要学会怎样避免“打水漂”。仔细分析许小姐的案例，你会终身受益！

案例三：不懂政策，怎能吃“螃蟹”

刚从学校毕业的小吴，是第一位从市工商局副局长手中接过“个人独资企业营业执照”的小老板。但是，就在他迈出第一步时，他几乎对国家大幅度放宽私营企业投资条件、降低投资门槛等鼓励政策一无所知，对跃跃欲试的小吴来说，这无疑预示着一系列的创业风险。

充分了解国家的有关政策和法规，是对每一个创业者必不可少的要求。不懂规则，怎能行动，盲目出击，又哪里有希望！

案例四：小王创业记

某校机械专业毕业的小王，毕业后盲目创业，学着别人倒菜、倒水果、倒服装，几经波折，没有一件事干成功，正当小王垂头丧气时，恰好社区组织个体经营者进行自我创业资源分析。经过分析，小王发现自己最大的长处还是所学的专业。在这之后，小王开了一家汽车修理店，他感到一下子有了广阔的空间。

创业并不是一件容易的事，除了付出艰辛和努力外，还需要对自己的优势和不足有一个正确的评价，只有这样，才能走向成功。小王的专业是机械，修理汽车是他的专长，在认识到自己的长处后，小王及时调整方向，最终获得了成功。

案例五：没钱也可以开店

张大勇性格开朗，待人热情，头脑灵活，善于社交，有一定的管理能力。他既酷爱电脑又做着电脑的生意,兜里也有一些积蓄,而且身边又结识了众多的电脑爱好者们。由于当今的网络已成为年轻人生活的一部分,张大勇就瞄准了一个挣钱的机会——开一家网吧。但是,自己积蓄的钱又不够。经过仔细分析和市场调研后,在一个交通便利又比较热闹的地段,张大勇和几个朋友一起开了一家规模较大的网吧。一年后,张大勇不仅收回了本钱,自己又开了一家分店。

张大勇的成功归功于他对自己有清醒的认识,对市场需求有充分的了解,同时借助于和朋友合作,既解决了资金问题,又壮大了个人的实力,将自己的优势有效地与外部条件结合起来,成为一个成功的创业者。

对于每一个创业者而言,永远要面对的困难就是资源的匮乏,但是,成功的创业者总是能够利用自己仅有的资源,巧妙地与其他资源整合,张大勇不仅有"勇",还有"谋"——资源整合的意识。

案例六:"敢"创业比"能"创业更重要

小张曾患有小儿麻痹症,技校毕业后,家人都担心她今后的路该如何走?经过深思熟虑,要强的小张决定自己当老板。她发现学校到现在还没有打字复印设备,而附近也只有一家打字复印社,于是就在学校门口开了一家打字复印社。

身患残疾的小张选择了自己创业这条路,将自己的劳动贡献给社会,既给许多人带来了方便,也给自己带来了富足和快乐。

残疾的小张依然能够创业成功,令人深思!看来在许多情况下,不是你是否能够创业,而是你是否敢于创业,这也是创业者的一个基本素质。

案例七:与其追随潮流,不如另辟蹊径

19世纪末,美国加利福尼亚州发现了黄金,出现了淘金热。有一位17岁的少年来到加州,也想加入淘金者的队伍,可看到金子没那么好淘,淘金的人很野蛮,他很害怕。这时,他看到淘金人在炎热的天气下干活口渴难熬,就挖了一条沟,将远处的河水引来,经过三次过滤变成清水,然后卖给淘金人喝。金子不一定能淘到,而且有一定危险,卖水却十分保险。他很快就赚到了6 000美元,回到家乡办起了罐头厂。这人就是后来被称为美国食品大王的亚尔默。

成功者往往都是有独到见解的人,他们总是从不同的角度看问题,从而能不断产生创意,发现新的需求。不仅要看到市场需求什么,还要注意事物间的联系。

案例八:市场就是"钱"

一位杰出的科学家到银行借贷创业资金,但他说不清产品的市场在哪里,也未曾接触任何可能的潜在客户。这位科学家认为做市场调查并不必要,只要产品功能优异,顾客自然就会上门。结果,尽管他有高明的创意和高科技产品,银行还是没有贷款给他。

孤芳自赏,是许多创业者的通病;不知道市场在哪里,是创业者的最大缺陷。

一个创业者如果不能从市场的需求来客观地审视自己的成果和创意，如果不能客观地论证自己将遇到的风险因素，想到的只是成功，那么等待他的只能是市场的“惩罚”！如果你想创业，首先就要记住：想到的和遇到的一定会有距离！

〔资料来源：http：// www.studentboss.com/html/news/2010-09-28/53831.htm〕

谈马云创业过程中的10次失败

阿里巴巴在美国上市，融资额将高达240亿美元。之后，阿里巴巴创始人马云将成中国首富，阿里巴巴也将成为中国最大的互联网公司。我们知道，创始人不经千辛万苦，千锤百炼，不吃一堆亏，是很难成长和成熟起来的，即便是马云也不例外。

马云不是完人，也犯过许多错误，其中一些是致命的。2013年的一次颁奖典礼上，马云说，如果将来要写书，就写《阿里的1 001个错误》。他还说，阿里巴巴其实不止犯过1 001个错误，许多错误看到了，但理会的时间都没有。15年间，马云到底犯过哪十大错误？

一、好大喜功迁都上海铩羽而归

时间：1999年

原因：盲目追求“高大上”

结局：公司总部重新迁回杭州再也没离开过

1999年，阿里巴巴刚起步，员工的办公场所是马云那150平方米的家。获得融资后，马云开始飘飘然，将公司总部搬到美国，国内总部搬到上海，马上发现水土不服，又重新迁回杭州。财经评论人吴晓波表示，这是马云犯下的第一个错误。

事后分析，上海城市多是大型国企、外资企业，而阿里巴巴服务对象多是中小企业。杭州聚集着大量制造外贸企业，他们有实实在在的电商需求。马云盲目追求“高大上”，远离自己的用户和“上帝”。这点尤其值得其他创始人警醒。据了解，很长一段时间，浙江一直是阿里巴巴收入最高的省份，后来才被广东超越。

二、扩张过快运营费用居高不下

时间：2001～2003年

原因：财力增强导致节奏失控

结局：公司大幅裁员、减薪

1999年创办之初，阿里巴巴实现市场净利润287万元。随后，又分别获得高盛、软银等500万、2 000万美元的投资。财力的增强，打乱了马云原有的节奏，拿到钱后的阿里巴巴反陷入混乱之中。

2000年，阿里巴巴在海外疯狂扩张，运营成本居高不下。在中国香港地区、美国、欧洲、韩国，需要大量市场推广和广告费用，每月开销是天文数字，且没有分文收入。2001年1月，银行账户余额不足1 000万美元。

很快，阿里巴巴召开了历史上的“遵义会议”。当时担任首席运营官的是从GE空降的关明生，他在一天之内就把美国团队从40人裁到3人，并且相继关闭在香港、北京、上海的办事处。剩下的员工，薪资减半但期权加倍。3个月后，阿里巴巴每月运营费从200万美元缩减到50万美元，度过了危险期。

三、盲目相信空降兵“集体阵亡”

时间：2001年

原因：太年轻

结局：空降兵大阵亡，十八罗汉7位犹在

1999年，阿里十八罗汉放弃北京高薪，跟着马云回杭州创业。两年后一次演讲上，马云告诉他们，不要想着靠资历任高职，“你们只能做个连长、排长，团级以上干部得另请高明”。于是马云大规模引进职业经理人。

事后马云承认，自己犯了错误。十几年过去，赴美上市的时候，28位合伙人名单里，还有7位“罗汉”依然坚守在阿里，如彭蕾、戴珊、谢世煌、吴泳铭……个个身居要位。其余离开的11位，也大多担任要职。反而那些当时请的“空降兵”，早就“集体阵亡”。

马云着实小看了当年那群“土鳖”，也小看了自己。一次公开演讲，马云说道，真没想到，十年以后，我们变成了今天这个样子。

一个高成长型公司什么时候引入职业经理人，经理人在创业团队中扮演什么角色，如何扮演好角色，实在是高难度的问题，马云也曾因此吃过亏，但他也因此收获了像曾鸣这样的“创业经理人”。

四、做死雅虎中国险丧阿里控制权

时间：2005年

原因：私交甚好的杨致远下台

结局：背着骂名将雅虎股权逐渐赎回

2005年某一天，雅虎创始人杨致远与马云，在美国一高尔夫球场相遇，那场球赛马云赢了，给杨致远留下深刻印象。回去的路上，杨与马并肩而行，并说“我们把交易定了吧”。那时，杨致远一心想让雅虎中国像美国雅虎一样强大，遗憾的是，中国的局面迟迟打不开。

从谈判到签署协议，只用了三个月。阿里巴巴收购雅虎中国全部资产，同时得到雅虎10亿美元投资，后者获得阿里39%股权。

马云野心勃勃，请来了著名导演给雅虎中国拍广告，但雅虎中国后来变得既不像门户，又不像搜索引擎，马云在雅虎中国上几乎毫无作为，丧失了跟中小企业相关度很高的搜索引擎发展战略机遇期。

2007年，阿里香港上市IPO文件中披露，2010年起，雅虎将增强在阿里董事会话语权，持股份额将高于35%，并不排除马云被驱逐出董事会的可能。后来闹得沸沸扬扬的马云将支付宝资产转为阿里管理层所有的争议都是当年“收购雅虎中国”、出让过多的阿里股权给雅虎埋下的祸根。

五、收购口碑网整合失败O2O机遇没抓住

时间：2006年

原因：战略失误口碑与对手差距拉大

结局：亡羊补牢，阿里战略投资美团

2004年，阿里前员工李治国离职，创办口碑网。创办初期口碑网发展很快，用户很快突破100万。当时的阿里，恰好进行架构调整，成立2B、2C事业群，马云希望把口碑网整合进来，壮大2C端力量。

2006年，马云找到李治国，问：“是想让口碑独立上市呢，还是回到阿里一起干针对2C的事？”李治国毫不犹豫选择后者。当年，阿里以600万美元战略投资口碑网。两年后，口碑网被阿里全资并购。随后的几年，口碑网曾一度成为大众点评最大竞争对手。2009年，阿里升级“大淘宝”战略，口碑网被并入淘宝。原以为，淘宝能给口碑导入足够的流量，其实不然，口碑网与大众点评以及后来冒出来的美团的差距越来越大。

2011年，阿里以5 000万美元的价格入股口碑的竞争对手——美团。这标志着在阿里战略中，口碑网已被边缘化。事后，一业内人士为这桩交易惋惜，“如果当时（口碑）做起来，现在能省几亿美元”。

一些专业人士认为，口碑网整合失败，最大的后遗症是让阿里痛失O2O发展的战略机遇，让大众点评做大，现在成为腾讯抢夺O2O的重要支柱。如果口碑网能跟大众点评势均力敌，那么阿里现在在O2O布局上从容很多。

六、投资星晨急便失败痛失物流发展战略机遇期

时间：2009年

原因：云物流概念烧钱过猛

结局：星晨急便破产阿里物流战略慢了几年

物流企业星晨急便于2009年成立，一年后分别获阿里5 000万、2 000万元投资。当时，京东体量还比较小，阿里完全有机会在自建物流＋自营B2C上赶超京东，可惜阿里只做到了天猫的壮大。阿里将“云物流”的实践交给了星晨急便，将“云物流”的技术交给了马云个人参股的浙江百世物流。2011年，星晨急便仓促收购鑫飞鸿，但整合并不顺畅，不到四个月，双方决裂，元气大伤。

另外，星晨急便采用的是加盟制，2012年，该制度带来的混乱全面爆发，陷入空前危机，一些高管出现"失联"。据网络流传的一条短信，那时的星晨急便，用掉了阿里的7 000万元，自己的5 000万元也赔光了，另对外负债1 600万元。

2012年3月，星晨急便停止营业。当年5月，创始人陈平计划B轮一亿元融资，又被阿里董事会否决。自此东山再起无望，阿里7 000万元投资打了水漂。

专业人士认为，星晨急便的失败对阿里的影响是深远的，阿里巴巴的自建物流战略由此慢了几年，给京东靠自建物流配送做大提供了战略机遇期。

七、淘宝商城服务费提升过猛引网商骚乱

时间：2011年

原因：不满费用大幅提高

结局：重新调整新规，延后执行期

2011年10月，淘宝商城（现已更名"天猫"）发布新规，提升技术服务年费，从以往的6 000元提升到3万、6万两个档次，涨幅5倍至10倍。同时，商户的违约保证也全线提高，由以往的1万元涨至5万元、10万元、15万元不等。

该举措引发了部分中小商户的不满，他们通过恶意购买等方式，对天猫大卖家进行攻击，如先购买、付款，然后给予低评价，再申请退款。对此，马云在微博上强势回应"虽离经叛道，但仍会一意孤行"，淘宝商城也公开表示"已经报警"。

但对峙局面持续不长。2011年10月17日，淘宝商城对新规进行调整。方案中，将新规执行期后延，此外，阿里还出资总额18亿元，帮助淘宝商城卖家成长。

这个事件是对马云提出的"让天下没有难做的生意"价值观的冲击，在越来越庞大的阿里平台，当阿里需要做收入，当越来越多的土豪在阿里做巨额投放，中小卖家很难再回到淘宝蛮荒时期的好日子，生意真的是越来越难做了。

八、支付宝"单飞"马云陷契约门形象跌下神坛

时间：2010年

原因：为拿第三方支付牌照

结局：支付宝由外资转为内资

这个事儿闹出时，支付宝正准备申请牌照。当年，央行发布新文，对第三方支付企业实行牌照制度。中间有一个问题，2009年6月之前，支付宝是一家100%外资控股企业。马云的想法是，若把支付宝变成内资，拿牌照会顺利许多。

接盘支付宝的是一家内资公司——浙江阿里巴巴，马云向其转让了70%股权，使支付宝变成一家合资公司。2010年，马云又成立"牌照小组"，让时任支付宝CEO彭蕾挂帅，研究如何拿到牌照。当年8月，支付宝把剩下30%全部转成内资。

这两次股权转让，被外界理解为"支付宝单飞"。最终马云如愿以偿，2011年5月，支付宝获得牌照，但却给马云声誉带来负面影响。

当时支付宝几个股东，雅虎杨致远、软银孙正义对该行为并不赞同，这意味着他们将失去对支付宝的控制权。僵持不下一段时间，马云依然冒天下之大不韪，坚持先拿牌照再说。

从情感上很多创业者肯定是支持马云把支付宝转为内资控制，但从商业契约精神看，马云首先应该守约。这次事件是马云从神坛跌落下来的标志性事件。

九、中国供应商欺诈阿里陷诚信危机马云"痛斩"卫哲

时间：2011 年

原因：管理不善

结局：高管辞职

2011 年，阿里 B2B 公司 CEO 卫哲引咎辞职。卫哲曾被马云游说 6 年，最终加入阿里。面对这份辞呈，马云选择的是批准。这是为何？

原来阿里发现 B2B 公司中，中国供应商签约客户有欺诈现象，更严重的是，有迹象表明，公司内有直销团队默许、协助这类现象发生。经过一个月的调查取证，2009 年、2010 年分别有 1 219 家、1 107 家的中国供应商涉嫌欺诈。随后，这 2 326 家供应商全部做关闭处理，并提交司法机关调查。

当年，马云通过知情人获知，央视"315"晚会主题包含淘宝假货，马云立刻开展自查，并拿出 170 万美元对 2 249 名受害者进行赔偿。

该年 2 月，马云发邮件自曝家丑，将所有事件公之于众。以上事件，马云有管理之过，但经历阵痛，还是挽回了部分公司形象。

十、推"来往"未达目的狙击微信失利

时间：2013 年

原因：盲目跟风、高管分歧

结局：来往失宠阿里另谋出路

为应对和压制如日中天的微信，2013 年 9 月，阿里巴巴推社交 APP"来往"，马云信心十足，称要火烧南极，打到企鹅家里去。

2013 年 10 月，来往用户增长不力，大概为 100 万。马云亲自动员，给员工下硬指标，若能拉来 100 个外部用户，便奖励红包。几个月后，阿里热情大减。

2013 年年底，来往 4.3 版本上线，被认为不再与微信正面交锋，由 IM 工具转向社交，2014 年 3 月，阿里注资美国聊天类应用 Tango(类似微信)。

由此可见，马云已清醒地认识到，没有社交基因的阿里，自己做 IM 出不来，最多是一个移动端的旺旺。其实马云在做来往的时候下定决心卖掉陌陌会更明智。

〔资料来源：http：// finance. ifeng. com/a/20140915/13113281_0. shtml〕

做一个在沉默中爆发的人

李晓亮，男，河南平顶山人，2004年毕业于南京林业大学南方摄影学院艺术设计专业。2004年2月至2006年6月，就职于广告设计公司，为自己将来的创业积累人脉和资金；2006年6月至今，经营南京东羊文化传播有限公司即南京默人广告设计中心。

牛刀小试，收获第一桶金

自从小学接触美术开始，李晓亮就对画画情有独钟。但是身在农村，他没有条件接受美术方面的专业培训，并不富裕的家境也不允许他在专业学习上花费太多，他只能凭着一腔热情和韧劲，疯狂练习画画。2000年，李晓亮如愿以偿地考取南京林业大学南方摄影学院的艺术设计专业。

大学期间，李晓亮决定自力更生，减轻父母的经济压力。那时，在学校打印店打印一张作品需要8元，李晓亮就与同学合计，买来一台打印机，在宿舍承接同学的打印业务，每张只收5元。这样自己赚钱的同时又能帮同学省钱，一举两得。那时李晓亮就给这个临时的打印工作室起了“默人”这个名字，并沿用至今。“这个名字来自鲁迅名言——不在沉默中爆发，就在沉默中灭亡。我希望自己的设计工作室能够在沉默中爆发。”

从河南平顶山到江苏南京，李晓亮一路怀揣着对生活的梦想。物质上的匮乏成为他奋斗的动力，成为激励他走向成功的宝贵财富。

放弃高薪，踏上寻梦之旅

大学毕业后，凭借自己在校期间积累的丰富经验，李晓亮顺利进入一家广告设计公司工作。在职期间，他不仅努力提升自己的专业能力，更注重拓展人脉，积累广告设计行业的丰富资源。2006年，时机成熟，他毅然辞去别人眼中待遇丰厚的工作，开始了自己的创业之旅。

和大多数创业者一样，李晓亮的创业之路并非一帆风顺，各种滋味只有他自己知道。一开始，李晓亮在三山街租了两个房间，把家安在了办公室里。沙发是他花150元钱从旧货市场淘来的，电脑也是大学时买的，整个公司只有李晓亮和他堂弟两个人。

开始，李晓亮和堂弟就在新街口等人流集中的地方散发自己的传单和小卡片，但漫天撒网的效果微乎其微。屋漏偏逢连夜雨，此时资金又出现严重短缺，处于入不敷出的状态。但是，这些并没有动摇李晓亮继续打拼的决心，再三思考之后，李晓亮把目光瞄准了人才市场，因为在那里进行招聘的公司有很多都刚成立不久，急需小设计公司为他们设计宣传品。找准了市场定位，他和堂弟就每周六到人才市场散发名片和传单。终于，在一个早晨，他们接到了一家软件开发公司的订单，虽然只有5 000多元，但这犹如一剂强心针，更加坚定了李晓亮走下去的决心。

成功之道：勤奋＋坚持＋感恩

经过一年多的努力，李晓亮的事业慢慢有了起色。他把公司从三山街搬到河西，招聘了十几名员工，并成功创立"默人"品牌，专门经营设计和印刷。李晓亮把自己的成功归结于三个秘诀：勤奋、坚持和感恩。

勤奋——"大学四年，是从学校过渡到社会的转型期，我很好地利用了这段时间，用别人睡觉的时间来锻炼自己，积累资本。"

大一暑假，李晓亮和同学合办了一个美术班，他负责教软件设计。一个培训班35人左右，最多时可达80人。除了办美术班，他还做过很多兼职。李晓亮不光勤于做事，而且勤于思考，从工作中总结经验，吸取教训。李晓亮坚持这样一种观念：低调做人，高调做事。大学期间他为一家公司做市场调查，起初总会被调查对象拒绝，他就开始思考怎样才能提高调查的效率。公司在做市场调查时，会赠送被调查者一小瓶油，他就专门去寻找一些上了年纪的大叔大妈接受调查，不但提高了调查的质量，还锻炼了自己的交际能力。这些经历为他以后的创业奠定了基础。

坚持——"在残酷的现实面前，我们总会有些许无奈，不少人选择屈服，放弃了自己的梦想。这时，坚持就成了成功的关键。"

李晓亮创业前每月收入四五千元，亲戚朋友都认为他年纪尚轻已有可观收入，继续在公司发展一定前途无量，应该知足了。但李晓亮认为，他求的不只是温饱，而是要扎根南京，创造自己的事业，这就需要付出更多的艰辛和汗水。创业之初，因为怕遭到父母的反对，他甚至刻意隐瞒自己已经辞职创业的事实，即便生活拮据也没有让父母知道。

人们常说："坚持就是胜利。"但真正体味了个中奥妙并走向成功的，又有几人？李晓亮的奋斗史，恰好为这句话做了最恰当的诠释。

感恩——"我在创业道路上收获了友情和爱情。感谢那些支持我的人，我永远不会忘记他们。"

李晓亮说，一路走来，他最感谢的人是自己的妻子。在他创业初期备受挫折的时候，妻子愿意默默守候他、支持他，不离不弃，给了他最大的精神慰藉。也正是妻子的付出，让他觉得自己有责任让妻子过更好的生活。他常回母校给即将毕业的学弟学妹们一些忠告，为学弟学妹们提供到他公司实习的机会，通过这些方式来回报母校、回报社会。他说，只有常怀感恩之心，才能找到情感的依托。

创业点评

没有被家境贫困难倒，反而以此为前行的动力。李晓亮用他的专业、勤奋、坚持和感恩，成就了今天。值得注意的是：当今，文化创意产业竞争激烈，唯有抓住创意，不断创新，企业才能做得更大，走得更远。

〔案例来源：江苏省高校招生就业指导服务中心.激情年华——江苏75位大学生创业纪实.江苏教育出版社2011年版.〕

做一个在沉默中爆发的人